기독교문서선교회(Christian Literature Center: 약칭 CLC)는 1941년 영국 콜체스터에서 켄 아담스에 의해 시작되었으며 국제 본부는 미국 필라델피아에 있습니다.
국제 CLC는 59개 나라에서 180개의 본부를 두고, 약 650여 명의 선교사들이 이동 도서차량 40대를 이용하여 문서 보급에 힘쓰고 있으며 이메일 주문을 통해 130여 국으로 책을 공급하고 있습니다. 한국 CLC는 청교도적 복음주의 신학과 신앙 서적을 출판하는 문서선교기관으로서, 한 영혼이라도 구원되길 소망하면서 주님이 오시는 그날까지 최선을 다할 것입니다.

이 책을
기도와 사랑으로 아끼고 돌보아 주신
사랑하는 누님,
임초자 권사님과 임순수 권사님께
드립니다.

추천사

최 충 규 목사
대한예수교포스퀘어복음교회 총회장

    제가 저자 임열수 박사님을 처음 만난 것은 교회를 개척한 지 얼마 되지 않은 30대 초반이었습니다. 미국에서 갓 돌아온 그는 초면임에도 불구하고 먼저 저에게 다가와 마치 오래된 친구를 대하듯이 환한 얼굴로 자기를 소개하며 손을 내밀며 악수를 청해 왔습니다.
    임열수 박사님는 대학을 졸업하고 고등학교에서 학생들을 가르치며 비교적 안정되고 사회적으로 인정받는 삶을 살던 중에 하나님의 부르심을 받고 즉각 순종하여 미국 유학길을 떠났습니다. 풀러신학대학교(Fuller Theological Seminary)에서 선교학 박사 학위를 취득한 후에는 미국 한인교회로부터 상당히 좋은 조건의 사역자 청빙을 받았지만, 돌아오겠다는 약속을 지키기 위해 미련 없이 포기하고 한국으로 돌아오셨습니다.
    미국에서 박사 학위를 받고 한국으로 돌아온 그에게 맡겨진 일은 교회 건물 지하에서 공부하고 있는 16명의 신학생을 책임지는 무인가 신학교의 교장 자리였습니다. 그의 미국 유학 동기들이 한국에서 제법 큰 교회의 목회자나 유명 신학대학의 교수로 청빙 받고 사역하던 것과 비교해 볼 때 무인가 신학교 교장 자리는 초라하고 옹색한 자리였습니다. 그런데도 임열수 박사님은 개의치 않고 오직 기도하는 믿음과 가르치는 열정으로 그 사명을 감당해 냈고 교육부의 인가를 받아 건신대학원대학교(구 복음신학대학원대학교)를 세워놓고 총장으로 기본 틀을 잡아놓으셨습니다.

대학 시절에 대학생성경읽기선교회(UBF)에서 말씀 훈련을 받았고, 미국 유학 시절에는 세계적인 오순절 지도자 잭 헤이포드 목사님(Church on the Way 담임) 밑에서 영성 훈련을 잘 받은 임열수 박사님은 특유의 긍정적 마음가짐과 가르치는 열정, 그리고 신실하고 헌신된 마음으로 지난 40여 년 동안 수많은 주의 종을 훈련하고 배출해 냈습니다.

자신이 연구한 오순절운동의 역사와 신학을 소개하던 임열수 박사님은 『오순절 신학 기초』를 출간하여 한국 교회 앞에 확실하게 정리된 오순절 신학의 기초석을 놓아주었습니다. 이번에 내놓은 『오순절 영성을 꽃피운 에이미 맥퍼슨』을 통하여 꺼져가는 한국의 오순절 신앙운동에 새로운 불을 지펴 주고 있습니다.

임열수 박사님은 오순절운동의 역사와 신학에 대한 탁월한 지식으로 에이미의 사역, 특히, 영성을 잘 정리하여 설명해 주므로 독자들이 쉽고 편안하게 이해할 수 있도록 도와주셨습니다. 이 책에 소개되고 있는 에이미의 사역과 영성은 이 글을 읽는 많은 독자에게 사도행전 29장으로 읽힐 것이라 생각됩니다.

코로나 이후에 침체된 한국 교회의 지도자들과 성도들이 이 책을 통해 지금도 일하고 계시는 성령님을 새롭게 만나서 영적인 힘을 얻고 믿음의 새 역사를 써 나가는 전환점이 될 것을 기대하며 이 책을 추천합니다.

평생을 포스퀘어복음교회 목사로 살아온 저는 포스퀘어복음교회 설립 100주년이 되는 해에 설립자인 에이미의 신앙과 사역을 마치 지금 눈앞에서 벌어지는 것을 보는 것 같은 착각이 들 정도로 현실감 있고 극적으로 소개해 준 임열수 박사님께 깊은 감사를 드립니다.

추천사

이영훈 목사
여의도순복음교회 담임목사

    오늘날 세계 기독교의 주류가 된 오순절운동은 20세기 초 미국 캔자스주의 토페카시에서 시작되었고, 1906년 윌리엄 시무어 목사를 주축으로 LA 아주사거리에서 폭발적으로 일어났습니다. 아주사거리에서 일어난 오순절운동에 교파와 인종을 초월해 수많은 사람이 모여들어 성령 침례를 받고 방언을 말하며 병 고침의 은혜를 체험했습니다. 그리고 개인적인 구원에서 더 나아가 복음 전도자와 선교사로 헌신하기로 결단하여 미국 전역과 세계 곳곳으로 흩어졌고, 이들은 또 다른 제자들을 양성해 세계 오순절운동을 이끌었습니다.

    특히, 오순절운동은 여타 다른 부흥운동에 비해 여성 사역자의 활약이 두드러졌는데, 그중 대표적인 인물이 에이미 샘플 맥퍼슨(Aimee S. McPherson) 목사입니다. 에이미는 1920년대와 1930년대를 대표하는 여성 신유 사역자로서 집회를 인도할 때마다 수만 명의 인파가 모여들어 하나님의 놀라운 은혜를 체험했습니다. 또한, 포스퀘어복음교회(Foursquare Gospel Church)라는 오순절 교단을 창립하여 오순절운동의 부흥에 크게 기여했습니다.

    이번에 새로 출간된 임열수 목사님의 저서『오순절 영성을 꽃피운 에이미 맥퍼슨』에는 에이미의 뜨거운 부흥운동의 여정이 오롯이 담겨 있습니다. 21세기에 하나님이 새롭게 일으키실 부흥을 갈망하는 많은 목회자와 성도가 이 책을 통해 위로와 용기를 얻고 다시금 영혼 구령을 향해 힘차게 나아가기를 바랍니다.

  전 세계적으로 새로운 부흥의 물결이 일어나고 있는 중요한 때에 에이미의 생애와 목회 사역을 통해 오순절 부흥의 역사를 되돌아보게 하신 임열수 목사님에게 깊은 감사를 드립니다. 임열수 목사님의 옥고를 통해 20세기 세계 전역에 일어났던 불같은 성령의 역사가 오늘날 뜨겁게 일어나게 되기를 간절히 소망합니다.

추천사

안 승 철 감독
기독교대한감리회 대전 힐탑교회 담임목사
전 감리교남부연회 감독, 호수돈학원 이사장

    임열수 총장님은 오순절 성령운동의 거목이십니다. 오순절 신학을 학문적으로 연구하신 이론신학자이시며, 대전 건신대학원대학교의 총장으로 16년간 신학생들에게 오순절 성령운동을 가르치시며 이끄셨던 분입니다. 성령/은사주의 신학의 본산인 미국 오랄로버트대학교(Oral Roberts University)에서 목회학 박사 책임자로 한국의 100여 명이 넘는 목사님들께 성령론 중심의 학문을 가르쳐 목회학 박사 학위를 받도록 도와주신 분입니다. 은퇴하신 후에는 옥천 방주기도원의 원장으로 기도와 성령운동을 직접 인도하고 계십니다.
    은퇴하신 총장이 기도원 원장을 인도하시는 것이 어울리지 않은 것 같지만, 사명으로 여기시면서 오직 성령운동만이 우리 기독교가 살 길이라고 외치고 계십니다. 전국의 기도원과 교회를 다니시면서 부흥회를 인도하고 계신 성령에 대한 이론과 능력을 겸비하신 어른입니다. 이번에 고령이신데도 『오순절 영성을 꽃피운 에이미 맥퍼슨』이란 책을 집필하심을 환영하며 축하드립니다.
    에이미 샘플 맥퍼슨은 '자매' 또는 '여사'(Sister)로 불리기를 선호하셨습니다. 신학교도 나오지 않고, 교단적인 배경도 없는 분인데, 20대의 젊은 여인이 천막 한 개만 들고 미 대륙을 동서남북으로 다니면서 성령운동을 일으키신 능력의 종입니다.

집회가 열리는 장소마다 사람들로 인산인해를 이루었고, 수많은 영혼이 예수님을 구주로 영접했을 뿐만 아니라, 병으로 고생하던 수많은 사람이 치유되었습니다. 심지어 의사와 현대 의학의 도움으로 치료받기 위해 병원에 입원해 있던 환자들이 부흥회가 열리는 강당으로 침대에 누운 채 실려 와서 기도를 받고 낫는 일도 있었습니다.

교회사에서 보기 드문 일이 일어난 것입니다. 특히, 병에서 나은 사람들의 얼굴에서 번쩍이는 광채가 나타났다고 했는데, 저도 집회를 하면서 그러한 체험을 여러 번 했습니다.

모세는 시내산에서 십계명을 받고 하산할 때 얼굴에 광채가 나서 수건으로 얼굴을 가렸습니다(출 34:35). 베드로도 감옥에 있을 때 옥중에 광채가 비쳤습니다(행 12:7). 웨슬리 목사님도 목회하실 때 그러한 현상이 많이 나타났습니다. 이것은 '성령님께서 함께 하신다, 축복하신다, 인정하신다'는 상징입니다. 그러한 체험을 하고 나면 놀라운 기적이 나타납니다.

저는 교회를 담임하는 목사로 이러한 성령충만하고, 성령께서 마음껏 역사하시는 일이 우리 한국 교회에 일어나기를 기도하고 있습니다. 예수님은 구약이나 신약이나 오늘날이나 동일하게 역사하시기 때문에 우리가 성령충만 하게만 되면 역사하실 줄 믿습니다.

많은 목회자가 이 책을 읽고 성령의 능력 받기를 기도합니다. 에이미같이 성령충만하여 하나님의 크고 놀라운 일을 이룰 수 있기를 기대해 봅니다.

좋은 책을 집필해 주신 임열수 총장님, 수고하셨습니다.

추천사

유영완 감독
천안 하늘중앙감리교회 담임목사
전 감리교충청연회 감독, 현 목원대학교 이사장

    에이미 샘플 맥퍼슨은 성령에 사로잡혀 현대 오순절운동을 활짝 꽃피운 분입니다. 세계적인 전쟁과 경제공황, 유행성 전염병으로 병들었던 미국 사회를 성령의 능력으로 치유하고 하나님 나라를 세우셨습니다.
    이 귀한 에이미의 영적인 삶을 배우려고, 우리 교회는 임열수 총장님을 초청해 <에이미의 사역과 영성>이라는 세미나를 개최했습니다.
    은퇴하신 후 휴식 시간도 없이 연구에 매진하여 그동안 책을 읽으시고, 연구하시고, 가르치신 것들이 농축된 책인 『오순절 영성을 꽃피운 에이미 맥퍼슨』을 출간하셨습니다. 굳건한 믿음과 겸손하고 성실하신 성품으로 건신대학원대학교를 성령신학교로 만들어 놓으셨는데, 이 책을 통해 한국 교회가 성령충만한 교회가 되기를 기도하는 열망이 담겨 있음을 느낍니다.
    임열수 총장님, 수고하셨습니다. 고맙습니다. 한국 기독교가 성령충만하여 세계선교를 이룰 수 있기를 기도드립니다.

추천사

도완석 목사
기독교예술포럼 대표

교회 신앙의 범주에 머물러 있던 제가 처음 신학 공부를 시작할 때, 그 출발 선상에서 가장 큰 관심을 갖게 된 것은 20세기 미국 부흥의 역사에 크게 나타났던 포스퀘어복음교회(The Church of the Foursquare Gospel) 창시자인 에이미에 대해서였습니다.

찰스 파함에 이어 윌리엄 시모어와 함께 오순절 성령운동의 주도적인 역할을 감당했던 그분의 경이로운 사역을 볼 때 젊은 신학도로서 큰 관심을 갖지 않을 수 없었는데, 그때가 벌써 40년 전의 일입니다. 그러나 국내에서는 그동안 오순절주의나 은사주의 등에 대한 신학적 용어 자체에 별다른 관심을 갖지 않았던 탓에 에이미에 대한 서적이 전무하다시피 합니다.

그런데 늘 존경하는 정통 오순절 신학자인 임열수 박사님(전 건신대학원대학교 총장)께서 에이미의 영성과 사역에 대한 책을 저술하셨다는 소식을 접하게 되었습니다. 늘 흠모하던 분야라서 정말 큰 기쁜 소식이 아닐 수 없습니다. 나는 개인적으로 지난 50여 년 동안 내 생활 근거리권에서 늘 안부를 교류해 왔던 임열수 박사님께 먼저 감사의 말씀을 전하고 싶습니다. 항상 긍정적인 가능성을 생각하고 적극적인 행동으로 일을 성취하는 열정이 고령에 접어든 나이에 이 큰 책을 저술하게 한 것으로 믿습니다.

실은 개인적인 관계로 볼 때 임열수 박사님은 저에게 친형님 같은 가족이요, 신학 공부에 있어서는 은사였고, 기관 사역에 있어서는 상급 동역자였지만 그보다 더 큰 인연이 있습니다. 바로 우리의 영적인 어머니이신 김신옥 목사님을 통해서입니다.

한국 유신 정권 이후 영적인 부흥 1세대 리더라고 할 수 있는 김준곤, 조용기, 김장환, 이천석, 최자실 목사님 같은 분들과 이름을 함께하며 교육 전문 사역자로서 한국 청소년 부흥운동에 큰 역할을 담당하셨던 김신옥 목사님에게는 몸으로 나으신 다섯 자녀와 영으로 나으신 다섯 아들이 있었는데, 임열수 박사님이 바로 그 영적 아들 가운데 장자 역할을 하셨고, 저 역시 그 다섯 아들 가운데 한 형제로서 인연을 맺고 있기 때문입니다.

특히, 김신옥 목사님은 에이미 목사님의 장남인 랄프 맥퍼슨(전 교단 국제총회장) 박사님과는 친오누이 같은 영적인 혈연관계를 가지고 계시면서 세계 청소년선교 사역에 협력 사역을 함께 하셨습니다.

아무튼 "가물어 메마른 땅에 단비를 내리시듯"이라는 찬송 가사처럼 이 책을 통해 영적인 가뭄 상태에 놓인 한국의 기독교 지평에 오순절 성령운동이라는 단비의 역사가 마중물이 되어 쏟아지는 기적이 나타나기를 기도합니다.

무엇보다도 에이미의 영적인 목마름이 우리 한국 기독교의 목마름이 되어 구하고 애쓰며 통곡하여 영적 해갈의 역사가 이루어지는 기적을 기도해 봅니다.

임열수 박사님!

정말 수고 많으셨습니다.

추천사

김옥순 회장
미가힐링센터

   하나님께서는 큰일을 계획하시고 먼저 한 개인을 통해서 역사하십니다. 여러 가지 훈련을 통해 그 사람을 성령의 사람으로 만드시고, 그 사람을 통해 믿음의 역사를 이루십니다.
   아합왕의 잘못으로 인하여 이스라엘이 엄청난 어려움과 혼돈에 빠졌을 때, 하나님께서는 성령의 사람으로 변화된 엘리야를 통해서 혼돈에 빠져 있던 이스라엘을 구원하셨습니다.
   하나님께서는 연약한 여인 에이미 속에서 먼저 역사하셔서 성령의 사람으로 변화시키셨습니다. 선교사로 갔던 남편의 순교, 수술을 세 번이나 해도 낫지 않고 사경을 헤매는 절망감, 가난하고 멸시당할 수밖에 없었던 환경 등.
   그러한 훈련을 통해 성령의 사람으로 변화된 에이미는 미국의 동서남북을 두루 다니면서 '오순절 영성의 꽃'을 피웠습니다.
   하나님께서 이러한 역사를 이루신 에이미의 영성을 임열수 총장님을 통해 책으로 엮으셨습니다. 아무쪼록 이 책을 통해 한국 교회가 변화되기를 기도드립니다.
   임열수 목사님, 수고하셨습니다.

오순절 영성을 꽃피운
에이미 맥퍼슨

Aimee S. McPherson: Igniting the Pentecostal Spirituality
Written by Yeol Soo Eim
All rights reserved.
Korean Edition Copyright ⓒ 2023 by Christian Literature Center, Seoul, Korea.

오순절 영성을 꽃피운
에이미 맥퍼슨

2023년 5월 30일 초판 발행

지 은 이 | 임열수

편   집 | 임동혁
디 자 인 | 박성숙
펴 낸 곳 | (사)기독교문서선교회
등   록 | 제16-25호(1980. 1. 18.)
주   소 | 서울특별시 동대문구 천호대로71길 39
전   화 | 02-586-8761~3(본사) 031-942-8761(영업부)
팩   스 | 02-523-0131(본사) 031-942-8763(영업부)
이 메 일 | clckor@gmail.com
홈페이지 | www.clcbook.com
송금계좌 | 기업은행 073-000308-04-020 (사)기독교문서선교회
일련번호 | 2023-46

ISBN 978-89-341-2552-5(03230)

이 책의 출판권은 (사)기독교문서선교회가 소유합니다.
신저작권법에 의하여 한국 내에서 보호를 받는 저작물이므로 무단 전재와 무단 복제를 금합니다.

Aimee Mcpherson

임열수 지음

오순절 영성을 꽃피운
에이미 맥퍼슨

CLC

목차

추천사

- **최충규 목사** 대한예수교포스퀘어복음교회 총회장 … 2
- **이영훈 목사** 여의도순복음교회 담임목사 … 4
- **안승철 감독** 기독교대한감리회 대전 힐탑교회 담임목사 … 6
  전 감리교남부연회 감독, 호수돈학원 이사장
- **유영완 감독** 천안 하늘중앙감리교회 담임목사 … 8
  전 감리교충청연회 감독, 현 목원대학교 이사장
- **도완석 목사** 기독교예술포럼 대표 … 9
- **김옥순 회장** 미가힐링센터 … 11

책머리에 … 18

1. 서론 … 21
2. 에이미의 성장 과정 … 25
3. 부르심과 결혼 … 45
4. 중국 선교사 … 55
5. 캠프미팅과 성령대회 … 75
6. 로스앤젤레스 성령대회 … 117
7. 덴버 성령대회 … 127
8. 호주 성령대회와 병에서 나은 간증 … 147
9. 맥퍼슨 목사의 목사 안수 … 159
10. 앤젤레스템플교회(Angelus Temple) … 177
11. 앤젤레스템플교회 헌당이 갖는 의미 … 193
12. 앤젤레스템플교회의 다양한 사역 … 202
13. 포스퀘어복음교회(Foursquare Gospel Church) … 255
14. 에이미의 고뇌, 갈등 그리고 별세 … 279

에필로그 … 306

사진 목록

어린 시절 에이미가 살던 고향집, 어린 시절의 사진, 홍콩에 묻혀 있는 남편의 비석, 샘플 목사 기념학교	29
남편 로버트와 에이미	49
상실과 회복	58
볼티모어 부흥회 홍보 전단	92
필라델피아 천막 집회	93
「브라이들 콜」잡지	99
복음 실은 승용차	105
딸 로베타, 에이미, 아들 랄프	123
로스앤젤레스 천막성회	125
덴버 시립강당에 참석한 군중들	129
병원에서 환자들이 시립강당에 나와 치유 기도를 받음	135
호주 멜버른의 올림픽 극장에서의 집회(1922년)	149
포스퀘어복음교회의 본부가 된 앤젤레스템플교회	181
앤젤레스템플교회	191
앤젤레스템플교회 내부	192
앤젤레스템플교회에 있는 포스퀘어복음교회의 기초석	200
앤젤레스템플교회 예배	203
14시간 연속된 성령 집회	209
병에서 나은 사람들이 두고 간 신체 보조 장비들	212
세계선교에 바친다는 머릿돌	213
지옥 가면 안된다는 예화 설교의 장면	223
어린이 주일학교 크루세이더	230
라이프신학대학(LIFE Bible College) 옛 전경, 앤젤레스성전 옆	233
강의하는 에이미	235
산 디마스에 있는 '라이프퍼시픽대학교'(LIFE Pacific University) 본부 캠퍼스	238
KFSG 복음방송국 안테나	241
무료 급식을 기다리는 시민들	248
에스겔의 환상을 도형화한 포스퀘어 상징	262
포스퀘어복음교회 로고	265
에이미의 무덤	302

책머리에

임 열 수 목사
옥천 방주기도원 원장

금년은 에이미 샘플 맥퍼슨(Aimee S. McPherson)이 1923년에 세운 앤젤레스템플교회(Angelus Temple Church) 헌당 100주년이 되는 해이다. '국제포스퀘어복음교회'에서는 모교회의 설립을 기념하며 금년 정월 초하루부터 대대적인 행사를 하고 있다.

오순절 성령운동은 20세기 초에 찰스 파함 목사에 의해 씨가 심겨졌고, 3년간(1906~1909) 계속된 시무어 목사의 '아주사거리부흥운동'을 통해서 뿌리가 내렸다. 이 오순절 성령운동은 1916년부터 순회부흥사로 6년 동안 천막 하나만 들고 미국 전역의 100여 개가 넘는 도시에서 성령부흥회를 인도했던 에이미의 부흥성회를 통해 오순절 영성이 꽃을 피우게 된 것이다.

에이미는 집회할 때 항상 강조한 것이 있다.

첫째, 예수님만을 높여드리자.
둘째, 불신자들이 예수님을 영접하도록 '영혼 구원'을 우선하자.

셋째, 성령께서 역사하시도록 '성령충만'하게 하자.
넷째, 예수님 약속대로 병자들이 '성령의 능력으로 치료'받게 하자.

이에 따라 다음과 같은 결과들이 나타났다.

첫째, 집회에 참석한 자들이 모두 예수님을 높여드리는 찬양을 힘차게 불러 교회당이 떠나갈 정도였다.
둘째, 예수님을 구주로 영접한 사람이 상당히 많았다.
셋째, 성령이 충만하게 역사하심으로 많은 환자가 치료되었다.
넷째, 집회 후, 모든 교회는 결심한 새신자들을 데려감으로 시내의 모든 교회가 동반 성장했고, 부흥의 역사가 그 도시에서 계속되었다.

병에서 나은 자들의 간증이 입과 언론을 통해 전달되자 엄청난 군중이 몰려왔다. 샌디에이고의 발보아공원에서는 30,000여 명이, 덴버성회에서는 16,000명이 입실했고, 8,000여 명이 되돌아갔다. 심지어 병원에 입원해 있던 150여 명의 환자가 침대에 넌 채 부흥회에 참석하여 성령의 능력으로 치유받았다.

이런 역사는 미국 역사에서 처음 있는 일이다. 이를 계기로 불신자들도 교회를 바라보는 눈이 바뀌었다. 교회는 믿는 자만이 예배드리는 장소가 아니고, 천국은 죽어서만 가는 곳이 아니라, 누구나 예수님으로부터 도움을 받을 수 있게 되었다.

6년간의 순회부흥사의 일을 끝내고 로스앤젤레스에 포스퀘어복음교회의 본부가 되는 5,300석의 앤젤레스템플교회를 세웠다. 33세의 여인이 당시 미국에서 최대의 교회를 세운 것이다. 전통적인 교회 개념을 파격적으로 깨고, 강단을 200여 명이 올라갈 수 있는 연극무대로 만들고, 열린 예배, 연극, 오페라 등과 같은 새로운 것들 도입했다. 방송국, 신학교, 기도

탑, 잡지, 등을 시작했고 선교에 주력했다. 그녀의 삶에 "최초", "최대"라는 수식어가 많이 들어간다.

　53세라는 이른 나이에 천국으로 떠나셨지만, 그녀는 '성령에 사로잡혀 불꽃 같은 인생을 산' 20세기 오순절 역사의 거목이시다. 1980년 미국에 유학을 가서 처음으로 그녀의 사역을 알게 되었고, 앤젤레스템플교회 예배도 출석했다.

　귀국하여 건신대학원대학교와 포스퀘어신학교에서 가르치면서 깊이 에이미에 대해서 연구할 수 있었다. "에이미의 사역과 영성"에 대한 특강과 세미나를 여러 번 인도하면서 한국 목회자들에게 그녀의 사역과 영성을 알리고 싶었다.

　아무쪼록 이 책을 읽는 독자들이 에이미의 믿음과 영성을 배워 새로운 성령의 역사를 이루길 기도드린다.

　바쁜 가운데서도 추천서를 써 주신 대한예수교포스퀘어복음교회 총회장이신 최충규 목사님, 여의도순복음교회 이영훈 목사님, 대전 힐탑감리교회 안승철 감독님, 천안 하늘중앙감리교회 유영완 감독님, 기독교예술포럼 대표이신 도완석 목사님, 미가힐링센터 김옥순 회장님께 감사드린다.

　이 책이 나오기까지 자문해 주고, 교정을 보아주고 따끔하게 비판해 준 아내 박성자 목사에게도 감사드린다. 아빠가 책을 쓴다고 기도와 사랑으로 힘을 실어 준 사랑하는 딸 사라와 사위 얀, 아들과 며느리인 태상과 지현, 다니엘과 충희, 그리고 손녀 아비가일과 손자 이안이에게도 감사한 마음을 전한다. 책의 출판을 위해 기도와 사랑으로 섬겨 주신 목사님들과 하늘빛교회 성도들, 옥천 방주기도원에 감사드린다. 또한, 책을 아름답게 만들어 주신 기독교문서선교회의 대표 박영호 목사님께도 심심한 감사를 드린다.

서론

 1980년도를 기준으로 적도의 남반구에 있는 기독교인들의 숫자가 북반구에 있는 성도의 숫자를 초월하기 시작했다. 아프리카나 남미에 있는 교회가 급속히 늘어나면서 성도의 숫자가 폭발적으로 증가했음을 말해 주는 것이다. 1980년도 이전에 대부분의 성도는 미국과 유럽에 집중적으로 분포되어 있었다. 아시아는 불교가 지배적이었고, 중동은 이슬람이 주를 이루었다. 이러한 지형의 변화에 공헌한 것은 남미와 아프리카에서 오순절교회의 급속한 성장이라는 것이 전문가들의 진단이다.
 20세기 초에 미국 캔자스주의 작은 마을인 토피카에서 시작된 오순절 성령운동은 1906년부터 3년간 쉬지 않고 이어진 아주사거리 부흥을 거치면서 전 세계적인 부흥운동으로 퍼져나가기 시작했다. 시작은 캔자스의 작은 마을에서 이름도 없는 무명의 목회자에 의해 조용히 시작되었지만, 미국 전국으로 성장하기는 캘리포니아주의 로스앤젤레스에서였다.
 아주사거리의 부흥운동으로 전국적인 영향을 끼쳤지만, 새로운 부흥운동을 이끌만한 뚜렷한 지도자가 나타나지 않았기 때문에 큰 운동으로 번지기는 어려웠다. 더욱이 기성 교회의 많은 박해와 핍박이 심했기 때문에 전국이요 세계적인 운동으로 성장하지 못했다. 미국의 여러 곳에서 개 교회나 지역의 갱신 운동으로 명맥을 이어가는 모습이었다.
 이렇게 전국적인 운동으로 성장하지 못하고 지엽적인 개 교회의 부흥 수준에 머물고 있던 오순절 성령운동은 에이미 샘플 맥퍼슨(Aimee S.

McPherson)이 나타나 미국 동부의 작은 도시에서 신유 집회를 시작함으로 점점 미국 기독교 전체를 움직이는 성령운동으로 성장하게 되었다. 이름도 없었던 20대 후반의 젊은 여인, 에이미는 교회적인 배경이나 교단적인 배경도 전혀 없었다.

단지 성령님께 붙들려 그분께서 인도하는 곳에서 주님이 주시는 능력으로 말씀을 증거하고, 병자를 치료하고, 귀신을 내쫓는 일을 감당하는 가운데 사역의 규모와 범위가 미국 전역으로 번지게 된 것이었다.

어떻게 이러한 일이 가능했을까?

신학교에 다닌 적도 없는 연약한 여인이 어떻게 미국의 동부, 중부, 서부까지 다니면서 천막을 치고 복음을 증거했을까?

어떻게 '포스퀘어복음교회'(Foursquare Gospel Church)라는 오순절운동의 중심에 선 교단을 창설할 수 있었을까?

이런 여러 가지 질문을 갖고 에이미의 생애와 목회 사역을 공부해 보려고 한다. 그녀의 생애와 목회 사역에 대하여 알아보기 전에 에이미에 대한 학자들의 평가를 먼저 들어보는 것이 좋을 것 같다.

풀러신학대학교(Fuller Theological Seminary)에서 역사신학을 가르치는 교수인 세실 멜 로벡(Cecil M. Robeck, Jr.) 박사는 다음과 같이 그녀의 사역을 높이 평가한다.

> 의심할 여지 없이 그녀는 오순절주의를 이끌었던 가장 영향력 있는 여성 지도자였다.[1]

---

1   C. M. Robeck, "McPherson, Aimee Semple," in *The New International Dictionary of Pentecostal and Charismatic Movements*, ed. by Stanley M. Burgess and Eduard M. Van Der Maas, revised and expanded edition (Grand Rapids, Michigan: Zondervan, 2002), 858.

미국 동부에 위치한 리젠트대학교(Regent University) 신학대학 학장을 역임했고 오랄로버츠대학교의 이사로 있으면서 철학박사원의 원장을 지냈던 오순절 역사의 원로인 역사신학자 고(故) 빈센 사이난(Vinson Synan) 박사는 이렇게 말했다.

> 에이미는 교회사에서 가장 뛰어난 신유 사역자였다.

또한, 그는 본인이 집필한 다른 책에서는 이렇게도 표현했다.[2]

> 그녀는 20세기 모든 종교 지도자 중에서 탁월한 위치에 서 있는 분이다. 아마 기독교 역사의 목회자 중에서 가장 중요한 한 분일 것이다.

그리고 오랄로버츠대학교(Oral Roberts University)에서 신학대학 학장을 역임했고, 킹스대학교(The King's University) 부총장으로 헌신한 오순절 역사학자인 폴 채플(Paul G. Chappell) 박사는 에이미에 대해 이같이 말했다.[3]

> 포스퀘어복음교회의 창설자인 에이미는 탁월한 신유 사역자로서 오순절운동이 성령의 역사임을 교회사에 생생하게 보여준 뛰어난 지도자였다.

위의 세 학자가 말한 것처럼, 에이미는 교회사에서 뛰어난 신유 사역자였고, 오순절운동을 미국 전역에 확산시켰을 뿐 아니라, 1920년대부터

2　Vinson Synan, *In the Latter Days: The Outpouring of the Holy Spirit in the Twentieth Century*, (Longwood, FL: Xulon Press, 2001), 143.
3　Paul G. Chappell 박사, 필자와의 인터뷰, 2016년 5월 19일 캘리포니아 벤나이스, 에어텔 호텔.

1944년 하늘나라에 갈 때까지 "그 당시 세계에서 가장 큰 교회"를 담임한 목회자였다. 목회 현장에서 설교하고 양무리를 인도하면서 오순절운동, 오순절 신학, 신유운동, 성령운동을 목회 현장에서 그대로 적용하신 분이다.

오순절운동에 대하여 이론만 가르친 것이 아니라, 목회 현장에서 수많은 영혼을 구원하고, 질병으로 고통받던 수많은 사람을 성령의 능력으로 치료했다.

이러한 사역의 현장에서 설교하고, 가르치고, 배우고, 느낀 것, 또한, 신유를 체험한 사람들의 생생한 간증을 책과 잡지로 엮어 후대들이 연구할 소중한 자료도 남겨주었다.

20세기 초에 시작된 오순절운동 초기의 사역이나, 운동의 확산, 신유운동의 이론과 실제를 공부하려면 에이미의 생애와 사역을 필히 연구해야만 한다.

에이미의 성장 과정

에이미 샘플 맥퍼슨(Aimee S. McPherson)은 하나님의 나라를 확장하는 데 하나님께 귀하게 쓰임 받은 그릇이다. 미국의 중요한 도시들을 다니면서 천막을 치고 집회를 인도하며 예수 그리스도가 구세주이심을 공포하고 죄와 질병에 사로잡혀 있던 수많은 사람을 건져낸 모세와 같은 인물이다. 하나님께서 그녀를 어떻게 준비시키셨는지 그녀의 어린 시절부터 성장 과정을 살펴보기로 하자.

♠ **어머니의 기도**

에이미 케네디(Aimee Elizabeth Kennedy)는 1890년 10월 9일 캐나다(Canada)의 온타리오(Ontario)주, 잉거솔(Ingersoll)에서도 가장 작은 마을인 샐포드(Salford)에서 제임스(James Morgan Kennedy)와 미니(Mildred Minnie Kennedy) 케네디 부부의 무남독녀 외동딸로 태어났다. 아버지는 샐포드(Salford)감리교회의 교인이었고, 어머니는 구세군교회 교인이었다. 아버지 제임스는 농촌에 살면서 가축을 기르고 농사 일을 하면서 감리교회에 출석하는 평범한 농부였다.

1872년에 태어난 에이미의 모친 미니는 어렸을 때 고아가 되어 믿음이 돈독한 구세군 교인의 가정에 입양되었다. 비록 양부모 아래서 성장했지만, 양어머니와 양아버지의 헌신적인 믿음 생활을 보면서 성장했기 때문에 자기도 어른이 되면 하나님의 일에 전적으로 헌신하겠다고 다짐하곤 했었다. 미니는 어렸을 때 학교에 다닌 적이 없지만, 양부모의 지도하에 독학을 통해서 글도 깨우쳤고, 모르는 단어가 나오면 사전을 찾아서 궁금했던 것을 알아내야 할 정도로 탐구심이 강한 성격의 소유자였다. 영어의 알파벳을 익힌 후에는 틈틈이 책을 많이 읽어서 어휘력도 풍부했었고 말재주가 뛰어난 달변가였다.

또한, 구세군을 따라다니면서 밤낮을 가릴 것 없이 시간만 나면 전도팀과 함께 온타리오주의 여러 도시를 다니면서 전도했다. 이러한 그녀의 열정과 헌신을 구세군교회 지도자들로부터 인정받아 나이가 어렸지만, 출석하던 구세군교회 주일학교 부장으로 오랫동안 헌신하기도 했다.

자립심이 강하고 매사에 열정적이었던 미니는 하나님을 사랑하면서 사람들을 돕는 일에 헌신적이었다. 구세군 양부모와 함께 생활했지만, 아무런 어려움 없이 집안 일과 교회 일을 재미있게 하고 있었다.

그러던 중 어느 날 미니는 간병인을 찾고 있다는 케네디 부부가 낸 신문 광고를 읽게 되었다. 그 지역에서 좀 여유로운 생활을 하고 있던 케네디의 가정에는 그의 아내가 젊은 나이에 병에 걸려 고생하고 있었기 때문에 집에서 간호할 간병인을 찾던 중이었다.

미니는 신문을 보는 순간 구세군의 전도 사역을 중지하고 케네디 부부의 집에서 숙식하며 케네디 부인을 돌보는 간병인으로 일하면 어떨까 생각하게 되었다. 미니가 이 생각을 양부모에게 말씀드렸더니 그들도 케네디 집안을 잘 아는 사이였기 때문에 흔쾌히 허락해 주셨다.

하나님께서 사람을 도우라고 주신 일이라고 생각하고 케네디 집안으로 이사를 했다. 미니는 최선을 다해서 앓고 있는 케네디 부인을 사랑하는 마음으로 간호하며 보살펴 드렸다. 그런데 미니가 집에서 간호를 시작한 지 얼마되지 않아 케네디의 아내는 사망하고 말았다.

비록 부인은 죽었지만, 양부모 집에서 나와 케네디의 집에서 머물고 있던 미니는 갈 곳이 없어서 계속해서 그 집에 머물고 있었다. 그러던 어느 날 나이가 많은 제임스 케네디는 미니에게 자기 아내가 되어주지 않겠느냐고 청혼하는 것이었다. 이렇게 하여 50세인 케네디와 15세인 미니는 가정을 꾸미게 되었다.

샐포드는 작은 시골 마을이었기 때문에 나이 많은 제임스와 딸과 같은 미니가 결혼했다는 소문이 삽시간에 동네에 퍼져나갔다. 동네 사람들이 여기저기에서 수군거렸다. 그러나 미니는 별로 신경 쓰지 않았다.

어른이 되면 하나님의 일을 전적으로 하겠다고 결심한 미니는 결혼하는 날, 성경에서 한나가 드린 기도를 회상하면서 다음과 같은 기도를 드렸다.

오, 주님!
주님께서는 저를 복음을 전하라고 부르셨습니다.
그러나 제가 주님을 실망하게 해드리고
복음을 전하러 나가지 못하게 되었습니다.

오, 주님!
주님께서 옛날에 한나가 기도했을 때 들어 응답해 주셨던 것처럼
제 기도를 들으시고 제게 딸을 낳게 해 주시면
주저하지 않고 주님의 사역에 바치겠습니다.
제가 서서 설교해야 했던 그 자리에서
제 딸이 복음을 증거할 것이고,
제가 채우고 있어야 할 복음 역사의 자리에 그 애가 서 있을 것이며,
제가 주님을 섬기면서 살아야 할 인생을 그녀가 살게 될 것입니다.

> 주님, 제 기도를 들으시고 응답하옵소서!
> 주님께서 제 기도를 들으셨다는 증거를 보여주십시오.
> 예수님의 이름으로 기도합니다. 아멘![1]

♠ 어린 시절

이렇게 기도드린 후 낳은 딸이 에이미 샘플 맥퍼슨(Aimee S. McPherson)이었다. 어머니는 에이미가 성장하는 동안 결혼식 날 드렸던 이 서원기도를 사랑하는 딸에게 여러 번 반복하여 들려주었다. 어머니는 에이미가 위대한 설교자로 성장하기를 기도하며 기대하고 있었다. 미니가 아기를 낳았다는 소식을 듣고, 구세군교회에서는 그 집에 심방을 가서 아기를 축복해 주었다.

그때 구세군의 창시자요 총사령관이었던 윌리엄 부스(William Booth)의 아내 캐더린 부스(Catherine Booth)가 사망했다는 소식이 미니에게 전달되었다. 그러면서 새로 태어난 에이미를 보면서 이 아이가 성장하면 아마도 캐더린의 뒤를 이어 훌륭한 인물이 될 것이라고 축복해 주었다.

에이미가 태어나고 6주가 되었을 때, 에이미의 부모는 하나님께 에이미를 드리기 위해 어린 딸을 데리고 구세군교회로 갔다.

헌아식을 거행하는 동안, 어머니는 하나님께 딸을 드리겠다고 약속했던 서원을 생각하면서 하나님께서 귀한 딸을 이 시대를 밝히는 설교자로 써주실 것을 간절한 마음으로 기도드렸다.

---

1   Aimee S. McPherson, *This Is That* (Los Angeles: Echo Park Evangelistic Association, Inc. 1923), 16.

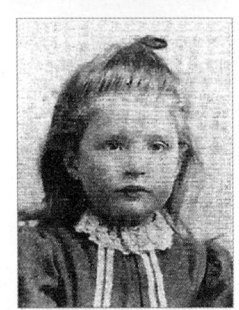

어린 시절 에이미가 살던 고향집, 어린 시절의 사진,
홍콩에 묻혀 있는 남편 무덤의 비석, 샘플 목사 기념학교

어린 시절 에이미는 어머니의 영향을 많이 받았다. 어머니는 에이미를 위해서 늘 기도해 주었고, 성경 이야기를 많이 들려주었다. 요셉이 꿈을 꾼 이야기, 모세가 이스라엘을 이집트에서 끌어내고 광야를 지나면서 기적을 체험한 이야기, 어린 소년 다윗이 골리앗을 죽인 이야기, 다니엘이 사자 굴에서 살아나온 이야기, 홍해가 갈라지던 이야기, 예수님께서 행하신 수많은 기적 이야기, 또한, 구세주의 사랑 이야기 등 이러한 이야기는 에이미의 마음속에 자연스럽게 스며들었다. 찬송도 많이 가르쳐 주셔서 에이미는 놀면서도 찬송가를 콧노래로 부르곤 했다.

어린 시절을 생각하면서 에이미는 이처럼 말하곤 했다.

> 나의 어린 시절은 기독교적인 영향력과 성경에 대한 가르침으로 풍성한 세월이었다. 하나님께 늘 기도드리는 엄마가 없는 집이란 지구상의 모든 축복 중에서 가장 중요한 것이 빠져 있는 가정일 것이다.… 농촌 주택에서 살았기 때문에 세상의 눈으로 볼 때 우리 집은 참으로 여러 가지가 부족하고 가난했지만, 늘 기도하며, 눈물과 미소가 끊이지 않고, 책망과 더불어 용기를 주시고, 인내와 사랑으로 보살피며 찬양으로 가꾸는 엄마가 있는 집안은 값으로 환산할 수 없는 보석 그 자체였다.[2]

비록 시골에서 살았지만, 어린 시절 에이미는 말타기를 좋아했다. 어느 날 말을 타고 있는데, 말이 갑자기 뛰기 때문에 말에서 떨어져 발목이 골절되는 사고를 당했다. 그러나 다쳤다고 칭얼대거나 불평하지 않고 골절된 다리로 절뚝거리면서도 친구들과 함께 뛰어놀면서 어린 시절을 보냈다. 여자였지만 그 정도의 개구쟁이로 성장한 것이다.

---

[2] Aimee S. McPherson, *This Is That*. 22.

에이미는 어린 시절부터 리더십이 돋보이기도 했다. 학교에 다닐 때, "구세군 집의 딸"이라고 친구들이 놀려댔지만, 에이미는 전혀 부끄러워하지 않고 오히려 구세군의 딸로 불리는 것을 자랑스러워했다.

또래 친구들에게 집에서 프라이팬, 치즈 박스, 나뭇조각, 낚싯대, 붉은 테이블 보 등을 갖고 나오라고 한 다음 이런 것을 드럼, 스틱, 깃발, 배너로 활용하여 구세군의 악대와 같은 작은 악대를 만들었다. 에이미는 이 작은 악대의 대장이 되어 붉은 천을 뒤집어쓰고 악대를 이끌고 동네 골목을 다니면서 구세군 교회에서 본 악대 흉내를 내곤 했다.

♠ 어린이 설교자

미니는 에이미를 키우면서 구세군교회에서 주일학교 부장으로 헌신했다. 미니는 주일학교 학생들에게 매 주일마다 설교했다. 설교할 때, 미니는 늘 무엇인가 가지고 가서 어린이들에게 보여 주며 말씀을 전했다. 베드로에 대해 설교할 때는 고기 잡는 그물을 가지고 갔고, 때로는 악기, 심지어는 밥 먹는 그릇까지도 갖고 가서 설교했다.

아이들은 떠들다가도 무엇인가 보여주며 설교하면 모두 조용히 앉아 재미있게 들었다.

이러한 모습을 지켜보고 있던 에이미는 집에 돌아와 어머니께서 설교하셨던 모습을 흉내 내곤 했다. 한 번은 집안과 창고에 있는 의자를 모두 한 자리에 모아놓았다. 자기는 책상에 올라서서 의자를 보면서 설교를 하는 것이 아닌가. 엄마가 의자는 왜 내놓았느냐고 묻자, 에이미는 이렇게 대답했다.

의자에 사람이 많이 앉아 있는거야.

♠ 웅변대회에서 상을 타다

에이미의 친구들은 에이미와 친하게 지내고 싶어 했다. 에이미가 그들의 마음을 알아내서 편하게 해 주고, 즐겁게 해 주었기 때문이다. 학교에서나 동네에서 어른들이 만약 이치에 맞지 않는 말을 하여 아이들에게 강압적으로 복종하도록 윽박지를 때, 에이미가 대표로 나가서 자기들의 의견을 정확하게 표현하여 어른들을 부끄럽게 만들기도 했다.

에이미는 어렸을 때부터 친구들의 모임에서 분위기를 장악하고, 사람들의 시선과 관심을 자기 쪽으로 끌어가는 능력이 있었다. 사람을 좋아했던 에이미 곁에는 항상 친구들이 들끓었다. 그녀는 사람들 속에 내재되어 있는 희열과 감동을 밖으로 끄집어내는 능력이 탁월했다.

에이미가 십 대가 되었을 때 이러한 에이미의 능력이 마을 운영자들에게 알려지게 되었다. 그들은 에이미를 지역 웅변대회에 마을을 대표해서 나가도록 했다. 열두 살이 되었을 때는 온타리오주 잉거솔의 기독 영성 금주 단체가 주관한 웅변대회에 출전하여 은메달을 받기도 했다.

그 후 런던이라는 곳에서 열린 웅변대회에서는 금메달을 받았다. 열세 살이 되었을 때는 말을 너무 잘해 학교에서 열린 이야기 대회에서 '최고의 말솜씨가'로 선정되기도 했다.

이렇게 에이미가 웅변대회나 말솜씨대회에서 입상하게 되자, 그녀에 대한 소문이 주변에 많이 퍼지게 되었다. 학교에서도 대내적인 행사나 외부에서 손님이 학교를 방문할 때 에이미가 학교 대표로 나가서 손님들을 영접하기도 했고, 학교에 대한 소개도 맡아서 했다.

또한, 출석하던 구세군교회에서도 주일학교 행사뿐 아니라, 어른들이 모여서 행사할 때도 에이미를 초청하여 인사하게 하고 노래도 부르게 하는 등 특별한 일을 시키곤 했다.

그녀의 활동 범위는 시간이 갈수록 넓어지게 되었다. 잉거솔에 있는 교회들이 연합행사를 하거나 축제나 야유회(피크닉)을 할 때는 언제나 에이미가 초청되었다. 그녀가 와서 사회를 보거나 행사를 진행하면 모든 사람이 웃으면서 기쁨을 서로 나누어 가졌기 때문이다.

사람들에게 웃음을 주며 기쁘게 하는 일을 에이미도 좋아했고, 보고 듣는 모든 사람도 좋아했다.

♠ 학창 시절

에이미는 1905년도에 고등학교를 진학했는데, 그때부터는 구세군교회에서 아버지가 다니던 셀포드감리교회로 옮겼다. 십 대 소녀로 성장한 에이미는 교회에서 가르쳐 주는 것을 그대로 믿지는 않았다. 십 대의 반발이라기보다는 검증되지 않은 것들을 여과 없이 그대로 받아들이지 않으려고 생각했던 것 같다.

감리교회에서는 오락은 어느 정도 인정했으나 극장이나 댄스홀에 가는 것을 포함해 세상 놀이에 빠지는 것은 철저하게 금했다. 일반적으로 그 당시 청교도 사상이 강했기 때문인지 감리교회는 성도들에게 수많은 규칙을 만들어 성도들을 묶어 놓았고 자유를 억압하곤 했다. 심지어 극장에 가면 구원을 잃어버리고 지옥에 떨어진다고 가르쳤다.

어느 날 에이미는 친구들과 함께 영화를 보러 극장에 갔다. 그런데 그곳에서 자기 교회의 교인들이 있는 것을 보고 놀랐다. 더욱 놀란 것은 주일학교 교사도 그들과 함께 있었다. 그래서, 교회의 지도자들을 바라보는 눈이 이때부터 조금씩 달라지었다.

♠ 진화론과 창조론 논쟁

에이미는 고등학교 시절에 책을 많이 읽었다. 손에 잡히는 대로 독서를 즐겼고 신문, 잡지, 소설 등 다양한 분야의 책을 많이 읽어서 식견을 넓혔다. 잡지와 신문에 자기의 의견을 투고하기도 했다.

고등학교 지리과학 시간에는 『물리 지리학』(Physical Geography)이라는 책을 교과서로 사용했는데, 이 책은 지구의 형성 과정과 인간 생명의 기원을 다윈의 '진화론'을 따라 설명하고 있었다. 그래서, 인간은 하나님께서 창조하신 것이 아니고, '아메바'라는 하등 세포에서 시작되었다고 가르치고 있는 것이다.

학교에서 공부하면서 본인의 기독교적인 신앙이 처음으로 큰 도전을 받고 있다고 생각했다. 에이미는 성경이 가르치는 진리가 참 진리이고, 최근에 대두되어 검증되지 아니한 진화론은 믿지 못할 것으로 생각했다.

에이미는 과학 교사를 찾아가 어려서부터 배운 것은 하나님께서 모든 것을 만들었다는 '창조론'인데, 진화론을 수업 시간에 배우게 되자 혼돈이 된다는 말씀을 드렸다. 동시에, 검증되지 않은 진화론을 가르치는 것에 반대한다고 하면서, 자신이 생각하고 있는 것에 대한 성경을 인용하면서 조리 있게 설명해 나갔다. 진화론이 과학적이며 새롭게 일어나는 학문이라고 진화론을 옹호하던 과학 교사는 그녀의 일관된 주장에 할 말을 잃었고, 토론을 끝내면서 진화론에 대한 몇 권의 책을 주면서 읽어 보도록 했다.

에이미는 진화론은 검증도 되지 않고 믿지 못할 것으로 생각해서 선생님께서 주신 책을 열어도 보지 않았다. 그리고는 과학 선생님과의 논쟁에서 이긴 것에 힘을 얻어 신문에 진화론과 창조론에 대한 글을 투고하기로 마음먹고 준비했다.

1906년 7월 18일 캐나다 몬트리올에 있는 『패밀리 헤럴드와 주간 스타』(Family Herald and Weekly Star)라는 주간 잡지의 편집장에게 당돌하게 본인이 준비해놓은 편지를 보냈다.

> 지금까지 살아오면서 저는 하나님은 모든 만물을 창조하신 창조주시고, 인간은 하나님의 형상을 덧입은 생령(生靈)으로 창조된 피조물이라는 영원히 변치 않는 성경의 가르침에 확신을 갖고 성장해 왔습니다. 최근에 배운 고등학교 지리학 교과서는 하나님이 초자연적인 존재요 창조주라는 믿음을 평가절하하며 파괴하고 있습니다.
>
> 진화론이 주장하는 이론은 성경과 상충되고 있습니다. 저희가 배우는 교과서는 지구뿐 아니라 인간도 하나님께서 창조하신 것이 아니라고 가르치고 있고, 인간은 아메바라는 하등 세포에서 진화되어 나온 산물로 가르치고 있습니다.[3]

그러면서 에이미는 다음과 같은 말로 글을 맺었다.

> 글을 마치면서 저와 같이 고등학교에서 공부하는 모든 학생에게 수세기를 내려오면서도 모든 폭풍을 이겨낸 성경의 참 진리 위에 견고히 서서 함께 일어서자고 말하고 싶습니다.[4]

잡지의 편집장은 에이미의 이 글을 잡지에 그대로 실었다. 그러면서 편집장은 이 글은 고등학교 학생이 쓴 글이라는 것을 강조했다. 그러자 잡지의 독자들 가운데 에이미의 견해에 반대하는 사람과 찬성하는 사람들이 자기의 의견을 잡지사에 보내주었다. 잡지는 에이미의 글을 놓고 벌어

---

3 Robert Bahr, *Least of All Saint: The Story of Aimee Semple McPherson* (Eaglewood Cliffs, New Jersey: Prentice-Hall, Inc. 1979), 285.
4 Robert Bahr, 286.

지는 찬반 논쟁을 모두 실어서 좋은 논쟁의 장이 되도록 했다. 에이미는 반대하는 사람들에게 성경에서 말하는 진리를 기초로 끝까지 논쟁에서 지지 않고 본인의 주장인 '창조론'을 폈다.

고등학교 학생이 창조론이 맞는다는 본인의 논지를 굽히지 않고 진화론이 맞는다는 반대 의견을 낸 사람들에게 성경 구절을 일일이 열거하면서 논리 있게 설명하고 도전하는 모습은 교회의 성도들과 학교의 선생님들을 감동하게 했다. 또한, 잡지를 읽는 많은 독자의 칭찬과 찬사를 받게 되었다.

이렇게 외부와는 신문 지면을 통해서 논쟁을 이어 가고 있으면서 에이미는 선생님께서 주신 책을 읽기 시작했다. 책을 읽으면서 창조론과 진화론에 대한 혼돈이 생겼다. 읽을수록 창조론이 틀린 것 같고, 진화론이 맞는 것 같았다.

책을 다 읽고 나서는 다윈이 가르치는 진화론이 맞고, 성경이 말하는 창조론이 틀렸다고 결론짓게 되었다. 그렇게 결론짓고 나니까 교회에 다니는 사람들이 불쌍해 보이고, 교회란 생명을 구하는 단체가 아니라, 여유가 있는 세상 사람들이 모여 서로 친교 하며 지내는 세상의 사교 모임과 같다고 생각하게 되었다.

그러면서도 마음 한구석에 풀리지 않는 것이 남아있었다. 그것은 성경을 보면 기적이 많이 나타났다고 기록되어 있는데, 왜 오늘날에는 기적이 나타나지 않는가에 대한 의구심이었다. 그래서, 교회에 초청 강사로 오시는 목사님들께 마음에 품고 있는 질문을 드렸다.

어떤 목사님은 대답하길, 우리는 이제 더 이상 기적이 나타나지 않는 시대에 살고 있다는 것과 이제는 기적이 없다는 것이 올바른 성경 해석이라고 설명하면서 지금 고등학교에서 가르치는 진화론이 맞다고 말하기도 했다.

그런 목사들은 소위 기적은 성경이 완성됨으로 끝났다고 주장하는 "기적중지주의"를 믿는 목사들이었다. 이런 말을 들으면서도 에이미는 성경을 들이대면서 오늘날에도 기적이 나타나야 한다고 주장했다. 여러 목사님의 말을 들을수록 에이미의 마음은 더 복잡해졌다.

이렇게 창조론과 진화론 사이에서 갈등이 생긴 에이미는 어느 주일 저녁에 초청 강사로 설교하러 오신 목사님에게 다음과 같은 더 어려운 질문을 했다.

> 만약 창조론이 맞는다면, 왜 그리스도인들이 성경과 반대되는 진화론을 지지하는 정부에 세금을 내나요. 잘못된 진화론을 가르치고 있는 학교에 항의하지 않습니까?

에이미는 학창 시절부터 다른 사람들을 말로 설득하는 뛰어난 언변의 은사가 있었다. 언변이 뛰어났기 때문에 학교 대표로 선출되기도 했고, 교회 학생부의 대표로 선발되어 외부에 나가기도 했다. 외부에서 손님이 학교를 방문했을 때는 학교 대표로 앞에 나가 학교를 설명하기도 했고, 필요할 때는 대중 앞에서 연설하기도 했다. 웅변대회에서 금상을 받는 일은 다반사였다.

♠ 활달한 젊은 시절

에이미는 사회활동에도 적극적이었다. 폭넓은 독서를 즐겼으며 스케이팅, 승마, 수영, 춤을 즐겼다. 댄스파티에 초청받았을 때, 처음에는 사탄이 유혹한다는 생각이 들어 참석하지 않았었다. 그러나 참석한 댄스파티에서 첫 번째 파트너가 장로교 목사였음을 알고부터는 댄스도 스포츠의 한 분야라고 생각하게 되었고, 더 적극적으로 파티에 참석하여 춤추는 즐거움을 느끼면서 친구들이 예수를 믿도록 힘써 전도했었다.

열여섯 살이 되었을 때는 크리스마스가 다가오자 연극 대본을 직접 써서 친구들을 모아 연극을 연출하기도 했다. 크리스마스 때마다 각본을 썼고, 본인이 직접 배우로 출연해 연기도 하고 악기를 연주해서 주님 오심을 축하하기도 했다.

어린 시절부터 글 쓰는데 뛰어난 은사를 발휘하기도 했다. 고등학교 시절에는 교회의 잡지를 만들자고 말하여 친구들의 호응을 받아냈고, 멋진 고등부의 잡지와 교회 전체의 잡지를 만들기도 했다.

어린 시절 에이미는 비록 시골에 살았지만, 다양한 재능을 보이기도 했으며 활달하고 적극적인 성격으로 많은 사람의 관심과 사랑을 받았다. 또한, 구세군 교회에 어머니와 함께 다니면서 성경 말씀을 진리로 굳게 믿고 인생의 기초를 튼튼히 쌓게 되었다. 고등학교부터 다니기 시작한 감리교회에서 많은 친구를 사귀면서 기쁜 시절을 보냈다.

♠ 회심과 성령세례

학교에서 배운 진화론과 교회에서 배운 창조론 사이에서 에이미는 고민하곤 했다. 결론을 내기 위해서 그녀는 기도했다.

> 사랑하시는 하나님!
> 하나님이 정말 계신다면
> 제게 하나님께서 창조하셨다는 증거를 보여주십시오..

이처럼 기도하기도 했다.

성경에는 기적이 많이 나오는데 왜 오늘날에는 기적이 없나요? 이유를 알려 주세요.

이렇게 기도드린 후 이틀이 지났을 때, 학교에서 집으로 돌아오는 길에 전봇대에 걸려있는 현수막이 있었는데, 다음과 같이 쓰여 있었다.

성령부흥회 : 아일랜드 복음 전도사 로버트 샘플(Robert Sample)

에이미는 오순절 계통의 사람들은 기도하다 바닥에 쓰러지기도 하고 알아듣지 못하는 방언으로 기도한다는 말을 들은 적이 있었다. 그들은 또한, 기도할 때 시끄럽게 소리를 지르며 춤도 춘다는 말도 들었었다.

그 현수막을 보는 순간 호기심이 발동해 참석해 보고 싶었다. 교회에서 크리스마스 리허설을 하기로 예정된 전날 에이미는 아버지의 허락을 받고 참석했는데 젊은 부흥사인 로버트 샘플이 집회를 인도하고 있었다.

젊은 부흥사는 사도행전 2:38-39을 본문으로 "회개와 중생의 체험"이란 제목으로 말씀을 증거하고 있었다. 성경을 차근차근 설명해 주면서 "죄를 철저하게 회개해야 한다"고 확신에 차 도전적으로 선포하셨다. 그의 설교 말씀은 능력이 있었고, 듣는 가운데 하나님이 함께하심을 느낄 수 있었다.

그의 설교는 다른 목사들의 설교와 달랐다. 그는 예수 그리스도는 어제와 오늘, 그리고 영원히 동일하심을 강조하면서 말씀을 선포했다. 마치 성경에 기록된 모든 말씀이 사실인 것처럼 말했다. 젊은 샘플 부흥사는 그 자리에 모인 사람들에게 '하나님을 택하든지, 세상을 택하든지 둘 중에서 하나를 택하라'고 강조하면서, 양다리 걸치는 삶을 더 이상 살지 말라고 촉구했다.

그의 메시지는 간단하면서도 강력했다. "성령세례를 받아야 한다"고 강조하면서 본인이 알아들을 수 없는 말을 방언으로 하기도 했다. 마치 천사가 말을 하는 것 같았는데, 에이미의 마음은 기쁨과 감사, 찬양으로 가득 차게 되었다. 에이미는 너무나 기뻤다. 이틀 전에 하나님께 드린 기도의 응답이라고 생각했다.

샘플 부흥사께서 말씀하신 대로 창조론과 진화론 사이에서 양다리 걸치고 있던 자신을 발견한 것이었다. 샘플 부흥사의 말씀이 에이미의 마음을 강타했다.

지금까지 말도 잘하고, 상을 타기도 하고, 친구들과 재미있게 놀고 있던 자신이 잘못하고 있음을 발견한 것이다.

부흥사의 말씀을 생각하면서 창조론을 절대적으로 믿지 못하고 진화론에 빠져서 갈팡질팡했던 자신을 회개했다. 그리고 생각나는 대로 떠오르는 모든 죄를 다 회개했다.

사흘 동안 부흥회에 참석했는데, 사흘 동안의 부흥회가 끝난 후에는 그녀의 모든 죄악이 용서받은 것을 체험할 수 있었다. 회개함으로 예수님을 구세주로 받아들였다.

사흘의 부흥회가 끝나고 에이미는 혼자서 집을 향해 길을 걷고 있었다. 하늘이 무척이나 푸르렀다. 갑자기 에이미는 하늘을 향해 두 손을 번쩍 들고 하나님께서 자기에게 자비를 베풀어 달라고 큰소리를 지르면서 울면서 기도드렸다. 그때의 심정을 에이미는 이같이 표현했다.

> 기도를 마치고 났을 때, 하나님께서 내 기도를 다 들어주셨다는 확신이 들어왔다. 너무나 기쁘고 신났다. 집으로 돌아오는 길에 하늘이 아주 가까이 내게 내려옴을 느낄 수 있었다. 내 주위에 있는 모든 나무, 꽃들, 새들, 풀과 만물이 주님을 찬양하는 것이었다. 말로 표현할 수 없는 기쁨과 감사가 내 속에서 넘치더니 밖으로 흘러

나왔다. 내 얼굴에는 기쁨이 가득했고 그 순간 나는 왜 예수님께서 십자가에서 피를 흘렸는지 깨닫게 되었다. 예수님의 피가 내 죄를 깨끗이 사하셨다는 것을 체험하게 되었고 내 마음에 느끼게 되었다. 예수님의 피가 내 혈관 속으로 흘러들어옴을 느낄 수 있었다.

중생을 체험한 후 에이미는 완전히 새로운 사람으로 변화되었다. 세상적인 일이 싫어졌다. 대신 성경을 읽고, 찬양하고, 기도하는 생활이 즐거워졌다. 에이미는 예수를 영접하고 난 후에 내가 앞으로 어떠한 삶을 살 것인가를 깊이 생각하게 되었다.

그러면서 집에서 성경을 읽고 있었는데, 갑자기 눈앞에 환상이 나타났다. 큰 강물이 흐르고 있었는데, 그 강물의 색은 아주 짙은 보기 흉한 시꺼먼 색이었다. 너무나 검고 흉해서 보는데 소름이 끼칠 정도였다. 그 강물이 흐르면서 주변에 있는 나무, 풀, 작은 생물, 사람, 심지어 자갈까지 모두 쓸어버리는 것이었다. 쓸어가더니 폭포 아래로 쏟아부었다. 살려달라는 사람들의 아우성이 귀에 쟁쟁히 들려오는데, 환상 속에서 이런 음성이 들려왔다.

이들의 영혼을 네가 구원하라!

이러한 환상을 본 후에 에이미는 '어떻게 내가 여자로서 죽어가는 사람을 구원하지'라는 고민에 빠졌다. 당시의 사회적인 분위기는 여자는 설교자가 될 수 없었기 때문이다.

그 순간 샘플 부흥사가 설교하신 말씀이 떠올랐다. 하나님의 일을 하는데는 다른 것이 중요한 것이 아니라, 성령으로 세례받고, 성령충만해야 한다는 말씀이었다. 성경을 읽으면 읽을수록 성령세례를 받아야 할 필요성을 느끼게 되었다.

에이미는 다른 무엇보다 성령세례를 받고 싶어서 성령 집회에 많이 참석했다. 학교에서 공부하는 것은 신경 쓰지 않았다. 성령 집회 모임에 참석했던 성도의 집에 들어가서 기도하기도 했다. 그 집에 있던 성도들이 에이미 주위에 모여 에이미에게도 성령세례를 달라고 중보기도 했다.

자신도 알지 못하는 방언으로 기도하고 싶어서 성령으로 세례받기를 간절히 사모했다. 교회에서 성경 공부를 하는 시간에도 실례라고 말하고 교실에서 나와 교회의 지하실로 내려가 무릎을 꿇고 "성령세례를 달라"고 간절히 구하기도 했다.

몇 번인가는 학교에도 등교하지 않고 대신 교회에 가서 "성령세례 달라"고 하나님께 간절히 기도하기도 했다.

너무나 방언하기를 사모했으므로 어느 날인가 교회에 가서 성령세례를 받을 때까지 아무 곳에도 가지 못하도록 기적을 일으켜 달라고 애절하게 기도드렸다. 그런데 그러한 기도가 끝나자마자 잉거솔 지역에 강한 눈보라가 몰아쳤고, 모든 교통이 차단되었기 때문에 그녀는 집에도 갈 수 없었다.

에이미는 누가복음 11:13의 "너희가 악할지라도 좋은 것을 자식에게 줄 줄 알거든 하물며 너희 하늘 아버지께서 구하는 자에게 성령을 주시지 않겠느냐 하시니라"라는 말씀을 부여잡고 성령세례를 달라고 간구했고, 또 간구했다. 드디어 그녀는 기도하는 중에 갑자기 혀를 통제할 수 없게 되더니 본인이 의도하지도 않았는데 알지 못하는 이상한 말이 자기 입에서 튀어나오는 것을 체험할 수 있었다. 처음 방언으로 기도한 것이다.

에이미는 주님께서 자기의 간절한 기도를 들으시고 성령으로 세례를 주신 것이라 믿고, 감사한 마음에 기쁨을 참을 수 없었다.

그녀는 당시를 회상하면서 성령세례를 받는 장면을 화가가 그림을 그리듯이 아주 상세하게 기록하고 있다.

보혜사가 내 안에 들어오시게 되자, 내 가슴은 능력으로 가득 차게 되었다. 내 목구멍이 조금 떨리게 되었고, 내 턱은 처음에는 조금 떨리는 것 같더니 조금 후에는 격렬하게 흔들리기 시작했지만 얼마나 기분이 좋았는지 모른다. 내 혀가 입 안에서 위와 아래로 움직이더니 옆으로도 움직이기 시작했다. 입술이 움직이자 의미를 알 수 없는 소리가 흘러나왔고 이사야 28:11[5]에서 말씀하신 대로 내 입술로부터 다른 방언이 터져 나오기 시작했다.

성령께서 내게 예수님께 복종하도록 가르침에 따라 처음에는 몇 개의 다른 음절이 계속되고, 다음에는 몇 개의 단어, 그리고 그 다음에는 연결되는 문장이 말을 더듬는 것 같이 얼마 동안 내 입에서 튀어 나왔다.

그때 갑자기 성령께서 말하게 하심을 따라 다른 방언을 말할 때(행 2:4), 내 영혼의 깊은 곳에서부터 찬양이 강물처럼 흘러나왔다.

그때 내가 깨달은 것이 하나 있었다. 성령님은 예수님을 최고의 영광스러운 언어로 찬양하고 계셨으며 내가 느끼기는 했지만, 도저히 말로는 표현할 수 없는 영광과 존귀로 옷 입혀 드리고 있었다.[6]

때는 1908년이었는데 에이미는 본인이 사도행전에 있는 예루살렘교회의 성도들, 에베소교회의 성도들, 그리고 가이사랴의 성도들이 했던 방언과 같은 방언을 말한다는 사실에 뛸 듯이 기뻐 큰 소리로 웃으면서 하나님께 찬양을 드릴 수 있었다. 그 순간 하나님의 말씀은 모두 진리이며, 하나님은 모든 약속을 지키시는 분이시며, 성경이 말씀한 보혜사가 내 속에 들어오셨다는 사실이 모두 믿어지면서 감격스러웠다.

---

5 이사야 28:11 "그러므로 더듬는 입술과 다른 방언으로 그가 이 백성에게 말씀하시느니라."

6 Aimee S. McPherson, *This Is That*, 45.

방언을 말함으로 성령세례를 받았음을 증명한다는 사실은 에이미의 신앙생활을 새로운 차원으로 이끌었다. 가장 큰 것은 성경에 기록된 말씀을 100퍼센트 믿게 된 것이고, 다른 교회에서 말하지 않은 방언을 하면서 하나님의 신비로운 세계를 추구하게 된 것이다.

잉거솔 지역에도 성령부흥회를 개최하는 교회가 늘어났다. 자연히 방언을 말하는 사람들도 늘어나게 되었다. 그러나 그러한 모임에 참석하지 않는 그리스도인들은 방언을 말하고 알아듣지 못하는 이상한 말을 하는 사람들은 너무나 극단적이라며 비방하고 관계하려 하지 않았다.

구세군도 성령세례를 받는 것을 반대하는 편에 속해 있었다. 구세군의 성도들은 미니에게 에이미가 그러한 모임으로 빠져들지 않도록 단속을 잘하라고 충고하기도 했다.

이러한 내용을 어머니로부터 전해 들은 에이미는 다른 사람들이 뭐라고 하든 상관하지 않았다. 하나님께서 기뻐하시는 일을 하는데 그것을 알지 못하는 사람들이 불쌍해 보였다. 오히려 에이미는 어머니에게 성령세례가 무엇인지, 방언이 무엇인지에 대하여 성경과 본인의 경험을 근거로 설명해 드렸다.

부르심과 결혼

♠ 하나님의 부르심

구원받고 성령세례를 받은 후 그녀의 삶은 완전히 변화되었다. 늘 성경을 읽고 수시로 기도하는 습관이 새로 생겨났다. 찬양이 입에서 저절로 흘러나왔다.

천지를 창조하시고 우주를 주관하시는 위대하신 하나님께서 보잘것없는 가련한 시골 처녀인 자기에게 나타나 주셨고, 사랑해 주시고, 놀라운 은혜를 베푸신 것이 너무나 기쁘고 감격스러웠다.

영혼 구원에 대한 하나님께서 주신 강렬한 소망이 에이미의 영혼 깊은 곳에서 솟아났다. 죽어가는 영혼들에게 구세주의 사랑을 말해 주어야겠다는 생각이 끊임없이 그녀를 괴롭혔다.

예레미야에게 하셨던 말씀, 곧 "내가 너를 모태에 짓기 전에 너를 알았고 네가 배에서 나오기 전에 너를 성별하였고 너를 여러 나라의 선지자로 세웠노라"(렘 1:5)라는 음성이 귀에 쟁쟁히 들려왔다.

성경을 읽을수록 주님께서 속삭이시며 "복음을 전하라"고 부르시는 음성을 들을 수 있었다.

> 그러므로 염려하여 이르기를 무엇을 먹을까 무엇을 마실까 무엇을 입을까 하지 말라 이는 다 이방인들이 구하는 것이라 너희 하늘 아버지께서 이 모든 것이

너희에게 있어야 할 줄을 아시느니라(마 6:31-32).

이에 예수께서 제자들에게 이르시되 누구든지 나를 따라오려거든 자기를 부인하고 자기 십자가를 지고 나를 따를 것이니라(마 16:24).

여호와께서 내게 이르시되 너는 아이라 말하지 말고 내가 너를 누구에게 보내든지 너는 가며 내가 네게 무엇을 명령하든지 너는 말할지니라 너는 그들 때문에 두려워하지 말라 내가 너와 함께 하여 너를 구원하리라 나 여호와의 말이니라 하시고 여호와께서 그의 손을 내밀어 내 입에 대시며 여호와께서 내게 이르시되 보라 내가 내 말을 네 입에 두었노라(렘 1:7-9).

에이미가 성경 말씀을 읽고 기도할수록 주님께서 부르시는 음성이 더욱더 크고 분명한 음성으로 귀에 쟁쟁히 들려왔다. 성령이 충만한 가운데 피아노 앞에 앉아서 다음과 같이 찬양하며 한없이 감격의 눈물을 흘리는 자신을 발견하게 되었다.[7]

> 사랑하는 주님!
> 주님께서 보내시는 곳이면 어느 곳이든지 가겠습니다.
> 산을 넘고, 푸른 초원을 지나, 바다 끝까지라도.
>
> 사랑하는 주님!
> 주님께서 주시는 말씀은 무엇이든지 말하겠습니다.
> 주님께서 원하시는 모습의 사람이 되겠습니다.

---

[7] Aimee S. McPherson, *This Is That*, 54.

♠ 로버트 샘플과 결혼

아일랜드가 고향인 장로교 교인 로버트 샘플은 당시 고향을 떠나서 미국에 온 후에 뉴욕과 캐나다의 토론토, 그리고 일리노이주의 시카고 등에서 지내고 있었다. 1901년 캔자스주 토피카에서 찰스 파함 목사를 중심으로 방언운동이 일어났을 때 그는 시카고에 머무르고 있었다. 그런데 그 방언운동이 시카고까지 번지게 되자 로버트는 시카고에서 부흥회에 참석했다가 그 곳에서 배우지도 않은 방언을 말하는 성령세례를 체험하게 되었다.

로버트는 시카고에 있으면서 마샬 필드(Marshal Field)라는 백화점에서 점원으로 일하고 있었다. 직장에 다니면서 틈틈이 신학을 공부하고 있었는데 방언의 은사를 받은 후에 하나님은 그를 전적으로 사역만 하도록 부르셨다. 하나님의 큰 은혜를 받은 로버트는 다니던 직장을 그만두고 오로지 복음을 전하는 사역자로 온전히 헌신하게 되었다.

그 후 그는 성공적인 복음 전도자가 되어 미국 북부와 캐나다 지역을 순회하면서 부흥회를 인도하게 되었다. 그가 인도하는 부흥회에서 죄인들이 회개하고, 구원받는 사람들이 늘어나게 되었으며, 방언을 말하는 성령세례받는 사람들이 늘어나자 자연히 그의 이름이 널리 퍼지게 되었다.

그가 인도하는 집회에 참석하는 사람 중에서 병으로 고생하던 사람들이 낫는 일도 자주 일어났다. 순회부흥사로 사역하고 있었기 때문에 에이미가 살고 있던 잉거솔에도 부흥회를 인도하러 자주 왔던 것이다.

샘플 부흥사는 시골의 작은 교회를 담임하고 있었지만, 부흥회를 인도하기 위해 자주 다른 지역을 방문하곤 했다. 결혼하지 않고 혼자 살았기 때문에 집에서 가까운 교회뿐 아니라 먼 곳에 있는 교회에서 부흥회 초청이 오면 사양하지 않고 가곤 했다.

성령이 충만하여 설교에 힘이 있었고, 병든 사람을 위해서 기도하면 그들의 병이 나았다. 그는 그 시대의 다른 목회자들과 다르게 성령세례를 강조하는 설교를 했고, 성령세례의 증거는 다른 언어로 방언을 말하는 것이라고 가르쳤다. 방언은 하나님께서 특별히 주시는 천국의 언어이기 때문에 영적인 생활을 시작하는 관문이라고 설교 시간에 말했다.

에이미는 성령이 충만하고 자신감을 느끼고 성도들에게 천국의 비밀을 확실하게 말해 주는 샘플 부흥사가 좋았다.

샘플 부흥사는 다른 도시로 가서 부흥회를 인도하게 될 때 에이미에게 편지를 보내곤 했다. 그는 보내 주는 모든 편지에 성경 구절을 썼고, 그 구절을 상세히 설명해 주었기 때문에 하늘 양식으로 가득 차 있는 것 같았다. 교회에서 늘 목사님의 설교만을 듣고 은혜를 받았는데, 이제는 듣던 설교 대신 글로 써 주시는 말씀을 읽으니 모든 것이 새로웠다.

샘플 부흥사가 보낸 편지를 한 번 읽고 버린 것이 아니라, 읽고 또 읽어도 은혜가 되었다. 그가 보낸 편지는 에이미의 서재에 쌓이기 시작했다. 능력의 종인 샘플 부흥사께서 보잘것없이 연약한 소녀인 자기에게 편지를 보내는 것이 감격스러웠다. 에이미는 기도하는 하나님의 사자가 보낸 영감 어린 글을 읽는 사실에 감사해서 답장하는 것을 게을리하지 않았다.

편지 속에서 샘플 부흥사는 하나님 나라의 공기를 마시며 하나님 나라에서 걷고 사는 것 같다는 표현을 자주 썼다. 샘플 부흥사에 대해서 알아갈수록 그를 존경하고 사랑하는 마음이 자연스럽게 일어났다.

어느 날 저녁에 에이미는 아이 둘을 키우고 있던 이웃집에 사는 아주머니를 도와주었다. 아이 엄마는 온종일 두 아이를 돌보느라 피곤하고 지쳐 쓰러져 있었고, 아이 한 명은 열이 많이 나서 울며 괴로워하고 있었다. 저녁 집회를 마친 후 샘플 부흥사는 에이미를 만나러 왔다가 이웃집에서 아이를 돌보고 있는 것을 보고 그 집으로 찾아왔다. 아파서 울고 있는 아이를 보자 아이를 안고 안수기도를 해 주었다.

안수기도를 받자 아이는 열이 떨어져 울고 보채기를 중지하고 잠이 들어 새근새근 잠자기 시작했다. 아이가 잠들자, 샘플 부흥사는 거실로 나가서 성경을 펴고 여러 곳을 가리키면서 에이미에게 여러 가지 성경 말씀을 들려주었다. 예수님에 대해, 특히, 예수님의 사랑과 사역, 그리고 재림에 대해서 상세히 가르쳐 주었다.

남편 로버트와 에이미

성경은 읽으면 읽을수록 재미있고, 내가 해야 할 일을 계속해서 말씀해 주신다고 하면서 앞으로 본인이 하나님의 종으로서 해야 할 일을 위해서 기도하고 있다고 말해 주었다. 특별히 다른 나라에 가서 영혼을 추수하는 일꾼이 되기를 원한다는 성령님의 음성을 들었다고 말했다.

특별히 '해외에 가서 말씀을 증거하라'는 음성을 듣고, 어느 나라에 갈까 생각하며 기도하는 중에 성령님께서 '중국에 가기를 원한다는 것을 깨닫게 되었다'고 말해 주었다. 중국 지도를 펴놓고 중요한 도시인 홍콩, 마카오, 상하이, 베이징 등을 가리키면서 주님께서는 이러한 곳에 가서 말씀 증거하기를 원하신다는 얘기까지 해 주었다.

에이미는 샘플 부흥사의 얘기를 심취해 듣고 있었다. 그런데 갑자기 샘플 부흥사는 에이미의 손을 잡더니 "사랑한다"고 고백하면서, 결혼하고 중국에 선교사로 함께 가지 않겠느냐고 청혼하였다. 그 순간을 회상하는 에이미는 이렇게 말했다.

> 그분의 말을 듣고 있는 동안에 그를 돕고자 하는 표현할 수 없는 연민의 정이 내 마음속에서 솟아올랐다. 나는 그분을 지극히 사랑하고 있었던 것이었다. 또한, 나는 그분의 사역, 그분이 섬기는 그리스도, 그분의 가르침, 그분의 메시지 모두를 사랑한다는 사실을 알고 있었다. 그러나 나는 그 자리에서 그분의 청혼을 받아들이며 허락하겠다는 말은 할 수 없었다.[8]

둘은 이후에도 자주 만나 성경에 나오는 이야기를 주로 나누면서 많은 시간을 함께 보냈다. 하나님께서 부르셨을 때 바로 순종한 사람들과 순종하지 않은 사람들에 대한 성경 말씀도 함께 읽으면서 새로운 각오를 하기도 했다. 에이미는 샘플 부흥사를 만날수록 사랑하는 마음이 고조되었고, 이들의 만남은 부모님들에게도 알려지게 되었다. 샘플 부흥사는 고향에 계신 부모님들에게 연락을 드려 결혼 승낙을 받았다.

드디어 이 둘은 1908년 8월 12일, 에이미가 태어난 동네인 캐나다 잉거솔 샐포드 근교에 있는 에이미 부모의 농장에서 결혼식을 올렸다. 아일랜드(Irish) 혈통의 로버트(Robert)와 스코틀랜드(Scottish) 혈통의 에이미가 한

---

[8] Foursquare Publications. *Aimee: Life Story of Aimee Semple McPherson* (Los Angeles: Foursquare Publications, 1979). 33.

가정을 이룬 것이다.

로버트를 열렬히 사랑한 에이미는 그를 위해 모든 것을 바치기로 했다. 로버트만 있으면 행복하다고 생각했기 때문이다. 에이미는 사랑하는 로버트를 위해 자기가 갖고 있는 모든 것을 버리기로 했다. 결국, 그녀는 다니던 고등학교도 졸업하지 못했지만, 마냥 행복했다.

에이미는 신학교 문턱에도 가 본 적 없는 보잘것없는 시골 처녀에 불과했다. 그러나 그녀는 20세기 오순절운동을 일으킨 위대한 인물이 되었고, 특히, 교회사에서 가장 놀라운 신유 역사를 일으킨 하나님의 종이라고 교회사가들이 이구동성으로 말하고 있다.

이에 대해 에이미는 이렇게 고백했다.

> 남편 로버트 부흥사가 자기에게 신학을 가르쳐 준 신학대학교요, 신학대학교 교수요, 영적인 것을 가르쳐 준 멘토요, 늘 천국의 영적인 세계로 이끌어 주는 안내자였다.

이 부부는 중국에 선교사로 가기 위해 결혼식을 올렸고, 중국으로 떠나기 전에는 작은 교회를 맡고 있던 샘플 부흥사가 교회에서 충분한 사례금을 받을 수 없었기 때문에 시간이 나는 대로 보일러 공장에 나가서 일하곤 했다.

바울이 천막을 만들며 자비량 선교사로 헌신했듯이 이들 부부는 외부의 도움을 받지 않고 자비량으로 교회를 섬겼을 뿐 아니라, 중국에 가려고 손수 돈을 벌면서 준비하고 있었다.

♠ 골절된 발이 치료됨

1909년 정월 선교사로 가기 위해서 준비하는 동안 로버트와 에이미는 시카고에 가서 윌리엄 더함(William Durham) 목사가 인도하고 있는 단체에서 함께 사역했다. 선교사로 떠나고자 준비하고 있었기 때문에 로버트와 에이미는 더함 목사로부터 특별 목사 안수를 받았다. 그리고 여기에서 수개월 동안 머물며 이탈리아에서 온 사람들이 모여 사는 마을에서 복음을 증거했다.

그 후 이들 부부는 오하이오주의 핀들레이(Findlay)에서 더함 목사가 인도하는 부흥회에 참석했다. 그런데 에이미가 그 교회의 2층에서 1층으로 내려오다가 발을 헛디뎌 계단에서 굴러떨어져 한쪽 발목이 골절되고 인대가 끊어지는 사고를 당하게 되었다. 인대가 완전히 끊어졌기 때문에 다리를 전혀 사용할 수 없는 중상이었다.

마침 집회에 참석하고 있던 의사의 도움으로 깁스를 하고 목발을 잡고 걸을 수 있게 되었다. 그러나 통증이 너무 심해 걷기를 포기하고 있었다. 사고가 난 교회에서 그녀는 하나님께 간절히 기도하여 상처가 다 나은 다음에 시카고로 떠나기로 하고 아픈 다리를 잡고 열심히 기도했는데도 낫지 않았다. 어쩔 수 없이 목발에 의지해 다리를 절면서 숙소가 있는 시카고로 간신히 돌아오게 되었다. 이곳에서도 주님께서 치료해 주시기를 간절히 기도드렸다.

하루는 혼자서 간절히 기도하는 중에 성령께서 영으로 속삭이시는 음성을 듣게 되었다.

더함 목사가 사역하고 있는
노스 에비뉴 미션(North Avenue Mission) 본부로 가서
그에게 안수를 받으면

내가 치료해 주겠다!

그러나 성령께서 하시는 말씀을 많이 들어보지 못한 그녀는 그 음성을 듣고서도 주저하게 되었다.

그랬더니 이번에는 성령님께서 이렇게 다시 말씀하시는 것이 아닌가.

내 양은 내 음성을 듣느니라!

이 음성을 들은 에이미는 당장 회개하고 젊은이들의 도움을 받으며 더함 목사가 사역하는 선교본부로 향했다. 선교본부에 도착하자마자 그 곳에 모여 있던 믿음의 식구들에게 사고가 난 경위를 이야기했다. 발목이 골절되었다는 소식을 들은 12명쯤 모여있던 믿음의 식구들이 에이미의 다리가 낫도록 합심하여 중보기도를 드렸다.

그 곳에 계셨던 더함 목사는 방언과 영어를 섞어가며 이처럼 선포하면서 안수기도를 해 주었다.

예수 그리스도의 이름으로 명하노니 치료받을지어다!

그 순간 전기 충격을 받는 것 같은 전율이 정수리에서부터 시작해 온몸을 거쳐 다친 발로 내려가는 것을 느끼면서 온몸이 떨렸다.

바로 그때 골절된 발이 정상으로 돌아오고 끊어졌던 인대가 회복되는 놀라운 기적을 체험하게 된 것이다. 통증도 기적같이 사라졌다. 깁스를 풀고 목발도 집어던졌다. 성령님의 치료하심을 난생처음 체험한 순간이었다.[9]

---

9 Aimee S. McPherson, *This Is That*, 60.

성경을 읽으면서 예수님께서 치료하신 많은 기록을 읽었지만, 실감이 나지 않았다. 또한, 부흥회에 참석해 강사 목사님께서 기도하면 병에서 치료된다는 말씀을 하더라도 '그런가 보다' 생각했었다. 병 나은 사람들의 간증을 들으면서도 '참 좋겠다'고만 생각했었다.

그런데 본인이 2층에서 굴러떨어져 발목이 골절되고 인대가 끊어져 제대로 걸을 수 없는 고통을 겪다가 기도를 통해 완전히 낫고 나니 기도로 병을 고친다는 것이 무엇인지 새롭게 깨닫게 된 것이다.

성령님의 능력을 통한 신유의 능력을 손수 체험하면서 주위에 병든 사람들이 있으면 그들의 치료를 위해서 기도해 주기 시작했다. 발목 골절상을 당한 후 아픔과 불편함, 또한, 사고로 인한 고통을 체험했기 때문에 질병으로 고생하는 사람들의 심정을 많이 이해하게 되었다. 그들의 고통을 이해할 수 있게 되었고, 아픈 사람들의 고통을 덜어주기 위해 열심히 환자들을 위해 기도해 주게 되었다.

본인을 위해서 여러 명의 성도가 합심하여 중보기도 할 때 성령님께서 임재하시어 깨끗하게 치료해 주셨기 때문에, 내가 병자를 위해 기도드리면 성령님께서 오셔서 친히 치료해 주실 것이라는 확신이 생긴 것이다.

중국 선교사

♠ 선교지 '중국'으로

1910년 초 에이미는 이미 임신하고 있었다. 중국으로 출국할 날이 가까워지자, 중국에서 생활하는데 꼭 필요한 옷가지와 생활 도구를 포함한 짐을 챙기기 시작했다. 이들이 선교사로 떠난다는 소식을 들은 많은 성도가 찾아와서 선교헌금을 전달해 주었다. 어떤 사람은 1달러, 또 다른 사람은 5달러를 헌금하기도 했다. 에이미는 후에 이렇게 회고했다.

당시 교회에서 좀 여유 있는 부자들은 헌금을 거의 주지 않았습니다. 가난한 성도들이 찾아와서 생명과도 같은 헌금을 주고 갔습니다.

중국으로 떠나기 위해 영국에 갔을 때 이들 부부는 런던에서 사는 기독실업인으로 돈을 많이 벌어 백만장자가 된 세실 폴힐(Cecil Polhill) 씨 집에서 머물게 되었다. 부잣집이기 때문에 선교사로 떠나는 자신들에게 많은 돈을 헌금할 것이라 기대하고 있었다. 편하고 좋은 시설이 구비되어 있는 집이었기 때문에 머무는 동안 편안하게 잘 지냈다.

며칠을 머문 후 젊은 부부가 떠날 때, 폴힐 씨는 봉투 하나를 건네주면서 잘 다녀오라고 했다. 이 집을 나와 다른 곳에 갔을 때 받은 봉투를 확인해 보니 그 속에는 '15달러'가 들어있었다. 선교헌금을 크게 할 것으로 기대했다가 15달러밖에 들어있지 않아서 실망이 컸다.

이러한 체험을 하면서 이들 부부는 하나님께 믿음 없음을 회개하게 되었다. 샘플 목사는 부흥회를 인도하면서 성도들에게 사람을 의지하지 말고, 성령님을 의지하라고 가르치면서 설교했었는데, 본인이 하나님보다 사람을 더 의지하고 있었음을 깨달은 것이었다.

샘플 목사 부부는 앞으로 하나님의 역사를 감당하려면 절대 사람이나 환경을 의지하지 말고 하나님만을 의지해야 한다는 좋은 체험을 하게 해 주신 것을 깨닫고 감사하게 되었다.

♠ 런던에서의 요엘서 설교

로버트와 에이미 부부는 중국으로 떠나기 전에 로버트의 부모님이 살고 계신 아일랜드를 방문해서 부모님께 작별 인사를 드렸다. 그리고 중국을 향해 떠날 배를 기다리는 동안 런던에 머물면서 몇 군데 교회에서 설교하기로 했다.

남편이 오순절교회에 설교하러 간 사이 머물고 있던 집의 주인인 백만 장자 폴힐 씨가 에이미에게 설교를 부탁했다. 오전에 교회의 여전도회 회장이 모시러 올 텐데 가서 여전도회원들에게 말씀을 전해달라고 부탁을 한 것이다.

캐나다의 잉거솔이라는 작은 시골 마을에서 성장한 에이미는 영국의 수도 런던에 오니 모든 것이 어리둥절했다. 큰 건물도 처음 보기 때문에 신기해 보였고 런던의 모든 것이 마냥 아름답고 경이로워 보였다. 남편이 '설교 초청을 받았다'는 말만 들었지, 어디에서 얼마나 많은 군중에게 말씀을 전하는지 알지 못했다. 에이미는 어린 신부였고, 신학 공부도 하지 않았기 때문에 사모로서 남편이 설교하기 직전에 그 교회 예배에 참석한 성도들에게 짤막하게 인사만 하면 되는 줄로 생각하고 있었다.

그러면서 남편이 사역을 잘 감당하도록 기도를 드리고 있었는데, 갑자기 여전도회 회장이란 분이 와서 여전도회 회원들에게 말씀을 전해달라고 부탁하는 것이었다. 선교사로 떠나는 하나님의 종이기 때문에 여전도회원들의 신앙 성장과 헌신을 위해 말씀해 주시기를 부탁한 것이었다.

에이미는 여전도회라고 했으니까 한 이 삼십 명 정도의 회원이 모여서 간증을 듣고 싶어 하는 것으로 생각했다. 그 정도의 성도들이 모이면 몇 십 분만 말하면 될 것으로 생각하고 말씀을 전하기로 허락했다.

얼마 후 여전도회 회원들이 다 모였다고 회장이 모시러 왔다. 회장을 따라 예배 장소에 도착한 에이미는 깜짝 놀랐다. 커다란 5층 발코니가 있는 컨벤션 홀은 입추의 여지 없이 여인들로 가득 차 있었다.

에이미 사모가 방문한 장소는 남편이 설교하는 오순절교회가 아니고 빅토리아와 엘버트 홀(Victoria & Albert Hall)이었다. 백만장자인 폴힐 씨가 예약하고 자기 집에서 중국 선교사로 가실 분이 머물고 있으므로 런던에 있는 여성도들에게 설교할 수 있도록 지역의 여전도회에 부탁했던 것이었다.

이렇게 많은 회중 앞에 서 보는 것이 처음이기 때문에 에이미의 눈에는 수만 명이 넘는 회중이 참석한 것 같았다. 강사가 단상에 서서 말씀을 전하기 전에 여전도회장이 사회를 보고 다른 회원이 기도하는 동안 에이미는 강단 의자에 앉아 있는데 너무나 걱정되고 무서워서 덜덜 떨었다.

이렇게 많이 모인 청중 앞에 서 본 적이 없었기 때문에 당황할 수밖에 없었다. 성령님께 도와달라고 속으로 간절히 기도드렸다.

    주님 저를 기왕 도와주시려거든 지금 도와주세요.

이런 기도가 수도 없이 계속해서 나왔다.

너무나 당황한 나머지 사회자가 본인을 소개하는 것도 잘 알아들을 수 없었다. 말씀을 전할 시간이 되어 회중 앞에 섰다. 성령님께서 인도해 주시기를 바라는 마음밖에 없었다.

성령님께서 요엘의 말씀을 설교하라고 하시기 때문에 요엘 1:4를 펼쳤다.

> 팥중이가 남긴 것을 메뚜기가 먹고
> 메뚜기가 남긴 것을 느치가 먹고
> 느치가 남긴 것을 황충이 먹었도다(욜 1:4).

이런 본문을 읽었다. 성령님께서 시키는 대로 순종하여 요엘의 말씀만을 읽은 것이다.

성경을 읽고 눈을 들어 회중석을 바라보고 또 한 번 놀랐다. 강대상 맞은편 정면에 커다란 원 모양의 그림이 나타났기 때문이다. 큰 원안에는 작은 원 10개가 그려져 있었는데, 그 작은 원들 안에는 나무의 모습이 그려져 있었다.

상실과 회복

그런데 작은 원 안에 그려져 있는 나무의 형태는 모두가 달랐다. 본인도 이러한 것을 처음 보는 것이었기 때문에 성령님께서 그 그림에 대해 말씀해 주시는 대로 정면의 그림을 보면서 회중에게 설명해 나갔다.

위에 있는 작은 원에서부터 설명하기 시작해서 맨 밑에 있는 원에 이르자, 성령님은 요엘 2:25를 읽도록 하셨다.

> 내가 전에 너희에게 보낸 큰 군대
> 곧 메뚜기와 느치와 황충과 팥중이가 먹은 햇수대로
> 너희에게 갚아 주리니(욜 2:25).

성경을 읽고 아래의 중앙에 있는 원부터 시계 반대 방향으로 위에 있는 원까지 성령께서 말씀하시는 대로 설명해 나갔다. 이렇게 앞에 그려진 원을 보면서 설명한 시간이 대충 1시간 15분은 계속된 것 같았다.

에이미는 이때의 경험을 회상하면서 다음과 같이 기록했다.

> 내 입이 열렸습니다.
> 주님께서 내 혀와 입술, 그리고 성대를 완전히 장악하시고
> 나를 통해 말씀하시는데
> 방언이 아니라 영어로 말씀하셨습니다.
> 성령께서 예언을 말씀하시는데,
> 나를 통해서 말씀하시고 계셨던 것입니다.
> 나는 말을 하면서도,
> 다음에 무슨 단어를 말해야 하는지 전혀 알지 못했습니다.
> 분명히 말씀이 강물같이 흘러내렸는데
> 제 머리로부터 나온 것이 아니고,
> 내 영혼의 깊은 곳에서부터 흘러나오고 있었습니다.

> 그것은 제 의지와 전혀 관계 없이 흘러나왔던 것입니다 …
> 제가 말씀을 전하는데
> 저는 정면에 있는 대형 원 안에 그려져 있는
> 10개의 작은 원에 있는 것만을 보고 설명했습니다.[10]

에이미는 강단에 서서 맞은편 벽에 그려지는 대형 원과 그 안에 있는 작은 원 10개를 보면서 설명해 나갔다. 교회사를 성령론적으로 설명한 것이 요엘서의 예언이다.

요엘에 등장하는 팥중이, 메뚜기, 느치, 황충이는 메뚜깃과에 속해 있는 곤충들로써 나무에서 즐겨 먹는 부분이 각각 다르다. 어떤 메뚜깃과 곤충은 잎사귀와 열매를 즐겨 먹고, 어떤 곤충은 연한 가지, 어떤 곤충은 굵은 가지, 어떤 곤충은 나무의 속을 파먹는다. 10개의 원 안에 있는 나무의 형태가 다른 것은 메뚜깃과의 곤충이 갉아 먹어서 없어졌기 때문이다.

사도행전 교회는 초대교회 사도들이 교회를 이끌 때 성령님의 인도를 100퍼센트 받으면서 그대로 순종했기 때문에, 성령의 역사가 성령께서 의도하시는 대로 100퍼센트 나타났었기 때문에 완벽한 나무였다. 천국을 맛보는 삶이었다. 사랑과 은혜가 충만한 교회였다. 영혼 구원, 믿음, 성결, 성령세례, 각종 성령의 은사, 성령의 열매, 신유, 구제, 기사와 이적, 회개, 사랑, 헌신, 영적 싸움 등 성령께서 주관하는 것이었기 때문에 완벽한 나무이다.

그러나 이렇게 성령께 온전히 사로잡혔던 교회, 즉 완전한 나무가 시간이 흘러감에 따라 성령의 영향권에서 점점 멀어지기 시작했다. 팥중이는

---

10 Raymon Cox, *The Foursquare Gospel* (Los Angeles: Foursquare Publications, 1969), 15-16. Foursquare Publications, *Aimee: Life Story of Aimee Semple McPherson*, 46-47. Foursquare Publications, *A Special Edition In Commemoration of the 100th Anniversary of the Birth of Aimee Semple McPherson* (Los Angeles: Foursquare Publications, 1989), 7-35.

열매를 먹어버린다. 성령의 열매와 은사가 사라진 것이다. 기적이 사라지고 병 고침도 사라졌다.

메뚜기는 잎사귀를 먹어 치운다. 성령께서 역사하시는 구제, 긍휼히 여기는 은사가 사라진 것이다.

느치는 나무의 가지를 먹어 치운다. 가늘고 작은 가지뿐 아니라, 굵은 가지도 갉아 먹는다. 교회에서 성화의 교리가 사라진 것이다. 믿는 사람들은 하나님께서 거룩하신 것처럼 거룩해야 하는데, 성화의 교리가 사라지니 믿는 사람이나 믿지 않는 사람이나 구분하기 어려워진 것이다.

황충이는 나무의 속을 파먹는 곤충이다. 교회에서 구원의 근본이 되는 예수를 믿어야 구원을 얻는다는 '이신득의'(以信得義) 교리마저 사라진 것이다. 중세 가톨릭교회는 면죄부만 사면 지옥에서 천국으로 간다는 잘못된 교리를 가르쳤다.

베드로 성전을 짓는데 돈이 필요했기 때문에 중세교회인 교황청에서는 면죄부를 팔았다. 예수님의 보혈과 아무런 관계가 없는 것을 가르치면서 판 것이다. 영적으로 죽은 교회가 된 것이다. 이름만 교회이지 내용은 아무것도 없는 교회이다.

요엘 1:4의 내용은 거룩했던 교회가 세월이 흘러갈수록 세속적인 교회로 변화되어 가는 과정을 설명한 것이라면, 반대로 요엘 2:25는 영적으로 죽었던 교회가 완벽하고 온전한 교회로 환원되는 과정을 설명한 것이다.

완전히 죽었던 중세교회가 16세기 루터의 종교개혁으로 인해 "의인은 오직 믿음으로 산다"는 이신득의(以信得義) 교리가 살아났다.

초대교회에서 풍성했던 성령의 역사가 중세 때까지 하나씩 하나씩 사라졌는데, 루터의 종교개혁을 시작으로 반전을 이루게 된 것이다. '면죄부만 사면 구원받는다'는 가톨릭교회의 가르침이 기독교 신앙을 기본부터 무너뜨렸음을 지적하고 성경에서 말하는 믿음으로 돌아가도록 한 것이다.

또한, 17세기에는 감리교회를 창설한 웨슬리(John Wesley) 목사를 통해서 성화(聖化)의 교리가 되살아났다. 믿는 사람들은 세상 것을 버리고 예수님을 닮아 가는 거룩한 삶을 살아야 함을 회복한 것이다. 웨슬리 목사가 살던 17세기 영국의 런던은 술취함과 방탕한 삶이 부끄럽지 않은 사회였다.

도덕이 무너지고, 사람이 육신이 되어 육신의 욕심을 따라 살던 시대였다. 성령충만한 웨슬리 목사님의 말씀과 헌신, 그리고 사랑을 통해 영국 사회는 거룩하고 아름다운 사회로 변화되었다.

19세기에 하나님께서는 구세군을 창설한 윌리엄 부스(William Booth) 목사를 통해서 하나님의 사랑이 교회에서만 머무르지 않고 교회 밖의 헐벗고 굶주린 가난한 사람들에게까지 뻗치게 하셨다. 어려운 사람들을 구제하고 사회에 봉사하는 믿음이 살아나게 된 것이다.

부스 목사는 그리스도의 복음을 전하면서 헐벗고 가난한 사람들을 구제하는 것이 하나님께서 기뻐하시는 일임을 깨닫고 아무것도 가진 것이 없는 빈민가로 들어가서 그들과 함께 생활하면서 그들을 구원해 냈다. 구세군의 상징인 크리스마스 때마다 등장하는 자선냄비는 기독교 사랑의 상징이 되지 않았는가!

이어서 20세기 초에 오순절운동이 시작되었다. 오순절운동의 특징은 성령세례이다. 사도행전 2장에서 사도들을 포함한 120명의 성도는 10일간 열심히 기도한 끝에 '오순절 성령강림'을 체험했다. 다른 방언으로 말하면서 성령께서 주시는 능력을 받았다. 기쁨과 감사, 환희가 가득한 삶을 살았다. 그들은 초대교회 엄청난 핍박을 이겨내면서 예수 그리스도의 복음을 예루살렘, 유대와 사마리아, 그리고 그 당시의 땅끝인 로마까지 전파했다.

오순절운동은 성령의 강권적인 역사를 따르면서 성령께서 주시는 은사를 온전히 사용하도록 하는운동이다.

이렇게 아홉 개의 원을 설명하고 나면 마지막은 온전한 원이 나온다. 이 마지막 원은 성령께서 원하시는 대로 행했던 초대교회를 말해 주는 것이다. 죄악의 세력은 최소화되고, 사랑, 은사, 열매, 기적 등이 풍성한 성령께서 주장하는 온전한 교회가 된다. 즉, 예수님께서 다시 재림하셔서 다스리시는 천국이 된다는 것이다.

이렇게 에이미 사모가 그림을 보고 설명한 것은 교회사에 나타난 사건을 성령론적으로 설명한 것이다. 에이미는 신학을 공부하지 않았기 때문에 교회사에서 무슨 일이 일어났는지 정확히는 알지 못했다. 그러나 에이미는 그림을 보고 성령께서 주시는 계시를 따라 설명했는데, 그것이 교회사에 분명하게 있었던 사건들이었다. 성령론적으로 교회사 전체를 훑은 것이었다.

후에 에이미는 『상실과 회복』*(Lost and Restoration)*이라는 제목으로 본인이 설교한 내용을 책으로 출판했다.[11]

♠ 중국에서의 선교 사역

로버트 목사와 에이미 사모는 마침내 선교지인 중국으로 떠나게 되었다. 부두에는 아는 친지들과 성도들 몇이 나와 있었다. "하나님께서 선교사님의 사역을 친히 돌보실 것을 믿습니다"라는 성도들의 작별 인사를 뒤로하고 배는 런던에서 출발해 지중해, 수에즈 운하, 홍해, 인도양을 거쳐

---

11 Aimee S. McPherson, *Lost and Restoration and Other Sermons: Dispensation of the Holy Ghost from Christ's Ascension to His Coming Descension: A Special Edition in Commemoration of the 100th Anniversary of the Birth of Aimee S. McPherson* (Los Angeles: Foursquare Publications, 1989), 7-9. 이 책은 에이미의 탄생 100주년을 기념하기 위해서 제작된 책으로 요엘서를 설교한 『상실과 회복』*(Lost and Restoration)* 외에 11편의 에이미의 설교가 담겨있다.

1910년 6월 홍콩에 도착했다.

먼저 와 있던 매킨토시(McIntosh) 선교사와 딕슨(Dixon) 선교사의 환영을 받으며 홍콩에서 하나님의 종으로서의 새로운 삶이 시작되었다. 중국인들과 중국인의 문화는 이들에게 아주 생소하고 어색한 것이었다.

그러나 선교지에 와 있다는 안도감에 감사가 절로 나왔다. 여러 가지가 어색하고 서툴렀지만, 중국어와 중국인의 문화를 배우면서 하루하루를 분주하게 지냈다. 남편 로버트 목사는 통역을 통해서 중국인들에게 있는 힘을 다해서 복음을 증거 했다.

아내인 에이미는 동양의 문화충격을 받고 힘들어했다. 굼벵이와 벌레를 먹는 것을 보고 매우 놀랐다. 아파트에 쥐가 많아 밤잠을 제대로 잘 수 없었다. 비위생적인 중국인의 생활 습성이 마음에 들지 않았다.

이러한 받아들이기 어려운 문화 속에 살지만, 남편이 중국인들에게 설교할 수 있다는 사실에 기뻐 콧노래를 부르면서 열심히 중국어를 공부했다. 남편 로버트는 중국인들을 위해서 참으로 많은 기도를 드렸다. 속히 언어를 습득하여 통역 없이 설교하는 날이 오기를 학수고대했다. 이들은 중국과 중국인을 지극 정성을 다해 사랑했다. 중국에서 평생 선교하다가 생을 마감할 각오로 선교에 임했다.

중국 선교에 대한 이들의 각오를 들어보자.

> 주님께서 재림하실 때, 나는 내가 구원시킨 중국 성도들과 함께 중국 땅에서 주님을 맞으러 공중으로 올라갈 거야.[12]

---

12 Aimee S. McPherson, "International Update," *Foursquare World Advance,* ed. by ICFG, September 1979, 55.

중국에서 순교할 각오를 하고 중국인을 사랑하며 한 영혼이라도 구원하려고 애를 썼다. 선교지의 사람을 사랑하지 않고 선교에서 성공할 수 없다는 사실을 늘 마음에 새기면서 서툰 중국어로 사랑을 표현하면서 중국인들과 가까이하려고 애를 썼다.

♠ 남편의 순교와 귀국

선교사가 선교지에 가서 조심해야 할 것은 풍토병에 걸리지 않도록 하는 것이다. 본국과 선교지는 언어뿐 아니라, 물, 기후, 환경, 먹거리, 흔한 질병 등이 모두 다르므로 잘못하면 풍토병에 걸리기 쉽다. 샘플 목사 부부도 먼저 온 선교사들을 통해 이러한 점에 주의할 것을 배우고 조심하고 있었다.

그런데, 중국에 도착한 지 얼마 안 되어 남편이 말라리아에 걸렸고, 며칠 후 이질에도 걸려 병원에 입원하게 되었다. 에이미는 남편이 병원에 입원하게 되자 기도하면서 병든 남편을 간호하는 일에 열중했다.

그러나 얼마 되지 않아 에이미도 말라리아에 걸려 같은 병원에 입원하게 되었다. 에이미는 임신하고 있었기 때문에 더욱 걱정되고 염려가 되었다.

둘 다 홍콩의 마틸다(Matilda)병원에 입원하게 된 것이다. 남편은 남자 병동에, 에이미는 여자 병동에 각각 입원하고 있었다.

결혼 2주년이 되는 날도 서로 만나지 못했고, 간호사가 전해 주는 메모로 서로에게 결혼을 축하할 수밖에 없었다. 가족들이 모두 캐나다와 아일랜드에 살고 있었기 때문에 가족의 간호를 받지 못하고, 중국에 와 있던 선교사들이 번갈아 가면서 간호했다.

그런데, 선교사들의 간절한 기도와 정성 어린 간호에도 불구하고, 남편 로버트 선교사는 회복되지 못하고 아내에게 작별 인사도 하지 못한 채 이국 땅에서 숨을 거두고 말았다. 남편은 남성 병동에 있었고, 에이미는 여성 병동에 있었기 때문에 남편의 마지막 임종하는 모습도 지켜볼 수 없었다.

남편이 죽었다는 소식을 간호사를 통해 듣게 되었다. 남편이 죽었다는 소식에 하늘이 무너지는 것 같았다. 하나님을 원망해 보기도 했다. 어떻게 살아가야 하나 자신감도 사라졌다. 샘플 목사는 중국에 도착한 지 두 달이 막 지난 8월 17일에 천국으로 떠난 것이다.

남편이 하늘나라로 간 후, 에이미는 본인도 병원에 입원해 있었지만 유일한 상주였기 때문에 특별한 휴가를 얻어 장례를 준비할 수밖에 없었다. 홍콩에 미리 와서 선교 사역을 하고 있었던 선교사들이 여러모로 도와주었다. 시신을 시댁이 있는 아일랜드로 보내는 것은 현실적으로 불가능했다.

어쩔 수 없이 홍콩에 파송되어 선교 사역을 감당하다가 현지에서 숨을 거둔 선배 선교사들이 묻혀있는 선교사들의 묘지인 해피 벨리(Happy Valley)에 남편을 묻을 수밖에 없었다. 만삭이 된 몸으로 남편을 천국으로 보내고 장례식을 치르는 에이미는 참으로 가련해 보였다.

에이미는 남편의 장례식이 끝난 후에 다시 병원에 입원하여 치료받아 회복되어 퇴원하게 되었다. 그때 에이미는 만삭의 몸이었기 때문에 남편 없이 혼자서 여러 가지 어려움을 해결해야만 했다. 남편이 하늘나라에 간 지 한 달만인 1910년 9월 17일에 에이미는 가까운 친척 한 명도 없는 가운데 건강한 여자아이를 출산했다.

딸의 이름을 '로베타 스타'(Roberta Star)라고 지었다.

로베타 스타 샘플!(Roberta Star Sample)

선교사들의 도움으로 출산은 했지만, 임산부로서 몸을 제대로 추스르지도 못하고 다시 미국으로 돌아올 계획을 세워야만 했다. 아이가 6주가 되었을 때, 미망인이 된 에이미는 중국을 뒤로 하고 미국으로 돌아오게 되었다.

남편이 순교한 후, 에이미는 엄마로서 갓난아이를 보호하고 키우는 것이 첫 번째로 중요한 일이라 생각되어 귀국하기로 한 것이다.

중국에 처음 갈 때는 그 곳에서 뼈를 묻을 각오를 하고 갔었다. 그러나 중국에서 남편은 병들어 순교하게 되었고, 본인은 엄마로서의 일을 감당해야 했기에, 귀국할 때 여러 가지 생각이 그녀의 마음에 스쳐 갔다.

> 선교사로서 삶은 실패한 것만 같았다.
> 내가 선택을 잘못한 것인가?
> 중국은 하나님께서 부르신 곳이 아니고
> 우리가 욕심을 부려서 왔던 것인가?
> 무엇을 잘못 해서 징계를 받는 것인가?
> 이제 귀국해서 어떻게 살아야 하는가?

하지만 하나님은 실패하지 않으신다. 짧은 선교사의 삶은 에이미의 평생 사역에 커다란 영향을 미쳤다.

미국에 돌아온 에이미는 천국 복음을 전하다가 1923년에 앤젤레스템플교회를 건축한다. 이때부터 본격적으로 선교사를 파송하고 후원하는 일을 시작했다. 그보다 훨씬 전 순회부흥사로 사역할 때도 선교사를 후원했었다.

또한, 본인이 직접 해외로 나가 호주나 인도, 베트남 등의 동남아시아의 여러 나라와 남미를 방문하여 복음을 증거했다. 포스퀘어복음교회의 모교회가 된 앤젤레스템플교회를 헌당할 때도 선교사로서의 비전을 머릿돌에 새겨놓는 것을 잊지 않았다.

이 교회의 머릿돌에 이렇게 새겨놓았다.

> 초교파적이요 세계적인 전도사역을 위해서 이 건물을 헌당합니다.
> (Dedicated Unto the Cause of Interdenominational and Worldwide Evangelism.)

선교사로서의 남편 로버트와 에이미의 열매는 보잘것없었다. 남편은 선교지에 도착한 지 두 달 만에 순교했고, 본인도 그 곳에 남아서 남편이 이루지 못한 꿈을 끝까지 이루지는 못했다. 허탈한 마음으로 미국으로 돌아오는 것 같았지만, 하나님은 에이미의 마음속에 선교에 대한 비전과 꿈을 심어놓으신 것이었다.

선교란 주님께서 주신 준엄한 명령이기 때문에 어떠한 상황에서도 순종해야 하는 과제라는 인식이 그녀의 사역과 생애에 깊숙이 박혀있었다. 그녀는 평생 사역을 통해 선교사로 선교지에 가서 거주하면서 선교활동을 하는 것보다는, 선교사를 훈련시키고, 파송하고 후방에서 지원하는 사역에 매진할 수 있었다.

♠ 헤롤드 맥퍼슨과의 재혼

어린 딸 만을 안고 미국에 귀국한 에이미는 친정 부모의 도움을 많이 받았다. 에이미는 남편을 잃은 슬픔 속에서도 하나님께서 무엇을 하길 원하시는지 알고 싶었다. 남편이 사역했던 곳에서 다시 사역할 수 있는지 알아보기 위해서 시카고와 뉴욕도 들러 보았다.

그러나 아이가 병에 걸려서 어쩔 수 없이 부모님이 계신 고향, 잉거솔로 올 수밖에 없었다. 고향에서 쉬는데 주변 사람들의 말과 태도로 인하여 상처도 많이 받았다.

남편과 에이미가 중국에 선교사로 가는 것이 주의 뜻이 아니었다느니, 남편을 제대로 내조하지 못해서 남편을 죽게 했다는 등 주변 사람들의 수

근대는 말로 마음이 아팠다.

　사랑하는 남편을 해외에서 잃고, 유복자를 키우는 것도 힘든 일인데, 이렇게 이웃들로부터 비방하는 소리까지 들으니 너무나 억울하고 힘들었다.

　게다가 돈도 없고, 일도 제대로 되지 않았기 때문에 심한 우울증으로 고통을 겪었다. 속에 있는 서운함, 짜증, 억울함과 분노를 터놓고 얘기할 사람도 주위에 많지 않았다.

　에이미는 이런 고향에서의 지루하고 외로운 삶에 싫증을 느끼고 다시 뉴욕으로 올 수밖에 없었다.

　이때 뉴욕에서 작은 사업을 하면서 하나님의 사역에 헌신적으로 봉사하고 있던 믿음이 돈독한 헤롤드 맥퍼슨(Harold McPherson)을 만나게 되었다. 헤롤드는 신실한 청년으로 사업을 하면서도 선교 사역에도 열심을 내던 청년이었다. 특히, 선교사로 중국에 가서 복음을 전하면서 헌신하고 돌아온 선교사 에이미를 존경하고 있었다.

　남편을 현지에 묻고 유복자인 어린 딸을 혼자서 키우고 있던 에이미가 안타까워 여러모로 위로해 주면서 도와주었다. 예배 전과 후에 서로 만나서 얘기를 하는 시간을 많이 가졌다.

　둘이 만나 사귄 지 얼마 되지 않았을 때, 그는 에이미에게 청혼했다. 결혼하면 에이미를 행복하게 해 주고, 딸 로베타도 친딸처럼 사랑하며 돌보아 주겠다고 말했다.

　에이미는 헤롤드의 사랑과 배려가 고맙고도 위로가 되었다. 청혼을 받아들이기로 했지만, 마음속에 있는 하나님으로부터 받은 사명을 얘기해야만 했다. 결혼식을 올리기 전에 에이미는 남편 될 헤롤드에게 자신의 결심과 비전을 분명하게 말해 주었다.

　　헤롤드 씨!
　　저같이 부족한 사람을 사랑해 주시니 감사합니다.

> 저도 헤롤드 씨를 사랑합니다.
> 제 마음과 영은 정말로 주님의 사역을 하는데 있습니다.
> 제 인생의 어느 시점에서
> 주님께서 부르셔서 사역하도록 하신다면
> 그 곳이
> 어느 곳이든지,
> 어떠한 상황에 있든,
> 저는 먼저 하나님의 말씀에 순종할 것입니다.[13]

이러한 에이미의 고백을 들은 헤롤드는 기분이 좋았다. 본인도 주님을 사랑하기 때문에 하나님의 일에 헌신하겠다는 에이미의 고백에 반대할 만한 이유가 전혀 없었다.

에이미의 고백에 동의한 헤롤드는 결혼하기로 작정하고, 1912년 2월 28일에 결혼식을 올리고, 뉴욕 근교의 농촌 마을 같은 로드 아일랜드(Rhode Island)의 프로비던스(Providence)의 작은 아파트에서 행복한 보금자리를 마련하고 결혼생활을 하게 되었다. 매일 아침 대서양의 푸르른 바다 물결을 보는 것이 치료가 되는 것 같았다. 결혼 후 헤롤드는 집 근처에 있는 은행에서 은행원으로 일하게 되었다.

사랑하는 전 남편 로버츠를 중국에서 잃고, 어린 딸만 데리고 외롭고 쓸쓸하게 살던 에이미는 사랑하는 남편과 함께 가정을 꾸미고 어린 딸 로베타와 함께 가정주부로 사는 것이 너무나 행복했다.

이들이 결혼한 지 일 년 뒤인 1913년 3월 23일에 장남 랄프(Rolf)가 태어났다.

---

13 Foursquare Publications, *Aimee: Life Story of Aimee Semple McPherson* (Los Angeles: Foursquare Publications, 1979),75.

♠ 기적적인 치유와 하나님의 부르심

중국에서 남편의 순교로 인하여 생긴 고독과 고통은 모두 사라지고, 새롭게 결혼하여 은행원인 남편 옆에서 일을 도와주면서 새로 태어난 아들과 딸을 키우면서 행복한 가정을 이룰 것을 기대하고 있었다.

그런데, 외면상으로는 행복해 보였지만, 그녀의 마음은 그렇지 못했다. 남편 헤롤드와 함께 살면서 남편과 자기는 인생관 자체가 완전히 다르다는 것을 느꼈다. 주일에 함께 교회 가고, 교회에서 때때로 봉사활동을 하지만, 헤롤드는 하나님의 일에 대해서는 별로 관심이 없었다.

반면, 에이미는 생활이 좀 안정되니 성령께서 속삭이는 말씀이 생생하게 들렸다.

> 얘야! 이제는 복음을 증거 해야지!
> 내가 너를 불러서 네게 기름 부었잖니?

이런 성령님께서 주시는 세미한 음성이 에이미의 귀에 쟁쟁하게 들려왔다.

그렇지만 에이미는 하나님의 부르심보다는 가정을 지키면서 내조를 잘하는 아내요, 남매를 잘 키우는 엄마로 살고 싶어 하나님의 부르심에 쉽게 응답하지 못했다. 하나님 나라를 위한 사역보다는 현모양처로 살고 싶은 마음이 그녀의 삶을 이끌어 갔던 것이다.

에이미는 자신이 하나님의 명령을 저버린 요나의 삶을 살고 있다고 자책하고 있었다. 이러한 갈등 속에서 에이미는 심한 우울증에 빠져들어 갔다. 우울증이 심해지자, 에이미는 원인 모를 병에 걸려 시름시름 앓게 되었다. 교회에서 일하면 몸이 좀 나아질까 생각해서 아파트 근처에 있는 주일학교에서 아이들을 가르치며 설교도 해보았다.

그러나 그런 사역이 도움이 되지 않았다. 속에서 성령님의 음성이 끊임없이 들려왔다.

세상으로 나가서 복음을 전하는 전도자가 되라니까!

몸에 생긴 이상이 쉽게 낫지 않고 점점 더 악화되자, 어쩔 수 없이 1914년에는 병원에 입원하게 되었다. 그리고는 일 년에 세 번의 대수술을 받아야만 했다.

그런데 세 번째 수술을 받은 후에도 낫지 않았고, 상태는 더 악화되어 살아날 가망이 거의 없었다. 살아날 가망이 없다고 판단한 주치의는 에이미를 시체실 옆의 중환자실로 옮겼다.

죽음을 대기하는 방으로 옮긴 것이다. 주치의는 친정어머니와 남편, 그리고 시어머니를 불러놓고 에이미에게 마지막 작별 인사를 하도록 하고 장례를 준비하도록 했다.

친정어머니 미니는 의사의 마지막 말을 듣는 순간,
그 자리에 털썩 주저앉았다.

결혼식 날에 드린 서원기도가 떠올랐다.
한나의 기도를 듣고 사무엘을 주신 것처럼 제게 딸을 주시면 제가 하지 못한 하나님의 일을 하도록 하나님께 바치겠다는 서원기도를 떠올리면서 하나님께 눈물로 기도를 드렸다.

의사와 간호사들도 서 있는 병실에서 사경을 헤매고 있는 딸을 붙잡고 어머니께서 눈물로 애원하는 기도를 함께 드리고 있었다. 옆에 있던 간호사들도 어머님의 애절한 눈물의 기도를 보고 함께 눈물을 흘렸다.

그런데, 잠시 후 기적이 일어났다.

에이미는 의식이 가물가물한 가운데 있었는데,
에이미의 마음속 깊은 곳에서 주님의 부르심이 세밀하게 들려왔다.

> 이제 너는 가서 복음을 전하지 않을래?
> (Now Will You Go and Preach the Gospel?)

이때의 심정을 에이미는 이렇게 적어놓았다.

> 죽음의 침묵이 흐르고 있는 동안,
> 주님의 음성이
> 나팔 소리같이 크게
> 내 귀에 울려왔다.
>
> "이제 가겠느냐?"
>
> 침대에 꼼짝없이 누워
> 영혼을 추수하라고
> 준엄한 명령을 내리시는 주님과 대면하면서,
> 나는 결심을 하고
> "예! 주님, 가겠습니다" (Yes! Lord, I'll go)[14]

---

14 Foursquare Publications, *Aimee: Life Story of Aimee Semple McPherson* (Los Angeles: Foursquare Publications, 1979), 68-75.

이렇게 하나님의 부르심에 순종한다고 결단하자,
기적이 나타났다.
그렇게 괴롭히던 에이미의 병세가 극적으로 호전된 것이다.

닫혀있던 에이미의 입에서 가냘픈 소리가 새어 나왔다.
조금 후에는 사람의 귀에 들릴만한 소리가 그녀의 입에서 튀어나왔다.
그러더니 오랫동안 감겨있던 눈이 열렸다.
그렇게 고통스러워했던 통증도 깔끔하게 사라졌다.

그리고 한 주 후,
정상적인 사람이 되어서 퇴원하게 되었다.
그때는 1915년이었다.

캠프미팅과 성령대회

♠ **캠프미팅**

• **성령의 능력이 다시 임하다**

아내가 중병에서 회복되어 집에 있으면서 두 자녀를 돌보게 되자, 안정된 직장생활을 하고 있던 헤롤드는 에이미가 평범한 주부로 가정을 잘 관리해 주기를 바라고 있었다.

그러나 병에서 회복되었지만, 충분한 휴식과 회복이 필요하다고 생각한 에이미는 친정 부모님이 계신 캐나다의 잉거솔로 두 자녀를 데리고 떠났다.

친정집에서 편하게 옛날 생각을 하면서 두 자녀가 노는 것을 돌보고 있는데, 찬양하고 싶고, 말씀을 듣고 싶고, 하나님의 일에 매달리고 싶은 생각이 머리와 마음속에서 떠나지 않았다.

그때 잉거솔에서 가까운 온타리오주의 키치너(Kitchener)라는 작은 도시에서 오순절 캠프미팅이 있다는 소식을 듣게 되었다.

에이미를 향하여 부모님도 캠프미팅에 참석하라고 하는데, 아이들 때문에 주저하고 있었다. 그러자 친정어머니께서 아이들은 여기에 맡기고 가서 은혜받고 네 갈 길을 찾아가라고 밀어내시는 것이었다.

떠나기 전날 저녁에 에이미는 뉴욕에 있는 남편에게 전보를 보냈다.

저도 당신과 같은 길을 걸어보려고 노력을 많이 했지만,
결국 실패하고 말았습니다.
당신이 이제라도 오셔서
제가 가는 길에 함께 가 주시면 안 되겠습니까?
분명히 우리는 행복해질 거라고 확신합니다.[15]

그러나 에이미는 몇 개월이 지나도록 남편으로부터 보낸 편지에 대한 회신을 받지 못했다. 오랜 시간이 지난 후 남편이 부흥 집회에 나타나 도와주었다. 집회 장소를 시와 협의하는 일, 큰 트럭을 이용해 대형천막을 다음 집회 장소로 운반해 주고, 천막을 설치하는 일 등을 도와주었다. 헤롤드가 부흥회를 돕다가 집으로 돌아간 후로는 친정어머니 미니가 그 일을 도맡아 하셨다.

아이들을 친정어머니에게 맡기고 에이미는 오순절 캠프미팅에 참석하게 되었다. 오랜만에 성령이 충만한 말씀과 찬양이 있는 집회에 오니 천국에 온 것 같았다. 말씀을 편히 들을 수 있는 것이 너무나 행복했다.

설교 말씀을 듣고 있는데 이제까지 교만하고 고집을 피우면서 하나님의 일에 뛰어들지 못한 죄가 떠올랐다.

"예수님!
내 죄를 용서해 주세요"라고 흐느끼고 있는데,
주님은
"내 사랑하는 딸아!
더 이상 그런 얘기 말거라."

---

15 Foursquare Publication, *Aimee: Life Story of Aimee Semple McPherson* (Los Angeles: Foursquare Publication, 1979), 78.

속삭이고 계셨다.

그 순간 하나님의 강한 능력이 전기 충격같이 에이미에게 내리치는 것이었다. 에이미는 앉아 있던 그 자리에서 쓰러지고 말았다.

> 하나님의 어린양, 예수님!
> 주님께서 저를 주님의 집에서 일하는 하인 중의 하나로
> 여겨주십시오.
> 주님의 말씀을 증거할 만한 자격도,
> 가치도 없는 자이지만,
> 주님을 사랑하고 주님의 집에 거할 수 있게만 해 주십시오.
> 사랑하는 나의 주님!

이런 기도가 에이미의 영혼 깊은 곳에서 울려 나왔다.[16]

그리고 났더니 에이미 옆에 사람들이 무릎을 꿇고 있었고, 그녀는 그들의 머리 위에 손을 얹고 안수기도를 하고 있었다. 옛날에 받았던 성령의 불이 떠난 것이 아니라 그녀의 마음에서 훨훨 타고 있는 것을 느낄 수 있었다. 그날 기도해 준 사람들이 그 자리에서 성령세례를 받는 것을 보고 놀랐다.

• 허드렛일

집회의 첫 시간이 끝나자마자 에이미는 무엇인가 주님을 위해서 일을 하고 싶었다. 자신이 누구인지 밝히지 않았기 때문에 캠프에서 일하는 사

16　Foursquare Publications, *Aimee: Life Story of Aimee Semple McPherson* (Los Angeles: Foursquare Publication, 1979), 78-79.

람들은 필요한 대로 에이미에게 일을 시켰다.

접시닦이, 밥상 차리기, 식당 청소하기, 캠프 안에서 의자 정리하기, 피아노 반주하기, 성가대원으로 찬양하기, 성가대 지휘하기, 화장실 청소하기 등등.

캠프에서 시키는 일은 말씀을 전하든지 청소하든지 모두 하나님의 일이기 때문에 사명을 가지고 기쁘게 헌신적으로 일했다.

수술을 끝낸 지 얼마 안 되어 몸이 정상이 아닌데도 하나님의 일을 한다는 그 자체가 기뻐서 피곤한 줄도 몰랐다. 에이미의 헌신적인 봉사에 함께 일하는 사람들도 즐거워하며 기뻐했다. 하나님을 기쁘시게 해드리려고 모두가 함께 일하는 것이 마냥 즐거웠다.

캠프미팅이 모두 끝나고 강사와 스텝으로 일했던 목회자들 대부분은 본교회로 돌아갔는데, 근처에 있는 한 분의 목사는 마지막 정리를 해야 하는 일로 늦게까지 일하고 있었다. 그런데 그분은 캠프미팅에서 소리 높여 기도하고 찬양을 인도했기 때문에 목소리가 쉬어서 무슨 말을 하는지 제대로 알아듣기 힘들었다. 그런데 그 목사가 에이미에게 부탁하는 것이었다.

이번 주일, 당신이 우리 교회에서 설교해 주시면 안 되겠습니까?

에이미는 주님의 일을 하겠다고 병원에서 서약한지라, 두말하지 않고 기쁨으로 받아들였다.

병에서 나은 후에 처음으로 하는 주일 대예배 설교였다. 처음으로 낯선 교회에서 설교하기가 쉽지는 않았지만, 성령님만을 의지하고 말씀을 힘있게 증거했다. 그런데 주일 예배에 참석했던 사람 중에서 열한 명이 예수님을 구주로 영접하겠다고 결심하게 되었다.

에이미는 감격스러웠다. 강단에서 정식으로 설교한 것도 처음인데, 열한 명의 영혼이 예수님을 믿겠다고 결심했기 때문이다. 감격의 눈물이 나왔다. 웃음이 절로 나오는데 기뻐서 춤을 추고 싶었다.

새롭게 주님을 구주로 모시겠다는 사람들이 이렇게 많은 것을 보고 하나님께서 쓰시고자 자신을 부르신 것을 조금은 느낄 수 있었다.

• 3명에서 500명으로

주일에 교회에서 설교하고 나서 키치너(Kitchener)캠프 본부로 돌아왔다. 새로운 경험을 했다는 사실과 그렇게 많은 사람이 예수님을 영접한 것을 생각하면서 감격스러워하고 있었다. 만나는 사람에게 빨리 간증하고 싶었다. 그런데 한 여인이 에이미에게 다가와서 이렇게 말하는 것이었다.

> 내가 지금까지 캠프에서 계속 당신을 지켜봤는데,
> 내가 인도하는 교회에 와서 집회를 인도하면 어떻겠어요?

그러면서 자신은 마운트 포리스트(Mount Forest)라는 작은 마을에 살고 있고, 그 곳에서 목회하고 있는데, 우리 교회에는 의자가 50여 개 정도 놓여있고, 믿는 사람들이 몇 명 안 된다고 하는 것이었다.

이 여자 목회자의 초청도 주님께서 허락하신 것으로 생각하고 가서 설교하기로 약속했다.

2주 후에 샤프 목사(Rev. Sharpe)가 담임으로 있는 빅토리선교회(Victory Mission)에 집회를 인도하러 갔더니 저녁 집회에 남자 두 명과 소년 한 명이 참석했다. 며칠을 집회해도 참석자는 늘지 않았다.

에이미는 주님께 구원받을 사람들을 보내달라고 간절히 기도드렸다. 그러자 주님께서는 이렇게 응답해 주셨다.

네가 나가서 전도하여 사람을 데려다 놓고
말씀을 증거 하여라.

그래서, 담임목사인 샤프 목사에게 단도직입적으로 말했다.

우리가 왜 이렇게 사람들이 오기를 기다리고 있어야 합니까?
밖에 나가서 사람들을 데리고 옵시다.

그러자 담임목사가 대답했다.

여러 번 노방전도와 축호전도를 해보았는데 소용이 없었어요.
아무도 안 와요.
그냥 앉아서 주님이 사람들을 보내주시기를 기다리면 돼요.

에이미는 성도들 몇 명을 낮에 교회에 나오도록 설득하여 작은 강대상 하나와 의자 몇 개를 들고 사람들이 많이 모여 있는 북적거리는 사거리로 나갔다. 그리고 의자를 앞에 놓고 강대상 뒤에서 손을 위로 들고 서서 말 한마디 하지 않고 몇 시간을 하나님께 속으로 기도드렸다.

처음에는 사람들이 아무런 관심을 보이지 않더니 얼마의 시간이 흐르자 꽤 많은 사람이 모여들기 시작했다.

말 한마디 하지 않고 있다가 의자와 강대상을 들고 뛰자, 모였던 사람들도 덩달아 따라오는 것이었다. 교회 안으로 들어가자 사람들은 영문도 모르고 그 곳까지 따라 들어왔다. 한 사람도 나가지 못하게 문을 잠그도록 했다. 그리고 40여 분간 말씀을 전했다.

40명이 넘는 사람들이 한 명도 밖으로 나가지 않고, 설교를 끝까지 모두 경청했다. 사람들이 자기의 설교에 호감을 느낀다는 것을 알 수 있었다.

다음 날도 낮에는 밖에 나가 전도하고, 저녁에는 교회당에 모여 예배를 드렸다. 사람들이 점점 늘어나자, 며칠 후 저녁에는 교회당이 비좁아 몰려오는 사람들을 다 수용할 수 없어서 밖에 나가 잔디밭에 모여 찬양하며 예배를 드렸다.

지나가던 사람들도 발걸음을 멈추고 서서 말씀을 들었다. 집회는 매일 계속되었다. 에이미는 하나님의 나라에 대해서 힘 있게 증거했다.

몇 주가 지나자, 참석자들이 500여 명으로 늘어났다.[17] 샤프 목사도, 교회에 나오던 사람들도, 새롭게 교회에 나오는 사람들도, 또한, 동네의 주민들도 이러한 부흥에 놀라움을 금할 수 없었다.

비록 본인이 담임목사는 아니지만, 말씀을 증거 하면 믿지 않던 사람들도 예수를 구주로 받아들인다는 사실을 깨닫게 되었다. 신학대학에 가서 신학을 공부하지 않았지만, 성령님을 의지하니까 열매가 생긴다는 중요한 교훈도 배웠다. 병원에서 아파 괴로워할 때, 하나님께서 치료해 주시면서 "나가서 복음을 전하라"고 하신 말씀이 무슨 뜻이었는지를 조금은 깨달을 수 있는 것 같아 기뻤다.

에이미가 전도하는데 의자를 들고 복잡한 사거리에 나가 말 한마디 하지 않고 기도한 방법인 '의자와 기도(Chair-and-Prayer) 전도 방법이 그 후에 유행이 되기도 했다.

• **회오리 바람도 멈춘 첫 번째 캠프미팅**

몇 주간 집회를 인도하여 침체하였던 교회의 분위기를 바꾸어 놓고, 예배에 참석하는 성도의 숫자를 기적적으로 늘려놓은 에이미에게 샤프 담

---

17 Foursquare Publications, *Aimee: Life Story of Aimee Semple McPherson* (Los Angeles: Foursquare Publication, 1979), 81-82.

임 목사는 수고했다고 말하면서 헌금으로 들어온 돈 모두를 사례금으로 주었다. 세어보니 65달러였다. 말씀을 증거 한 것에 대한 최초의 사례금을 받고 나니 감격스러워 하나님께 감사 찬양을 올렸다.

평생 처음으로 하나님의 일을 한 후에 받은 돈으로 무엇을 할까 고민하면서 기도하게 되었다. 하나님의 일에 가치 있게 쓰고 싶었다. 기도하는 중에 전도할 때 보아 두었던 도시의 공터에 천막을 치고 예배를 드리라고 하시는 성령님의 음성이 들려왔다.

천막을 사러 상점에 들렀다. 천막을 둘러보는 중에 500명이 앉을 수 있는 천막에 마음이 끌렸다. 500명이 들어갈 수 있는 천막이 얼마냐고 물었더니, 주인은 특별히 할인하여 150달러에 주겠다고 말했다.

그러나 본인 수중에 있는 돈은 사례금으로 받은 65달러밖에 없었다. 현재 65달러의 돈밖에는 가진 것이 없다고 사정하면서 인근에 있는 마운트 포리스트에 천막을 설치하고 부흥 집회를 할 것이라고 하자, 상점 주인은 500명이 앉을 수 있는 천막을 65달러에 가져가라고 허락했다.

천막을 싸게 사게 되자, 에이미는 하나님께서 이 도시에 천막을 치고 생명의 말씀을 전하는 집회를 하라고 허락하시는 것으로 받아들였다.

그다음 주간에 미리 정해둔 공터에 천막을 치고 주일 예배를 드렸다. 처음에는 몇 명이 참석하지 않더니 계속해서 말씀을 증거 하자 찾아오는 사람의 숫자가 늘어났다. 얼마 후 백여 명이 넘는 사람이 모여들었다.

그런데 성령의 능력을 받아 확신 있게 말씀을 증거 하는 도중에, 갑자기 회오리 바람이 강하게 불더니 천막 가운데가 찢어지는 것이 아닌가!

에이미는 놀란 가슴을 쓸어내리며 이러한 일이 왜 발생했는지 순간적으로 기도하며 생각하게 되었다.

샤프 목사 교회에서 집회할 때 3명으로 시작된 교회가 500명으로 성장되었고, 천막도 주님이 주셔서 새롭게 집회를 시작하는 등 에이미는 최근에 은혜가 충만한 가운데 있었다.

그녀는 모든 일이 하나님의 일이 아니면, 사탄의 장난이라고 이분법적 해석을 하고 있었다. 에이미는 사탄이 하나님의 역사를 방해한다고 생각하고 손을 들어 찢어진 천막을 향하여 큰 소리로 외쳤다.

> 예수 그리스도의 이름으로 명하노니,
> 바람은 이 집회가 끝날 때까지
> 당장 멈추고 잔잔해질지어다.

놀랍게도 기도가 끝난 후 기적이 일어났다.
천막이 찢어질 정도로 강하게 불던 바람이 갑자기 멈추어 버린 것이다. 바람이 강하게 불어서 천막이 찢어진 일, 강사인 에이미가 예수의 이름으로 선포하자 바람이 즉시 그치고 집회가 끝날 때까지 잔잔해진 일, 설교를 통해서 들은 하나님의 사랑과 전능하심 등등 많은 일이 집회에 참석했던 사람들의 마음속 깊이 새겨졌다. 실제로 성령님께서 역사하신 것을 부인할 수 없었다. "할렐루야" 찬양이 저절로 나왔다.

집회가 끝난 후, 에이미가 인도하던 천막 집회에 바람이 강하게 불었는데, 설교자가 성령의 능력으로 선포하자 바람이 멈추었다는 소문이 시내에 널리 퍼지게 되었다. 기적이 일어난 날, 바람이 매우 강하게 불었던 사실을 시민들은 모두 알고 있었다.

그런데 그렇게 강하게 불던 바람이 에이미가 성령으로 명하자 멈추었다는 소문이 퍼지자, 공무원들과 시의 유지들로부터 학생, 상인, 군인 등 많은 사람이 다음 날 저녁 집회에 몰려들었다.

에이미는 몰려오는 군중들을 향해 예수 그리스도가 구세주임을 힘차게 선포했다. 예수님을 구주로 영접하는 사람들이 늘어났고 예수님의 이름을 높이게 되었다.

이렇게 시작된 마운트 포리스트의 캠프미팅은 오랫동안 쉬지 않고 계속되었다. 처음 시작한 캠프미팅이 바람을 멈추게 하는 기적을 이루어 주신 성령님의 능력과 은혜 속에서 대성공을 이룬 것이다.

에이미는 하나님께서 부족하고 연약하지만, 자신을 분명히 부르셨고 귀하게 쓰신다는 사실에 감격하면서 부르심에 대한 확신과 자신감을 새롭게 느끼게 되었다.

♠ 하나님이 행하신 이적

• 코로나시에서의 하나님의 이중 확증

캐나다의 온셋(Onset)이라는 항구도시에서 집회를 인도하고 있을 때였다. 집회를 인도하는 도중에 "코로나, 코로나"라는 소리를 여러 번 듣게 되었다. 집회가 끝나고 혼자서 기도하고 있을 때도 "코로나, 코로나"라는 소리가 또 들려왔다.

에이미는 당시 타자기가 필요해서 주님께 타자기를 달라고 기도하던 중이었기 때문에 하나님께서 "코로나"라는 타자기를 주시려는가 보다 생각했다.

그런데 며칠 뒤에 편지 한 장을 받았는데 뉴욕 근교에 있는 코로나(Corona)라는 섬에서 온 편지였다. 편지에는 이렇게 쓰여 있었다.

> 사랑하는 에이미 여사님께!
> 저는 2년째 성령님께서 우리 코로나시에 부흥을 일으켜달라고 엎드려 기도드리고 있습니다.

최근에 저는 주님께서 여사님의 손을 통해 이 도시를 흔들어 놓을 놀라운 부흥을 계획하고 계신다는 음성을 들었습니다.
수많은 영혼이 구원받을 것이고, 성도들이 오순절 성령세례를 체험하게 될 뿐 아니라, 여사님의 손을 통해 놀라운 치유의 기적이 나타날 것입니다.
제집은 항상 개방되어 있습니다. 또한, 제집에 강사님께서 사용하실 방도 모두 준비해 놓았습니다.

에이미 여사님!
주님께서 놀라운 일을 준비하고 계십니다.
가능한 한 속히 오셔서 집회를 인도해 주십시오.[18]

이 편지를 받고서, 에이미는 깨달은 게 있다. 하나님께서 '코로나에 가라'고 여러 번 음성으로 들려주셨던 것이라고!

하나님께서는 몇 번 들려주셨던 음성과 한 여인을 통해 전달된 편지라는 매체를 통해 이중(二重)으로 부흥에 대한 계획을 확증해 주시고 계신 것이었다. 하나님께서 이중으로 확증하셨기 때문에 반드시 가야 하고 가능한 한 빨리 가야 한다고 생각했다.

에이미는 코로나시를 방문하여 편지를 보낸 사람을 만났다. 그는 흑인 여성이었는데 본인이 2년간 코로나시의 부흥을 위해 기도하고 있다고 말했다. 에이미는 그녀에게 집회 장소가 어딘지 물었으나, 그녀는 아직 정해지지 않았다고 말했다.

18　Foursquare Publications, *Aimee: Life Story of Aimee Semple McPherson* (Los Angeles: Foursquare Publication, 1979), 88.

그러면서 코로나시의 부흥을 위해 기도하는 중에 에이미가 마운트 포리스트의 천막 집회에서 놀라운 기적을 일으켰다는 소식을 듣고 감동되어 편지를 보낸 것이라고 했다.

에이미는 집회할 장소도 마련해 놓지 않고 초청한 것에 좀 어리둥절하고 황당했지만, 하나님께서 뜻이 있기에 이중으로까지 확증하시면서 코로나로 가라고 하셨다는 사실을 의미 있게 받아들였다.

그래서, 편지를 보낸 사람과 함께 장소를 물색하려고 나섰다. 여러 장소를 가봤지만, 마음에 드는 장소를 찾지 못했다. 맨 마지막에는 200여 명이 앉을 수 있는 술을 팔고 있는 살롱이 있다고 해서 가봤지만, 주님께서 원하는 장소가 아닌 것 같아 포기하게 되었다. 낮에는 술을 파는데, 저녁엔 집회하도록 빌려주겠다는 것이었다.

이렇게 장소를 찾는데 어려움이 생기자, 에이미는 기도하면서 곰곰이 생각했다. 분명히 코로나시에 놀라운 부흥이 있을 것이라고 음성으로 말씀하시고 편지로 확증하신 하나님께서 거짓말을 하지는 않으실 것이라고 확신하며 기도로 하나님의 인도하심을 구했다.

그리고 얼마 후 스웨덴에서 이민 온 사람들이 중심이 되어 시작한 스웨덴 이피스코펄감리교회(Swedish Methodist Episcopal Church)의 목사가 찾아와서 자기 교회에서 부흥 집회를 인도해 달라고 부탁하는 것이 아닌가!

장소 물색에 어려움을 겪고 있던 에이미는 부탁받자마자 이곳이 열린 문이라 생각해서 허락하게 되었다.

집회 첫날 저녁에는 교회의 절반을 채울 정도의 성도들이 참석했다. 오순절 성령세례의 메시지를 전했더니, 다음 날 오후에 교회당이 가득 찰 정도의 성도들이 참석했다. 저녁 예배에는 교회당의 좌석이 가득 차서 길거리에 서서 말씀을 듣는 사람들도 있었다.

부흥회를 시작한 후 얼마 뒤에 들은 소식이지만, 에이미가 부흥회를 시작할 즈음, 그 도시의 대부분 목회자가 자기 교회의 성도들에게 오순절 모임에는 절대 가지 말고, 방언하는 사람들과는 절대 사귀지 말라고 경고했다는 것이다. 집회가 시작된 지 한 주간이 지나자 여러 교회의 성도들이 목회자들의 경고를 무시하고 집회에 참석하게 되었다. 코로나의 가장 큰 교회에서 주일학교 교사로 헌신하며 존경받던 신실한 성도가 방언을 말하면서 성령세례를 받았다.

그녀의 남편은 시에서 막강한 영향력을 행사하는 사람이었다. 도시에서 영향력이 있는 지도자의 아내가 성령세례를 받게 되자, 집회에 참석했던 성도들 대부분이 성령세례를 받겠다고 하며 기도를 받기 위해 강단으로 나오는 것이 아닌가!

또한, 코로나시에서 존경받고 있던 유지 중 한 사람인 존 레이크 여사(Mrs. John Lake)에게 성령이 임했는데, 그녀가 갑자기 성령의 능력으로 자리에서 쓰러지는 일이 발생했다. 사람들은 그녀가 기절했다고 물을 마시도록 해서 깨어나게 해야 한다며 물을 가지러 갔다. 그런데 그녀는 성령이 충만하여 한 번도 배우지 못한 방언을 아름다운 목소리로 크게 말하는 것이었다.

그녀의 얼굴은 그리스도의 영광의 광채로 빛나고 있었다. 존경받는 유명한 부인이 이렇게 성령세례를 받았다는 소문이 코로나시에 퍼져나가자 너무 많은 사람이 집회에 몰려와서 교회당 안에 들어갈 틈이 없게 되었다.

이 집회를 통해 많은 사람이 예수님을 구주로 영접했고, 방언을 말하며, 기쁨이 충만하게 되었다. 이중으로 확증을 주신 것처럼 코로나시에 정말로 놀라운 변화가 일어나게 된 것이다. 기쁨이 충만하고 은혜가 넘치는 도시로 변화되고 있었다.

• 관절을 움직일 수 없던 여인이 치료되다

집회가 모두 끝났을 때, 그 도시에서 가장 큰 교회를 담임하고 있던 부톤(W.K. Bouton) 목사가 에이미를 찾아왔다. 그는 오순절 신앙은 이단이기 때문에 그 도시의 목회자들을 선동하여 성도들에게 오순절 부흥 집회에는 가지도 말고, 방언하는 사람들과는 접촉도 하지 말라고 경고하는 일을 주도했던 목사였다. 그런데 그동안의 집회를 세밀히 관찰해보니 이단은 아니고 우리가 따라야 할 성경의 진리를 가르치고 있다는 것을 발견했다는 것이다. 그는 에이미에게 자기 교회에 와서 오순절적인 부흥회를 해달라고 정중하게 요청했다.

또한, 집회는 하나님께서 중지하라고 하실 때까지 마음껏 해달라는 부탁도 덧붙였다. 첫날부터 교회는 발 디딜 틈도 없이 성도들로 가득 찼다. 에이미의 집회에 대한 소문이 도시에 퍼져있었고, 그녀를 통해 구원받은 사람들과 병에서 고침 받은 사람이 소문을 퍼뜨렸기 때문이었다. 에이미는 예수 그리스도는 어제나 오늘이나 영원토록 동일하시기 때문에 지금도 죄인을 구원하시고, 성령으로 세례를 주시고, 병자를 고치신다는 메시지를 있는 힘을 다해 선포했다.

한창 설교하는 중인데 교회 중앙복도로 어떤 젊은 여인이 목발을 짚고 사람들의 부축을 받으며 한 걸음씩 단상을 향해 간신히 걸어오고 있었다. 목은 앞으로 숙여져 있었고, 류머티즘 관절염으로 손가락 마디마디가 부어있어 손을 제대로 들 수도 없는 형편이었다. 턱도 관절염 때문에 아래로 푹숙여 있어서 제대로 들 수 없었고, 다리는 힘이 없어서 목발을 의지한다 해도 좌우에서 사람들이 부축해야만 걸을 수 있었다. 그런 사람이 걸어 나오자, 교회당은 쥐 죽은 듯 조용해졌다. 성도들은 그녀와 에이미를 한 번씩 번갈아 바라보는 것이 아닌가!

이때까지 에이미는 집회 도중에 한 번도 사람을 치료해 본 적이 없었기 때문에 설교를 중지하고 그녀가 앞으로 나올 때까지 이 여인을 낫게 해달라고 속으로 기도만 하면서 기다리고 있었다.

그녀가 앞까지 나아오자 에이미는 주님께서 오늘 이 여인을 치료해 주실 것을 확실히 믿고 그녀를 향해 손을 위로 들어보도록 했다. 축 늘어졌던 손이 얼굴까지 올라갔다. 더 높이 들어보라고 하자, 눈높이까지 올라갔다. 더 높이 들어보라고 하자, 머리 위까지 손이 올라갔다. 그러자 그녀는 갑자기 울음을 터뜨리면서 이렇게 말하며 주님을 찬양했다.

> 아! 제 평생에 이렇게 높이까지 손을 들어보는 것은 처음이에요.

그 순간 숙였던 목이 정상으로 돌아와 얼굴을 똑바로 들고 강사를 쳐다보았다. 다리는 힘이 생겨서 목발을 의지하지 않고 혼자 서있을 수 있게 되었다. 모든 성도가 지켜보는 중인데, 성령님께서 기적을 베푸셔서 한 여인을 온전히 치료하신 것이었다. 교회의 뒤편에 앉아 있던 성도들도 일어나 앞으로 나오고, 여기저기에서 성도들이 이 광경을 지켜보면서 "할렐루야"를 외치면서 하나님을 찬양하기 시작했다.

손뼉을 치는 사람, "주여"를 외치는 사람, 큰 소리로 기도하는 사람, 노래를 크게 부르는 사람…

성령님께서 행하신 기적을 보면서 참석한 모든 성도가 각자 나름대로 하나님께 감격스러운 마음에서 찬양과 감사를 표현하고 있었다.

후에 알고 보니 그녀는 루이스 메스니크(Louis Messnick)라는 여인인데 그녀의 집안은 예수를 믿지 않는 가정이었다. 에이미가 2년 뒤에 그 교회에서 다시 집회하게 되어 방문했는데, 어떤 여인이 다가오더니 자신을 알아보겠느냐고 묻는 것이었다. 고개를 저었더니 자신이 2년 전에 이 교회에서 있었던 부흥회에서 류머티즘 관절염을 완전히 치유받은 루이스라고 말하는 것이었다.

그러면서 지금은 관절이 정상이 되어 집에서 바느질도 하고, 요리도 하고, 집안일도 하고, 부흥 집회도 참석한다고 자랑하면서 하나님을 찬양하는 것이었다. 또한, 이제 우리 가족 모두가 예수님을 믿으며 교회에 나간다고 했다.

이처럼 코로나시라는 작은 도시는 완전히 성령충만한 오순절 도시로 거듭나게 되었다.

이곳에서 성공적으로 집회를 마치게 되자, 플로리다(Florida)주 남쪽에 있는 잭슨빌(Jacksonville)이라는 도시에서 초청이 왔다.

1916년 추운 겨울을 따뜻한 남쪽의 플로리다주 잭슨빌에서 말씀을 전하면서 겨울을 보내게 되었다. 1917년의 겨울도 따뜻한 플로리다주에서 말씀을 전하게 되었다.

이 주에서 큰 도시인 탐파(Tampa)와 잭슨빌뿐 아니라 올란도(Orlando), 세인트피터즈버그(St. Petersburg), 팜 비치(Palm Beach), 마이애미(Miami)와 남쪽 끝에 있는 키 웨스트(Key West)까지 텐트를 치고 부흥회를 열 수 있는 축복을 받았다.

겨울에는 따뜻한 미국 동부의 남쪽에 있는 도시에서 집회가 있었고, 봄이 되면서부터 북쪽에 있는 도시에 집회가 예약되었다.

이처럼 날씨가 좋은 플로리다에서 부흥 집회를 인도하는 동안 친정어머니 미니와 장녀 로베타와 장남 랄프가 도착해서 함께 생활할 수 있게 되었다.

● 부흥사 에이미의 화상이 치료되다

플로리다주의 두란트(Durant)시에서 집회를 인도하고 있었다.

집회는 나무로 지은 성전에서 진행되었다. 주일 오전 예배가 끝나고 성도들은 점심 식사하러 나갔는데, 한 남자가 끝까지 서 있었다. 오전 집회를 끝내고 저녁 설교를 준비하는 중인데 그 남자가 다가왔다. 그는 기적을 믿지 않은 기적 중지론자였다. '기적은 성경 시대에만 있었던 것이고, 성경의 마지막 장이 완성된 후부터 초자연적인 기적이란 모두 끝났다'라는 이론을 에이미에서 주장하는 것이었다.

그런데 두란트시는 전기가 들어오지 않기 때문에 교회당 안이 어두워서 호롱불이나 촛불을 켜고 예배를 드려야만 했다. 에이미는 대꾸도 하지 않고 칼슘 카바이드 램프를 저녁 예배에 사용하려고 만지고 있었다. 그때 갑자기 램프에서 불이 치솟더니 에이미 여사의 얼굴로 화염이 올라왔다.

순간적이지만, 에이미의 눈썹과 머리카락이 그을렸고, 콧잔등과 얼굴에 약간의 화상을 입게 되었다. 그때 에이미는 자기 몸보다 나무로 지은 성전이 불타지 않을까 하는 생각뿐이었다. 마침 성도들이 와서 찬물을 갖다 주었고, 그 물에 얼굴을 담그면서 화기를 뺄 수 있었다. 그 남자는 이모습을 보고 큰 소리로 외쳤다.

그것 보라고요. 집회하지 못하도록 하신 겁니다.
당신이 화상을 입었기 때문에 이번 집회는 이 시간부터 중지됩니다.

그러나 저녁 집회 시간이 되어 집회는 시작되었고, 에이미는 처음부터 찬양을 인도했다. 처음에는 목소리가 잘 나오지 않고 얼굴이 화끈거렸다. 그러나 주님께서 치료해 주실 것을 믿고 부흥회를 인도했더니 예배가 끝날 때는 몸이 완전히 정상이 되었다. 하나님의 기적을 부흥강사가 체험하는 좋은 기회였다.

에이미는 집회를 인도할 때 헌금을 강조하지 않았다. 코로나침례교회에서는 제단 앞에 헌금 바구니를 비치해 놓고 은혜받은 성도들이 자유롭게 헌금할 수 있도록 했다. 그때는 집회를 통해 은혜를 받고 병에서 나은 성도들이 현금과 금, 은, 보석들을 헌금함에 넣고 갔다. 에이미가 헌신한 것에 대해서 하나님께서는 이러한 방법으로 필요한 모든 경비를 채워 주셨다.

• **강사를 만지면 낫는다는 헛소문**

메릴랜드주의 볼티모어에서 집회할 때였다. 16,000여 명이 모일 수 있는 강당을 빌려 집회를 하는 중인데, 희한한 기적이 많이 일어났다. 이러한 기적이 많이 나타나자, 이곳의 신문은 에이미를 통해 나타나는 기적을 신문에 자주 보도했다.

볼티모어 부흥회 홍보 전단

에이미가 설교하기 위해 강당에 들어가려고 하는데, 수많은 환자가 그녀에게 한 번에 달려들었다.

그때 병을 치료하고 말씀을 증거하는 강사인 에이미를 만지기만 하면 어떤 질병이라도 낫는다는 소문이 돌았기 때문이었다. 아마 성경에서 혈루병을 앓던 여인이 예수님을 만지고 병이 나은 것을 설교했기 때문인 것 같았다. 환자들이 강당의 정문에서 모여와 강사가 오기를 기다리고 있었다.

에이미는 한번에 수많은 환자가 몰려들자 무서워서 탈의실 안으로 들어갔다. 그 곳에서 도와달라고 주님께 간절히 기도할 수밖에 없었다. 그 후로부터는 경찰이 동원되어 강사를 보호하게 되었다.

♠ 능력대결

• 필라델피아에서의 능력대결

1917년 7월에는 필라델피아에서 집회가 개최되었다. 성회를 알리는 수많은 현수막이 거리마다 걸렸고 집회에 대한 홍보 전단이 필라델피아 근교에 뿌려졌다. 뉴욕, 볼티모어, 워싱턴디시 등 인근 도시에서 수많은 성도가 참석했다. 캠프미팅을 준비하는 팀들은 강이 보이고 나무로 둘러싸인 언덕 위 넓은 장소에 천막을 설치했다. 2,500달러 정도 가는 대형천막이었다.

필라델피아 천막 집회

워낙 대형천막이라 중앙에는 굵고 높은 쇠기둥이 받치고 있었고, 크고 작은 수십 개의 기둥이 여러 곳을 받치고 서 있었다. 기둥에 굵고 가는 여러 개의 밧줄로 당겨서 땅에 박힌 쇠말뚝에 묶어 고정시켜 놓았다. 바람과 강풍에도 요동하지 않도록 이중, 삼중으로 단단히 매 놓았다. 수십 개의 작은 천막들이 대형천막 주위를 둘러 세워져 있었고, 성회를 도울 오케스트라와 찬양대원들은 비지땀을 흘리면서 준비하고 있었다.

집회가 시작되자 수많은 하나님의 사람들이 옆 사람은 신경 쓰지 않고 두 손을 높이 들고 천막이 찢어질 정도의 큰 소리로 하나님을 찬양하며 기도했다. 필라델피아 언덕이 찬양과 기도 소리로 떠나갈 듯했다.

집회 둘째 날부터 문제가 발생했다. 인근에 있는 가톨릭대학교의 학생들이 난동을 부린 것이다. 알고 보니 천막을 친 언덕 위의 넓은 공간은 대학생들이 평소에 풋볼 경기를 하던 장소였다는 것이다. 그들의 영역을 침범했다고 밤낮으로 난동을 부리면서 집회를 방해했다. 그러나 에이미의 전도팀은 필라델피아시로부터 정식 허락을 받고 천막을 설치했기 때문에 합법적이라 안심하고 있었다.

셋째 날이 고비였다. 수많은 군중이 천막 안에서 말씀을 경청하는 동안 많은 대학생이 밖에서 떼를 지어 큰 소리로 야유하며, 나팔을 불어대고 집회를 하지 못하도록 방해했다. 밖에서 너무 크게 소리를 질렀기 때문에 천막 안에서는 찬송 소리조차 그 소음에 묻혀버렸다. 경찰서에 도움을 요청해도 올 수 없다는 통고가 왔다.

왜냐하면, 예배 시간과 비슷한 시각에 필라델피아 시내 중앙에서 폭동이 일어나 경찰 병력 모두가 그 곳에 집결되었기 때문이었다. 후에 형사들을 통해서 들으니, 그날 저녁에 폭도들은 대형천막과 수십 개의 작은 천막들을 모두 부수고 불태워 버릴 계획을 세우고, 휘발유와 등유, 망치, 갈고리 등을 철저하게 준비했다는 것이었다.

밖에서 너무나 소란을 피워 천막 안에 있는 성도들이 설교 말씀을 들을 수 없게 되자, 찬양 인도자가 <만세 반석 열리니>, <내 주를 가까이 하게 함은>, <내 평생에 가는 길>, <오, 달콤하고 향기로운 주 예수의 그 이름>(Jesus, Oh How sweet the Name)과 같은 찬송가를 인도하기 시작했다.

에이미는 의자에 앉아 기도하고 있다가 일어서서 성령의 인도하심을 따라 집회에 참석한 성도들 모두가 큰 소리로 힘을 다해 하나님을 찬양하며 기도하도록 권면했다.

> 큰 소리로 주님을 찬양합시다.
> 주님을 기뻐하는 것이 우리의 힘입니다.
> 주님은 찬양받기 합당하십니다. 큰 소리로 찬양합시다.
> 할렐루야!
> 하나님께 영광! 영광! 영광!

에이미의 말이 떨어지자마자 크고 힘찬 목소리로 찬양하는 사람도 있었고, 큰 소리로 기도하는 사람도 있었다. 천막이 찢어질 듯한 소리가 천막 안을 가득 메웠다.

천막 주위를 둘러싸고 있던 귀신들이 박쥐와 같이 서로 날개로 연결되어 괴롭혔는데, 찬양하는 소리와 기도 소리가 커질수록 한 걸음씩 뒤로, 뒤로, 뒤로 뒷걸음질 치면서 도망하는 모습을 에이미는 영적인 눈으로 볼 수 있었다. 동시에 천사들이 무리를 지어 날개를 서로 연결한 채 천막을 향해 조금씩 조금씩 좁혀오는 것도 볼 수 있었다.

결국, 귀신들은 모두 떠나고 천사들이 천막 주위를 감싸고 지키고 있는 것을 보았다. 이러한 환상을 보고 있다가 에이미는 눈을 크게 뜨고 주위를 돌아보고 놀라운 광경을 발견하게 되었다.

조금 전까지만 해도 밖에서 소리를 지르며 난동을 부리면서 집회를 방해하던 그 젊은 청년들이 천막 안으로 들어와 아무 말도 하지 못하고 물에 빠진 생쥐처럼 조용히 서서 에이미를 두려워하는 눈으로 쳐다보고 있는 것이었다.

에이미는 일어서서 그 주모자 중의 한 사람으로 보이는 사람을 주목해 보면서 '예수의 복음'을 선포했다. 그리고 설교를 계속 이어갔다.

하나님의 역사를 격렬하게 반대하던 사탄의 간계를 제압한 뒤라 모든 성도가 설교에 집중했고 은혜를 받았다. 설교를 마친 후에 예수 그리스도를 구주로 받아들이기로 결심한 사람들은 강단 앞으로 나오라고 구원의 초청을 했는데, 조금 전까지 집회를 방해하던 그 젊은이들이 하나둘씩 앞으로 나오기 시작했다.

이는 성령께서 승리하시는 순간이었다. 50여 명이 넘는 젊은이들이 다 앞으로 나와 예수님을 주님으로 모셔 들였다. 치열했던 영적인 싸움에서 믿음이 이긴 것이다.

이들은 필라델피아 지역을 잘 알고 있는 가톨릭 신자였기 때문에 자기 주위에서 예수님을 잘 알지 못하는 가톨릭 신자들을 데리고 집회에 참석하여 그들까지 구원받도록 했다.

또한, 병으로 고생하던 많은 사람이 성령의 능력으로 치료받는 기적이 계속 이어졌다. 영적 싸움에서 이기고 사람들이 구원받고, 병으로 고통 겪고 있던 사람들이 치료받는 필라델피아 성회는 '축복의 성회'였다.[19]

에이미가 한 도시에서 말씀을 증거히고 나면 다른 도시에서 초청이 쇄도했다. 뉴욕(New York), 워싱턴디시(Washington D. C.), 필라델피아(Philadelphia), 마이애미(Miami), 보스턴(Boston)과 같은 대도시에서 집회를 인도했고, 워체스터(WorChester), 롱힐(Long Hill), 매사추세츠(Massachusetts), 하트

19　Wilson, "Great Days in Philadelphia," *Bridal Call,* December 1920, 20-21.

퍼드(Hartford), 로드아일랜드(Rhode Island), 코네티컷(Connecticut), 뉴 로첼(New Rochell), 피츠버그(Pittsburgh), 펜실베이니아(Pennsylvania)의 게티즈버그(Gettysburg)와 클레이빌(Clayville), 오하이오(Ohio)주의 콜럼버스(Columbus), 인디애나(Indiana)주의 인디애나폴리스(Indianapolis), 미주리(Missouri)주의 스프링필드(Springfield), 마콘(Macon)과 브레이머(Braymer), 일리노이(Illinois)주의 배리(Barry), 캔자스(Kansas)주의 올라테(Olathe)와 이올라(Iola), 오클라호마(Oklahoma)주의 올로가(Ologah) 등에서 집회를 인도해 영혼을 구원하고, 방언으로 나타나는 성령세례를 증거 했다.

에이미는 1916년부터 1919년까지 자신이 방문해 집회를 인도했던 미국 동부에 있는 여러 도시를 생각할 때마다 감격스럽기만 했다. 대부분의 도시에서는 다시 와서 집회를 인도해 주기를 바랄 정도였으니 3년 동안 동부에 튼튼한 기독교의 기초를 놓은 셈이었다.

그러나 성령님께서는 동부에서의 집회를 더 이상 허락하지 않으셨고, 미국 동부에서부터 서부인 로스앤젤레스까지 가서 집회하도록 인도하셨다. 이는 한 단계 높여 집회하도록 하신 것이다.

♠ 문서 사역

● 「브라이들 콜」(The Bridal Call) 잡지 발간

에이미는 정규신학교를 졸업하지는 않았지만, 청중들이 말씀을 잘 알아듣기 쉽게 증거 하는 커뮤니케이션 기술과 글을 쓰는데 뛰어난 은사가 있었다.

1916년부터 3년간 미국 동부에서 캠프미팅을 이끌면서 말씀을 증거해 온 에이미는 집회에 참석하는 사람 외에도 더 많은 사람에게 하나님의 생

명 말씀을 전하고 싶었다. 또한, 그들도 예수 그리스도를 구세주로 믿고 구원받도록 돕고 싶었다.

특히, 에이미는 성령의 능력을 받지 못하고 힘없이 형식에 젖어 목회하는 많은 목회자에게 도전을 주고 싶은 생각도 들었다.

기도하는 중에 그들에게 오순절적인 성령세례, 능력의 복음, 치유의 복음을 전할 수 있는 길이 문서를 통한 것임을 깨닫게 된 것이다.

특히, 어느 날 하박국 2:2 말씀을 읽는 가운데 잡지를 발행해야겠다는 확신을 하게 되었다.

> 여호와께서 내게 대답하여 이르시되
> 너는 이 묵시를 기록하여 판에 명백히 새기되
> 달려가면서도 읽을 수 있게 하라(합 2:2).

잡지를 발행할 준비를 마치고 1917년 6월부터 「브라이들 콜」*(The Bridal Call)*이라는 잡지를 발행하기 시작했다.

천막 성회를 인도하면서 설교한 말씀과 그녀의 설교를 통해서 구원받은 사람들의 간증, 시, 부흥회의 사진, 부흥회에 대한 뉴스, 하나님의 능력으로 병에서 치료받은 신유에 대한 보고, 선교사들이 해외에서 사역하는 모습 등이 주된 내용이 되었다. 여기에 병에서 치료받은 사람들의 간증을 실으면서 앞으로 있을 천막 집회에 대한 광고도 함께 내보냈다.

에이미는 잡지에 그녀의 생각만 실은 것이 아니라 기성 교회의 목사들이 자신이 인도하는 부흥회에 참가하여 체험한 글도 함께 실었다. 특별히 오순절 성령운동에 대해 부정적인 견해를 갖고 있던 목회자가 부흥회를 참석하고 태도를 바꾸게 되었다는 글도 많았다.

『디스 이즈 댓』*(This Is That)*이라는 책에 보면 이 잡지를 통해서 예수 그리스도를 영접한 사람들의 간증이 수없이 많이 나온다.

프리스비(Mr. Frisbie)는 캘리포니아 주 프레즈노(Fresno)시에서 부동산으로 성공한 매우 유명한 사람이었다. 그는 우주와 자연의 불가사의한 비밀, 특히, 인생의 근원이나 목적에 관한 여러 가지 의문을 신(神)에게 맡기지 않고 깊게 파고 들어가 연구하는 분야인 '신지학(神智學)협회'의 전직 회장을 지낸 사람이다.

그런 그가 「브라이들 콜」 잡지를 보고 그 속에 있는 설교문이나 간증문을 읽는 가운데 회심하고 변화되어 예수 그리스도를 구주로 받아들이게되었다.[20] 그는 예수를 영접하고 새로운 사람이 되어 에이미가 캘리포니아주의 프레즈노시에서 부흥회를 개최할 수 있도록 주선하기도 했다.

「브라이들 콜」 잡지

에이미는 그 당시 기성 교회에 팽배하고 있던 형식주의, 수동적인 자세, 활력을 잃고 죽어있는 영성, 당시 일어나던 고등비평(高等批評)의 영향을 받아 성경을 문자대로 믿지 못하고 하나님의 말씀을 비판하는 인본주의적 해석 태도, 열정이 식어있던 전도, 선교 사역을 등한시하는 것 등을 꼬집어 신랄하게 비판했다.

에이미가 사역할 당시 프린스턴신학대학교(Princeton Theological Seminary)의 조직신학 교수였던 벤자민 비 와필드(Benjamin B. Warfield)박사가 집필한 『가짜 기적』(Counterfeit Miracle)의 영향으로 모든 기적은 성경의 완성과 함

---

20 Mr. Frisbie, "The Fresno Revival Reviewed," in *This Is That*, edited by Aimee S. McPherson (Los Angeles: Foursquare Publications, 1923), 387.

께 사라졌다는 기적중지주의(기적 종식론, Cessationism)가 만연해 있었다.

또한, 다윈(Charles Darwin)의 진화론과 고등비평(Higher Criticism)의 영향을 받아 교회가 신본주의를 떠나 인본주의로 흘러가게 되어 사회를 이끌어가지 못하고 피동적인 자세를 취하게 되었다고 진단했다. 이러한 잘못된 사상의 영향을 받아 교회가 교회 역할을 제대로 하지 못하는 것을 본 에이미는 성경에 기록된 말씀을 있는 그대로 믿고, 교회가 일어나서 성령세례를 받아야 한다고 도전하면서, 전도에 열심을 내어 죄인을 구원하고, 병든 자를 치료해야 한다고 주장했다.

또한, 교회가 깨어나 성령님께 문을 활짝 열어야 한다고 호소하기도 했다. 신약 교회의 초대교회로 돌아가야 한다고 주장한 것이다. 에이미는 교회가 초대교회로 돌아가야 한다는 교회개혁론을 펴고 있었다. 이를 위해 에이미는 그녀의 사역을 통해서 사도행전과 같이 기사와 이적이 일어나는 교회가 될 수 있다는 간증도 함께 게재했다.

그녀의 글을 읽어 보자.

> 오! 하나님의 교회여.
> 잠에서 깨어나야 합니다.
> 하나님의 일을 하는데 방해되는
> 모든 것들을 옆으로 제쳐 놓으십시오.
> 아름다운 성령의 옷을 입어야 합니다.
> 성령님께 마음의 문을 열고
> 성령님께서 일하시도록 그분에게 길을 내어주십시오!
> 오늘이 바로 그 선택의 날입니다.
> 하나님께서 지금 교회를 부르고 계십니다.
>
> 살아있는 하나님의 교회여!

속히 잠에서 깨어나십시오.
눈을 뜨고 추수를 기다리는 들판을 바라보십시오.
말씀이 그리워 눈물을 흘리면서 마음으로 괴로워하는
수백만의 앓는 소리가 들리지 않습니까?

이렇게 말씀의 기갈에 빠져있는 이 군중을 누가 먹이겠습니까?
이런 군중의 눈물을 누가 씻어주겠습니까?

상처 입고 피를 흘리고 죄악에 찌들어 있는
이 세상을 누가 보듬어 주겠습니까?

예수, 예수, 복된 예수.
그분밖에는 없습니다.[21]

1917년 6월에 「브라이들 콜」 잡지의 창간호가 발행되었는데, 신문 용지 4페이지로 3,000부를 발행해서 무료로 배부했다. 3개월 뒤에는 16페이지로 잡지의 분량을 늘려 일 년 구독료 25센트에 판매하기 시작했다.[22]

오랜 세월을 지나오면서 잡지의 이름이 몇 번 개명되어 지금은 「포스퀘어 월드 어드밴스」(*Foursquare World Advance*)라는 이름으로 '국제포스퀘어복음교회세계선교국'(ICFG, Foursquare Missions International=FMI)에서 발행하고 있다.

이 잡지는 현재 전 세계에 산재해 있는 포스퀘어복음교회에서 일어나는 크고 작은 소식을 전해 주는 역할을 하고 있다. 논문이나 수필과 같은

---

21 Aimee S. McPherson, "Editorial Notes," *Bridal Call,* May 1918, 1.
22 Aimee S. McPherson, "Editorial," *Bridal Call,* May 1917, 1.

무거운 주제의 기사를 싣는 것이 아니고 전 세계에 산재한 포스퀘어복음교회에서 일어나는 뉴스를 나누는 것을 주로 다룬다.

몇 년 전부터는 영어와 스페인어로도 동시에 출판되고 있다.

♠ 말씀과 역사(Words and Works)의 편집장

찰스 파함 목사는 1900년 캔자스주의 토피카(Topeka)에 벧엘신학교(Bethel Bible School)를 세워 방언을 말하는 성령운동을 일으켰다. 몇 년 뒤에 파함 목사는 텍사스주의 휴스턴으로 자리를 옮겨 거기에서도 벧엘신학교를 시작하여 방언으로 특징지어지는 오순절운동을 일으켰다.

그가 설립한 신학교에 윌리엄 시무어(William Seymour)라는 한쪽 눈이 실명된 감리교 목사도 호기심에 입학해 공부했다.

시무어 목사는 흑인이었기 때문에 백인들과 함께 교실 안에 들어가 공부할 수 없어 복도에서 공부했다. 왜냐하면, 20세기 초 미국에는 흑인과 백인을 분리하는 정책인 '짐 크로우 법'(Jim Crow Law)이 시행되고 있어서 흑인이 백인이 같은 교실에서 함께 공부하는 것을 법으로 금지하고 있었기 때문이었다.

그는 텍사스주의 휴스턴에서 목회하던 중 로스앤젤레스에 있는 성결교회(Holiness Church)로부터 부흥회 초청을 받았다. 그를 초청한 교회는 성령세례에 관한 것은 허용하지만, 방언을 말하는 것을 금지하는 성결교회였다.[23] 이러한 것을 알지 못했던 시무어 목사는 부흥회의 첫 시간에 성령

---

23 20세기 초에 오순절운동이 일어나 방언을 강조하게 되자, 성결운동을 이끌던 교회에 이상한 현상이 일어나게 된 것이다. 성령의 역사를 인정하고 따르면서도 '방언'을 금지하는 성경 계통의 교회가 생겨나게 되었다. 예를 들어, 나사렛교회는 원래 "오순절 나사렛교회(Pentecostal Church of Nazarene)"였다. 그러나 총회에서 오순절운동의 시

세례의 첫 증거가 방언을 말하는 것이라는 본인의 신앙을 확신 있게 증거했다.

저녁 식사를 하고 저녁 집회를 인도하러 왔더니 교회의 문이 잠겨 있었다. 교회 측이 방언을 말하기 때문에 저녁 집회부터 교회 내 집회를 허용하지 않기로 결정한 것이다. 어쩔 수 없이 초청한 집사님의 개인 집에서 예배를 드리게 되었다. 그런데 초청한 분의 남편이 병으로 누워있었는데, 예배 도중에 시무어 목사가 병이 낫도록 기도드리더니, 남편이 완전히 나은 것이다.

병에서 나았다는 소문이 밖으로 퍼져나가자 많은 사람이 모여들기 시작했다. 너무나 많은 사람이 모여들어 어쩔 수 없이 집사님의 집에서 예배드릴 수 없었기에 가까이에 있는 아주사거리로 나가 길에서 말씀을 증거하기 시작했다.

이렇게 해서 그 유명한 '아주사거리부흥운동'(Azusa Street Revival)이 일어나게 된 것이다. 1906년에 아주사거리에서 시작된 부흥회는 1909년까지 3년동안 쉬지 않고 매일 계속되었다.

근대 정통 오순절 부흥운동(Classical Pentecostal Movement)이 이곳으로부터 확산하였다고 학자들은 말하고 있다. 3년간 하루도 쉬지 않고 계속된 이 부흥회에 미국 전역에서는 물론, 세계 각국에서 수많은 군중이 모여들었다. 20세기의 새로운 부흥운동이 이렇게 해서 전 세계를 휩쓸게 된 것이다.

특별히 '아주사거리부흥운동'에서 은혜를 받은 목회자 중 한 분이 미국 중부 캔자스주(Kansas)에 와 성령의 역사를 시작했다. 그들도 그들의 메시지와 집회 소식, 그리고 성도들의 간증을 넣은 잡지를 만들었는데, 그것

작과 더불어 방언이 보편화 되자 교단의 이름에서 "오순절(Pentecostal)"이라는 명칭을 삭제하기로 결의한 것이다. 그래서, 지금까지 "나사렛교회"로 불리게 되었다.

이 「말씀과 사역」(Words and Works)이라는 오순절 잡지이다. 이들은 잡지를 출간하면서 이 잡지의 편집장으로 에이미를 모셨다.

에이미는 동부에서 캠프미팅을 이끌면서 말씀을 증거하는 사역을 감당하였고, 손수 창간한 「브라이들 콜」이라는 잡지를 발간하면서 「말씀과 사역」이라는 잡지의 편집장으로 도운 것이다.

에이미는 글 쓰는데 탁월한 재능이 있어서 문서를 통해 수많은 사람을 예수님께 인도하고 성령의 능력을 체험토록 했을 뿐 아니라, 질병으로 고통받던 수많은 사람을 병에서 낫도록 했다.

그녀는 문서를 통한 전도 사역을 일찍부터 시작했다. 당시 미국에는 기독교 신앙을 전하는 신앙잡지가 많지 않았는데, 본인이 발행하는 잡지를 통하여 오순절 성령의 역사와 신유를 성경적으로 설명했을 뿐 아니라 성령께서 실제 삶의 현장에서 역사하시는 간증을 실어 전국으로 확산시켰다.

이러한 글들이 오순절 신학과 성령운동, 성령신학, 신유운동, 교회 성장, 구제운동 등을 연구하는 데 기초가 되는 아주 귀중한 좋은 자료가 되었다. 그러나 그녀가 이런 글들을 남긴 이유는 후대에 학자들이 연구하기에 좋은 자료를 남기겠다는 의도보다는 당대에 많은 독자가 문서를 통해서 예수 그리스도를 구주로 영접하고 성령의 역사를 체험하도록 하려는 의도에서 시작한 것이었다.

현재는 메튜 바넷트(Matthew Barnett) 목사가 앤젤레스템플교회 건물에서 담임목사로 헌신하면서 드림센터(Dream Center)라는 사회복지사역을 하고 있는데, 이 드림센터는 어렵고 힘도 없어 가난한 사람들을 돕는 구제사업을 세계적으로 크게 벌이고 있는 기관이다.

이곳에서 에이미와 앤젤레스템플교회의 구제사업, 성령 역사, 선교사업 등을 꾸준히 이어가고 있다.

♠ 복음 실은 자동차(Gospel Auto)

동부에서 천막 집회를 인도하던 초창기의 에이미는 혼자서 이동했기 때문에 집회 장소를 이동하는데 커다란 불편이 없었다. 때로는 기차나 버스를 타고 이동할 때도 있었지만, 집회가 잦아지면서 성회를 준비한 주최 측에서 와 모셔 가기도 했다.

1917년, 에이미가 플로리다 탐파에서 집회하고 있을 때, 친정어머니 미니와 두 자녀가 와서 함께 살게 되었다. 가족과 함께 살면서 차량이 더욱 더 필요해졌다. 친정어머니가 자동차를 구매하는데 재정적으로 많은 도움을 주셨다. 동부에서 집회를 인도할 때 초창기에는 남편 헤롤드가 많이 도와주었지만, 그 후로는 친정어머니 미니가 여러 가지로 많이 도와주었다.

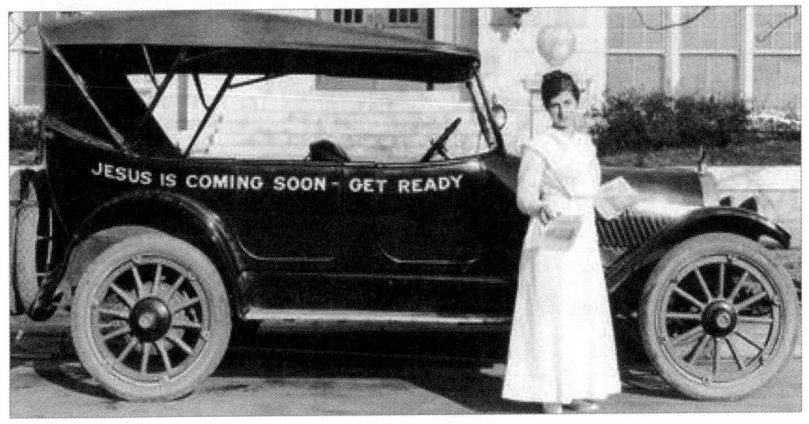

복음 실은 승용차

에이미는 어머니가 주신 돈을 기초로 1912년형 팩카드 가족 여행용 자동차를 사서 "복음 실은 자동차"(Gospel Auto)라고 명명했다.

차의 뒷부분을 개조해서 사무실 겸 잠깐이라도 쉴 수 있는 공간을 마련했다. 이 차는 에이미의 집무실이었고, 잡지의 편집실 겸 상담실로도 활용되었다. 집회를 인도하는 동안 인근의 여관이나 호텔을 숙소로 이용하기도 했지만, 대부분의 신앙 상담과 설교 준비는 이 차 안에서 이루어졌다. 차량의 좌우에는 이렇게 써놓고 차를 타고 다니면서 복음을 전하기도 하고, 부흥회를 홍보하기도 했다.

예수님께서 곧 재림하십니다.
준비하십시오.
(Jesus is Coming Soon, Get Ready)

또, 이 차에 부흥회를 홍보하는 전단지를 많이 가지고 다니면서 주민들에게 나누어 주기도 했고, 지역교회를 방문하면서 홍보하기도 했다. 사람들은 이 차를 '바퀴 달린 교회'라고 부르기도 했다.

에이미는 이 차를 아주 요긴하게 이용했다. 동부에서 성회가 끝나고 3년간 동부에서 서부까지 대륙을 횡단하며 38회 부흥회를 인도할 때도 이 차를 자주 이용했고, 1919년도에 로스앤젤레스로 갈 때도 이 차를 이용했다. 아들 랄프 목사는 어렸을 때 이 차를 타고 어머니와 누나와 함께 대륙 횡단한 이야기를 종종 하곤 했다.

♠ 친정어머니가 큰 도움을 주다

친정어머니는 학교에 다닌 적은 없지만, 독학을 하고 책을 많이 읽어서 여러 분야에 해박한 지식을 갖고 있었다. 헤롤드가 집회 장소를 시와 협의하는 등 부흥회에 관한 일을 돕다가 뉴욕으로 돌아간 후, 어머니께서 그 일을 맡아 주셨다. 어머님은 심지어 집회 도중에 많은 사람이 치유 기도를 받으려고 기다리면 그들을 상담해서 에이미에게 꼭 기도를 받아야 할 사람, 집회를 돕고 있던 다른 목회자에게 기도를 받을 사람들까지 구분하는 작업도 하셨다.

집회를 준비하는 과정에서 여러 스태프를 관리하는 일, 식사를 준비하는 일 등 여러 가지 매일 매일 발생하는 일들을 모두 관리하셨다. 부흥성회의 조직관리, 인사관리, 재정관리 등을 도맡아 주셨다. 집회일을 하는 바쁜 와중에도 가정적으로는 손주들을 보살피는 일도 기쁨으로 하셨다. 물론, 집회에도 깊숙이 개입하셔서 큰일을 해내셨다.

친정어머니는 에이미에게는 가장 중요한 참모요, 목회 파트너였다.

♠ 동부 성회의 마감과 새로운 비전

3년간 동부에서 북쪽의 메인주부터 남쪽의 플로리다주까지 왕래하면서 집회하는 동안 어려움도 많았다. 유럽에서는 전쟁 중이었고, 미국에서는 일리노이주에서 돼지로부터 발생한 것으로 추정되는 유행성 독감이 휩쓸어 수많은 사람이 죽었다. 특히, 미국 동부에 큰 피해를 주었다. 더욱이 전염병으로 죽은 사람을 묻을 관이 부족해 아우성이었다.

전쟁과 질병에 대한 어두운 소식이 언론을 통해서 매일 보도되자, 사람들의 마음은 불안하고 우울해 있었다.

사회적으로 이같이 불안한 상황에서 에이미는 동부에서 집회를 인도했다. 힘든 일도 있었지만, 주님께서는 이러한 환경에서 많은 것을 가르쳐 주셨다.

• 설교자로서의 부르심에 대한 확신을 얻었다

먼저, 하나님의 일을 감당할 때 가장 중요한 것은 '하나님의 부르심'이란 사실을 배웠다.

중국에서 남편을 말라리아로 하늘나라에 보내고 미국에 돌아온 에이미는 일이 손에 잡히지 않았다. 옛날 남편이 사역하던 곳에서 일감을 찾으려고 캐나다와 시카고를 방문했지만, 계획대로 되지 않았다.

헤롤드 맥퍼슨과 재혼하고 아들 랄프를 낳은 후, 가정주부로서 행복한 가정생활을 꿈꾸었는데 그렇게 되지 않았다. 남편은 하나님의 일에 그렇게 적극적이지 않았고, 에이미 속에서 하나님의 일을 해야만 한다는 작은 울림이 계속 있었다.

우울증이 심해지더니 큰 병으로 전이되어 병원에 입원할 수밖에 없었다. 3번의 수술을 했어도 의학적인 도움이 한계에 도달하여 죽음 직전에 갔을 때 하나님께서는 에이미를 부르셨다.

　　이제 나가서 복음을 전하지 않을래?
　　예. 가겠습니다.

그러한 주님의 부르심에 이렇게 응답하고 나가니, 하나님께서는 병도 치료해 주시고 주의 종으로서 할 일을 많이 주셨다.

이후 3년간 말씀을 선했는데, 교회의 크고 작음, 교회가 도시에 있는가, 다른 농촌 지역에 있는가는 상관이 없었다. 집회에 성도가 많이 참석하나, 적게 참석하는가도 문제 되지 않았다.

에이미는 본인이 하나님의 종이 되어 말씀을 전한다는 그 자체가 기쁘고 즐거웠다.

한 명이라도 더 구원받게 하고 싶은 마음, 병으로 고생하는 사람을 어떻게 해서라도 낫게 해 주고 싶은 마음, 하나님의 교회가 좀 더 활성화되어 전도와 기도에 열심을 내는 교회를 만들고 싶은 마음이 컸었다.

또한, 신학교에 가본 적이 없고, 배운 것도 없고, 목회에 대한 경력이 없는데도 말씀을 선포하고 나면 성도들이 구원받고, 병자가 치료되는 것을 체험했다. 교회가 변화되는 것도 체험했다. 그런 경험을 통해서 에이미는 하나님께서 자기를 분명히 부르셨다는 사실을 확인하고 감사하게 되었다.

하나님께서 부르셨기 때문에 집회하는 동안 필요한 모든 것을 다 공급해 주셨음을 체험했다.

그리고 주님께서 자신을 극진히 사랑하심을 깨달았다. 이제 주님께서 시키는 일이라면 무엇이든지 할 수 있다는 자신감도 생겼다.

이러한 부르심에 대한 확신과 자신감이 대륙을 횡단하면서 38번의 성회를 하게 되었고, 앤젤레스템플교회를 건축한 힘이 되었고, 포스퀘어복음교단을 설립하는 등 20세기 놀라운 일을 하는 원동력이 되었다.

● 하나님의 일은 세상적인 배경이 없어도 할 수 있다

어머니는 구세군교회의 교인이었고, 아버지는 감리교회의 신자였다. 출생지는 캐나다이고, 캐나다에서 고등학교도 졸업하지 못했으며, 미국에는 아는 사람이 전혀 없었다. 재혼한 남편 헤롤드는 교회는 다녔지만, 교회에서 크게 헌신하거나 중요한 직분을 맡고 있던 것도 아니었다. 에이미는 큰 교회의 목사도 아니고, 교단의 배경도 없었다. 더욱이 에이미 자신이 유명한 부흥사도 아니었다.

그런데 3년간 천막을 들고 여러 도시를 방문하면서 인도한 부흥회는 아주 성공적이었다. 예수님을 모르던 사람들이 찾아와서 예수 그리스도를 구세주로 영접했고, 믿다가 낙심한 자들이 새롭게 헌신하는 일도 다반사였다.

더욱이 여러 가지 질병으로 고통을 겪고 있던 사람들이 찾아와 집회 현장에서 성령의 능력으로 기적같이 치유 받는 일이 많았다. 성령세례 받은 자들이 많이 늘어났고, 에이미가 가는 도시마다 교회가 성장하는 놀라운 축복이 일어났다. 에이미가 인도하는 집회라고 하면 "신유성회"라는 별명이 따라붙을 정도였다.

또한, 방문하는 도시마다 교회들이 연합하여 천막 성회를 헌신적으로 도운 것은 인상적이었다. 새로 믿게 된 신자들에게 그 도시의 교회들이 연합하여 침례를 주고 개 교회의 성도로 등록시키는 일은 에이미를 보람되게 했다. 아무런 연고가 없는데도 동부의 여러 도시를 다니면서 집회를 성공적으로 이루었다는 것은 하나님의 전적인 축복이요, 도움이었다.

앞으로 하나님께서 이끄시는 곳이라면 개인적인 연고나 배경 없이도 사역할 수 있다는 자신감과 확신을 갖게 되었다. 이러한 자신감은 미대륙을 동에서 서로, 또 남에서 북으로 횡단하면서 대형 집회를 강행하도록 했고, 건축자금을 마련해 놓지 않고도 당시 세계에서 가장 큰 교회가 될 앤젤레스템플교회를 짓도록 도전하도록 했다.

에이미가 배운 가장 중요한 한 가지 교훈은 인간적인 배경이나 학문적인 배경, 교회의 배경이 하나님의 말씀을 선포하고 교회를 키워나가는데 중요한 것이 아니라, 성령에 사로잡혀 성령께서 원하시는 대로 해야만 하나님께 쓰임 받는다는 것이다.

부활하신 예수님께서 왜 3년간 키운 제자들에게 이렇게 당부했는지 알 것 같았다.

성령으로 세례를 받으리라(행 1:5하).

성령세례를 받은 사도들에게 능력이 생기고, 담력이 생기고, 용기가 생겼던 것이다. 또한, 바리새인들을 비롯한 종교 지도자들의 어떠한 박해도 이겨내면서 교회를 세우고 복음을 당시의 땅끝인 로마까지 전할 수 있는 것 아니겠는가!

지금도 같은 원리가 적용된다는 중요한 교훈을 배웠다.

● **여호와 이레의 하나님을 체험했다**

하나님께서 3년간 집회를 인도하는 가운데 필요한 모든 것을 적절한 시기에 다 채워 주셨다. 집회할 교회나 장소를 찾는데도 어려움이 없었다. 성령님께서 역사하셨기 때문에 한 장소에서 집회가 끝나면 다른 곳에서 부흥회를 해달라는 요청이 왔고, 그래서, 쉬지 않고 말씀을 증거할 수 있었다. 또한, 어떤 경우는 한 도시에서 집회가 끝났는데, 그 도시의 목사님이 오셔서 자기 교회에서 집회를 인도해 주도록 부탁하기도 했다.

* **집회할 장소를 하나님께서 공급해 주셨다**

에이미는 집회할 장소를 물색하러 다니지 않았다. 캠프미팅에서 잡무로 도왔는데 함께 섬기셨던 목사님이 자기 교회에서 설교해 달라고 부탁한 것이 첫 부흥회의 시작이었다. 그 교회에서 역사가 일어나니까 다음 교회에서 초청이 왔다. 이렇게 하나님께서는 한 곳의 집회가 끝나면 다른 곳에서 집회할 수 있도록 계속 연결해 주셨다.

코로나시의 집회는 음성으로 들려주셨고, 코로나시에 계신 분이 소문을 듣고 편지를 주셔서 가능했다. 성령님께서는 코로나시에 사는 자매님을 2년 전부터 기도로 준비하도록 하셨다.

그 집회에서 신유의 역사가 나타나니까 시내의 다른 목사님이 오셔서 자기 교회에서 집회하도록 초청하기도 했다.

여호와 이레의 하나님이기 때문에 3년간 집회할 장소를 이렇게 늘 준비해 주셨음에 감사하게 되었다.

★ 집회에 참석할 사람도 보내주셨다

무명의 강사였기 때문에 누가 은혜를 받으러 올까 염려했는데, 하나님께서 사람들을 넘치게 보내주셨다.

집회하는 곳마다 사람들이 인산인해를 이루었는데, 몇 곳에서는 장소가 너무 협소해서 되돌아가는 사람도 많았다.

때로는 군중이 아침 일찍부터 왔고 서로 집회장 안에 입실하려고 몸 씨름을 하면서 혼돈을 주었기 때문에 경찰들이 와서 질서를 유지시켜 주어야 할 정도였다.

성도 3명으로 시작한 교회가 500명으로 성장한 것도 주님께서 양들을 보내주셨기 때문이다. 여호와 이레의 하나님께서 말씀을 들을 사람을 보내주셨고, 병에서 고생하면서 성령의 능력으로 치료받을 사람을 대기시켜 주셨다.

늘 사람으로 채워주시는 하나님께 감사할 수밖에 없었다.

★ 필요한 재정도 채워주셨다

하나님께서 집회하는데 필요한 경비도 충분히 채워주셨다.

에이미는 집회에서 헌금을 강요하지 않았다. 다른 부흥사들과 같이 부흥회를 시작하기 전에 경비 문제로 협의하지도 않았다. 그러나 집회를 진행하는 가운데 하나님께서 헌금을 넘치도록 채워주셨다. 헌금도 자유롭게 할 수 있도록 헌금함을 교회 입구에 놓았고 은혜받은 대로 하도록 했다. 그런데 은혜받은 성도들이 현금, 금, 은반지는 물론 목걸이와 팔찌, 시계 등을 헌금함에 넣는 경우도 많았다.

한 번 집회하는 데 엄청난 경비가 들어갔지만, 하나님께서 충분히 채워 주셨다. 개 교회에서 집회하지 않고, 공터에 천막을 치고 부흥회를 할 때 엄청난 경비가 들었다. 이러한 경비는 에이미 혼자 부담해야만 했다. 천막 구매(대형 천막, 여러 개의 소형 천막), 천막 설치에 필요한 장비, 화장실 대여, 수돗물 끌어오기, 전기 가설하기, 직원들의 식사, 장소 임대료 등.

하루 이틀 집회하는 것도 아니고, 몇 개월씩 할 때는 천문학적인 재정이 필요했다. 그러나 주님께서 여호와 이레가 되어주심으로 다 채워주셨기 때문에 3년간 집회를 하면서 빚을 지지 않았다.

★ 도와줄 인력도 보내주셨다

집회하도록 돕는 보조자들을 많이 보내주셨다.

집회를 마친 후에 천막을 해체해서 다음 도시로 옮기는 일도 쉬운 일은 절대 아니다. 대형 천막을 큰 트럭에 싣고 다른 도시로 옮긴 후 내리는 것도 힘든 일이었다. 천막을 설치할 장소가 산꼭대기이거나 광야와 같은 넓은 벌판인 경우도 많았다. 포장이 되지 않은 좁은 농촌 도로에 가야 할 때도 있었다.

울퉁불퉁한 장소에 천막을 설치하기 위해서는 평지가 되도록 토지를 정리하는 토목 작업도 진행했으니 절대로 쉽지 않은 작업이었다. 천막을 설치할 때 크고 작은 기둥이 수없이 많았다.

또한, 천막을 지탱해 주는 밧줄도 굵기가 서로 다른 것들이 너무 많았고, 천막을 지탱하기 위해 땅에 박는 쇠말뚝도 엄청나게 많았다. 대형천막을 중앙에 설치하고, 수십 개의 작은 천막들을 대형 천막 주위에 설치하여 스텝들이 그 곳에서 머물도록 했다. 직원들은 먹을 양식을 구하고 요리하기도 쉬운 일은 아니었고, 또한, 이동식 화장실을 설치하고 관리하기도 쉽지는 않았다.

이러한 모든 일을 하려면 다양한 은사와 재능이 있는 스테프들이 필요했었다. 그런데 하나님께서는 에이미가 그 지역을 잘 알지 못함에도 불구하고 꼭 필요한 사람을 찾을 수 있게 도와주셨다.

남편 헤롤드도 뉴욕 사람이고, 어머니는 캐나다 사람이었다. 그 지역에 대해 잘 알지 못했다. 그러나 항상 하나님께서 필요한 인력을 공급해 주셨다. 트럭을 운전할 사람, 토목공사를 해 본 사람, 대형 천막을 가설해 본 사람, 잡일을 할 수 있는 사람 등 다양한 인력을 보내 주셔서 집회를 성공적으로 진행할 수 있었다.

★ 설교할 메시지와 병을 낫게 하는 능력도 주셨다

가장 중요한 것은, 모이는 무리에게 생명의 말씀을 전해 주고, 다양한 필요를 갖고 찾아오는 성도들의 욕구를 원만히 충족시켜 주는 일이었다.

에이미는 신학교를 다닌 적이 없고, 개 교회에서 담임목회를 해 본 적이 없다. 설교를 많이 해본 경험도 없었다.

그런데 하나님께서는 어느 집회에서든지 꼭 필요한 말씀을 주신 것이다. 메시지가 성도들의 형편에 맞는 말씀이었다. 성도들은 "구약성경이 지금 일어나고 있는 것 같이 들렸다"고 말함으로 에이미에게 힘을 실어주었다.

또한, 집회 초기에는 오순절 집회를 반대했던 목사들이 찾아와 며칠간 부흥회를 지켜보기도 했는데, 후에 메시지가 이단이 아니고, 자기들에게 유익한 것이라는 말을 했다.

이처럼 에이미가 전한 메시지는 성경을 기록한 성령님께서 주시는 것이기 때문에 신선하고, 영혼을 구원하고, 낙망한 자들에게 새로운 힘을 주시는 메시지였다.

또, 질병을 앓고 오신 분들은 치료되기를 갈망했다. 교회에 나가 봐도 지난주와 이번 주에 커다란 변화가 없어서 습관적으로 다녔는데, 에이미가 인도하는 집회에 와서는 크고 작은 병이 나았다고 간증했다.

에이미는 환자들의 병을 전혀 알지 못했다. 그러나 성령님께서 집회마다 환자들에게 나타나 주셨고, 그들의 필요를 모두 채워주셨다. 고질병도 나았고, 의사들이 포기한 병도 낫게 되는 큰 기적을 베푸셨다.

- 위대한 믿음의 선배, 마리아 우드워스 에터(Maria Woodworth Etter)를 만나다

1918년 유럽은 제1차 세계대전의 소용돌이에 빠져가고 있었고, 인플루엔자가 번져 많은 사람이 죽어가고 있었다. 돼지에서 감염된 것으로 추정되는 인플루엔자(유행성 독감)는 일리노이주의 농장에서 처음 보고되었는데, 인근 지역으로 빠르게 퍼져나갔다.

이렇게 유행성 독감으로 많은 사람이 죽어가게 되자, 에이미의 신유성회와 그녀가 선포하는 메시지는 많은 사람에게 희망을 주었다.

에이미가 일리노이주와 인접해 있는 인디애나주의 주도인 인디애나폴리스(Indianapolis)에 갔을 때는 그 도시의 시장이 "유행성 감기가 끝났다"고 해제경보를 발령한 직후였다. 시민들이 병에 대해 경계하기는 했지만, 마음껏 돌아다닐 수 있어서 에이미는 커다란 어려움 없이 집회를 인도할 수 있었다.

에이미가 이 도시에 갔을 때는 마리아 우드워스 에터(Maria Woodworth Etter)[24] 목사가 부흥회를 인도하고 있었다. 마리아 우드워스 에터는 위대

---

24 마리아 우드워스 에터(Maria Woodworth Etter)는 1844년 오하이오주 리스본의 작은 마을에서 태어났다. 13세에 예수님을 구세주로 영접하고 일생을 주님께 바치기로 결심했다. 남북전쟁에서 머리에 부상을 입고 귀가한 P. H. 우드워스(P. H. Woodworth)와 결혼하여 6남매를 낳았는데, 그중 다섯 자녀를 한 번에 잃는 어려움을 당했다. 남편의 간통문제로 1891년 이혼했고, 1901년 사무엘 에터(Samuel Etter)와 재혼하게 되어 그 이름이 마리아 우드워스 에터가 되었다.
1879년 35세가 되었을 때, 부흥회에 참석했다가 성령의 불을 받고 사역에 뛰어들어 오하이오주를 중심으로 부흥회를 인도하다가 미국 전역에 성령의 불을 전파하게 되었다.

한 부흥사로 미국 중부를 중심으로 부흥 집회를 인도하기 시작해 미국 전체로 부흥의 역사를 확장시킨 부흥사였다.

또, 1900년 캔자스의 토피카에서 파함 목사가 방언을 말하는 오순절 성령의 역사를 일으키자, 이 모임이 사도행전 2장에서 시작된 오순절 성령의 역사라고 인정하면서, 성경서적으로나 목회적으로 뒷받침해 준 성령운동을 이끌고 있던 부흥사였다.

에이미보다는 한 세대 앞서서 하나님의 역사를 인도하고 있었기 때문에 에이미는 그녀를 평상시에 존경하며 만나를 원했던 지도자였다. 그런데 그분을 여기에서 만날 수 있다는 사실에 너무 기뻤다. 우드워스 에터 부흥사를 만나 너무나 기뻐 그녀가 인도하는 부흥회에 참석하여 설교를 듣고 큰 감명과 영감을 받았다. 그녀와의 만남은 전국적인 부흥 역사를 시작하려던 에이미에게 새로운 용기와 영감을 부여받는 시간이었다.

에이미는 자기도 우드워스 에터 목사와 같이 성령님의 인도하심에 적극적으로 순종하여 많은 영혼을 구원하고 하나님 나라를 확장시킬 것을 새롭게 결심하게 되었다. 미국의 부흥의 역사에 중요한 일을 하고 계시는 우드워스 에터 목사를 만난 것은 에이미의 삶과 사역에 지대한 영향을 미치게 되었다.

에이미는 하나님께 마냥 감사할 따름이었다.

사역의 특징은 '회심'을 주로 강조했지만, 점점 성령세례와 신유 쪽으로 펼쳐지게 되었다. 예수님을 구세주, 성령으로 세례 주시는 분, 병을 치료하는 의사, 곧 오실 재림주로 선포하여 오순절 신앙과 유사함을 보였다.

특히, 그녀가 인도하는 집회에서 성도들이 성령의 불을 받아, 바닥에 쓰러지고, 환상을 보는 현상들이 많이 나타남으로 그녀를 "황홀경 부흥사"(Trance Evangelist)라고 부르기도 했다.

로스앤젤레스 성령대회

1919년부터 1921년까지 미국 동부 뉴욕(New York)에서 시작해 캔자스(Kansas)주의 위치타(Wichita, 1922), 콜로라도(Colorado)주의 덴버(Denver), 텍사스(Texas)주의 댈러스(Dallas)와 휴스턴(Houston), 필라델피아(Philadelphia)주, 오하이오(Ohio)주의 데이턴(Dayton), 캘리포니아(California)주의 주요 도시인 로스앤젤레스(Los Angeles, 1919), 산호세(San Jose, 1919), 샌디에이고(San Diego, 1921), 샌프란시스코(San Francisco)까지 큰 도시를 방문하여 38차례 대형 집회를 인도했다.

한 장소에서 짧게는 며칠, 길게는 몇 달을 머물면서 부흥회를 인도했고, 한 번 인도한 장소에서 초청이 다시 오면 또다시 방문해 성회를 인도했다. 수천 명에서 수만 명의 회중이 모였다. 집회할 때마다 장소가 협소해서 되돌아간 사람들도 부지기수였다. 참석한 사람들은 예수 그리스도를 구주로 받아들였을 뿐만 아니라, 질병으로 고통받던 수많은 사람이 성령의 능력으로 치료되었다. 성도들이 집회를 통해 성령의 능력을 받았고, 각종 은사를 활용하게 되었다.

『디스 이즈 댓』(This Is That)이라는 본인이 집필한 책에서 에이미는 집회를 인도한 장소에서 어떤 일이 일어났는지를 일기 형식으로 자세히 기록해 놓았고, 그 지역의 대표적인 목회자나 유지들이 집회에 대해서 어떻게 생각하고 있는가에 대한 글도 함께 실었다.

1919년 주님으로부터 동부에서의 집회를 중지하고 서부로 가서 로스앤젤레스에서 집회를 인도하라는 음성을 들었을 때, 사탄은 여러 가지로 조롱했다.

> 동부 캠프에서 성공해서 교회도 많이 알고 있고,
> 친구도 많이 사귀었기 때문에
> 이곳에서 더 잘할 수 있을 텐데
> 왜 동부를 떠나려 하니?
> 중부와 서부에는 아무런 배경이 없으니까 실패할 것이 뻔하지 않니?
> 서부로 간다는 것이 얼마나 어리석고 미련한 결정인 줄 모르니?

사탄이 조롱하는 소리가 마음을 휘저었다.
그러나 동부에서 집회를 성공적으로 이끌어 주신 주님께서 대륙을 횡단하여 큰 도시에서 인도할 성회도 마찬가지로 인도해 주실 줄로 확실히 믿고 서부로 발걸음을 옮겼다.

♠ 제1차 성회

1920년대 미국 서부에 있는 로스앤젤레스는 동부에 있는 도시보다 발전 속도가 훨씬 느렸다. 도로도 제대로 포장되어 있지 않았고, 집들도 많지 않았다. 대부분이 공장 지역이라 시민들의 삶도 여유가 있는 편이 아니었다. 집들의 규모도 동부의 집에 비교해 작았고 좀 초라한 편이었다.
동부는 겨울에 눈이 많이 오고, 여름에는 허리케인과 같은 강풍이 자주 불기 때문에 대부분의 건물은 시멘트나 돌로 짓지만, 서부는 지진이 잦고 겨울에도 춥지 않기 때문에 나무로 지은 목조 건물이 대부분이었다.

에이미가 로스앤젤레스에서 아는 사람이라고는 본인이 발행하는 잡지 「브라이들 콜」(*The Bridal Call*)의 독자인 블랙 씨 부부(Mr. and Mrs. Black) 외에는 아무도 없었다. 에이미는 로스앤젤레스에 도착하여 이들 부부로부터 이 지역에 대해서 많은 이야기를 들었고, 이들의 안내를 받으며 로스앤젤레스에서의 성회를 준비했다.

첫 집회는 1,000명을 수용할 수 있는 빅토리아홀(Victoria Hall)에서 개최되었다.

첫날부터 군중들이 모여들기 시작했다. 날이 갈수록 사람들이 많이 몰려와 본당만으로는 부족해 기도실, 복도, 계단까지 사람들로 가득 차게 되었다. 자리를 구하지 못해 돌아가는 사람들도 많았다.

14년 전 로스앤젤레스는 오순절운동의 중심지가 될 것이라고 떠들썩했었다. 아주사거리에서 윌리엄 시무어 목사가 이끄는 오순절 성령부흥운동이 1906년부터 3년간 하루도 쉬지 않고 일어났기 때문이다. 수많은 군중이 미국 전역에서뿐 아니라 해외에서도 구름떼같이 몰려왔었다.

예수 그리스도를 구주로 영접한 사람들의 숫자도 많았지만, 성령의 역사를 통해 방언을 말하는 사람들이 계속 늘어났다. 기성교회에서 강조하지 않았던 병 고침, 귀신을 쫓아냄, 예언, 방언을 통변함 등과 같은 각종 은사가 쏟아졌다. 3년 동안 하루도 쉬지 않고 집회가 계속된 것이 독특했다.

엄청난 일이 일어나자 「LA타임즈」(*Los Angeles Times*) 신문사를 비롯한 미국 내의 대형신문들이 이곳에서 일어나고 있는 성령의 역사를 매일 1면 머리기사로 보도했다.

기독교인뿐만 아니라, 믿지 않은 지식인들도 아주사거리에서 일어난 부흥운동이 기독교 역사의 줄기를 바꾸는운동이라고 믿었다.

그러나 3년간의 아주사거리의 부흥운동이 끝난 후에 오순절 성령운동은 그 나름대로 성장은 했지만, 엄청난 신학적 논쟁에 휘말렸다.

- 성령의 역사로 인하여 죄인들이 예수 그리스도를 구주로 영접하여 구원받았는데, 그러한 성도들이 성령세례를 또 받아야 하는가?
- 방언을 꼭 해야만 성령세례를 받은 것인가?
- 모든 기적과 이적은 성경이 완성됨으로 끝났다고 신학교에서 가르쳤기에 그대로 믿었는데, 지금 성령의 역사로 기적이 일어난다고 주장한다면, 과연 그 말이 맞는 것인가?
  그렇다면, 신학교에서 잘못 가르치고 있는 것인가?
- 성령세례를 받아야만 능력이 생기는가?
- 성령세례를 받지 못한 자도 기도해서 병을 고치는데 어떻게 이해해야 하는가?
- 성결과 성령세례의 관계는 어떠한가?

이러한 문제가 기성교회의 목사들과 신학자들에 의하여 제기되었고, 커다란 신학 논쟁거리가 되었다. 이러한 신학적인 질문에 대하여 대답을 오순절 측에서 해 주어야 하는데 그렇게 되지 못했다. 이러한 상황 속에서 '아주사거리부흥운동' 당시의 영광은 사라지고, 오순절교회는 사분오열되면서 나누어졌고, 오순절운동과 이를 따르던 교회나 성도들도 많이 흩어지게 되었다.

종교개혁은 루터(Luther), 칼뱅(Calvin), 츠빙글리(Zwingli), 낙스(Knox)와 같은 위대한 신학자들에 의하여 프로테스탄트 신학과 반대되는 이론을 주장하고 행습을 이끌던 가톨릭교회의 교리와의 논쟁에서 시작되었다. 종교개혁자들의 주장과 반대되는 이론이나 신학을 논리적으로 반박하는 가톨릭교회의 성도들이나 신학자들이 많지는 않았다.

가톨릭교회는 교권을 중심으로 반대하고, 힘과 권력으로 공격하는 양상을 취하기는 했지만, 면죄부가 성서적이라고 주장하지는 못했었다. 신학적인 논쟁이 거의 없었고, 간혹 있더라도 위대한 종교개혁자들의 성서적이요 역사적인 이론을 가톨릭에서 쉽게 반박할 수 없었다.

그러나 오순절 성령운동은 신학적으로 정립된 후에 대중적인운동으로 발전되어 나간 것이 아니고, 성령의 강권적인 역사에 따라 대중 속에서 먼저 일어난 것이다. 더욱이 오순절운동을 이끈 초창기의 지도자들인 파함(Charles Parham), 시무어(William Seymour) 등과 같은 오순절 지도자들은 종교개혁 때와는 다르게 학문적으로 많이 배우지 못하고, 사회적으로도 지도층에 서 있지 못하며, 무시당하고 멸시당하던 사람들이었다.

오순절운동을 반대하는 자들 가운데는 기존 신학에 기초해서 오순절운동이 주장하는 성령에 대한 이론과 신학적인 이론, 또한, 교회의 행습을 공격할 때 신학적으로 논리정연하게 방어할 수 있는 학자가 거의 없었다. 그만큼 신학적인 뒷받침이 든든하지 못했던 것이다.

구심점을 잃고 사분오열하고 있던 오순절운동을 누군가가 나타나서 하나로 만들어주기를 바라던 때에 에이미가 로스앤젤레스를 방문한 것이다. 그리고 오순절 성령운동을 일으키던 그녀는 미국 동부를 휘저으면서 천막 집회를 열고, 오순절 성령세례의 복음을 선포한다는 대형 현수막을 걸었다. 수많은 전단이 뿌려지고 성회를 알리는 포스터가 전신주나 건물에 붙었다.

수많은 사람이 성령의 역사로 인해 나타나는 은혜가 그리워서 찾아왔다. 에이미가 선포하는 말씀을 통해 수백 명의 사람이 예수님을 구주로 영접했고, 성령세례를 받고 방언을 말하는 사람들, 병에서 치료받은 사람들이 부지기수였다. 밀려오는 사람들의 수가 계속 늘어나자, 주최 측은 어쩔 수 없이 템플(Temple)침례교회가 사용하고 있던 3,500석 규모의 필하모닉강당(Philharmonic Auditorium)을 임대하게 되었다.

많은 군중이 운집해 있음에도 불구하고 에이미가 부르짖는 메시지를 통해서 성령께서 강력하게 역사하자 놀라운 기사와 이적이 많이 나타났다. 자기의 죄를 자복하는 회개의 외침, 주님을 힘차게 찬양하는 찬양 소리, 또한, 부르짖어 기도하는 기도 소리 등은 천국 축제 분위기였다.

　7년간 별거했던 부부가 회개하여 성령세례를 받고 새롭게 결합했고, 술에 만취되어 집회에 참석했던 여인도 구원받았다. 가톨릭교회의 신자 40여 명이 집단으로 주님을 영접하기도 했다. 「LA타임즈」(Los Angeles Times) 신문은 에이미가 인도한 집회에 대해 이렇게 보도했다.

> 에이미가 이끄는 집회가
> 회개하는 성도들의 부르짖음 때문에 감옥의 한복판 같았다.

　회개하면서 옛날에 지은 살인, 강도, 강간, 사기, 폭행 등 평소에는 수치스러워 고백할 수 없었던 죄악들을 울면서 고백하는 소리가 하늘에 울려퍼졌기 때문이다. 에이미가 외치는 말씀 속에는 예수 그리스도만이 인류를 구원할 구세주라는 사실이 명백했다. 예수 그리스도의 주권과 능력, 사랑과 다시 재림하실 왕이시란 것이 메시지의 핵심을 이루었다.

　'성령세례를 받아 능력을 받고 복음을 전파하여 천국을 만들자'는 메시지는 은혜로웠다. 집회에 참석한 성도들은 몇 년 전 아주사거리의 부흥운동에서 듣던 메시지와 같은 것에 감사하며 감격하게 된 것이었다.

♠ 언덕 위에 있는 집

　에이미가 플로리다주 탐파에서 집회를 인도할 때 어머니께서 두 자녀를 데리고 오심으로 가족이 함께 살게 되었다. 2년 동안이나 떨어져 있다가 엄마를 만나니 아이들은 너무나 신났다.

　한 번은 고속도로를 가는데 안개가 낀 길이었다. 로베타는 "안개를 갖고 싶다"고 엄마를 졸랐다. 엄마는 차를 세우고 밖에 나가더니 병에 안개

딸 로베타, 에이미, 아들 랄프

를 담아서 마개를 잠근 후 갖다주며 "안개를 잡아 왔다"고 했다.

아이들은 성장한 후에도 이 추억을 자주 말하곤 했다. 에이미는 시간이 나는 대로 자녀들과 함께 있으면서 친절하고 좋은 어머니의 역할을 하려고 노력했다. 엄마가 집회를 갈 때마다 다른 곳으로 이사를 자주 해야 했기 때문에 자녀들은 "우리는 왜 다른 사람처럼 집이 없느냐"고 자주 물었다. 에이미는 하나님께서 멋진 집을 준비하고 계신다고 둘러댔다.

그리고는 자녀들의 교육을 위해서라도 집이 있어야겠다고 생각하고는 기도하기 시작했다. 그런데 어느 날 주님께서 방갈로와 장미꽃으로 울타리가 쳐져 있는 아름다운 집을 환상으로 보여주셨다. 이러한 하나님의 약속을 에이미는 속으로만 알고 있고, 대중 앞에서는 일언반구도 밝히지 않았다. 그런데 주일 저녁 예배 도중에 갑자기 한 여인이 일어서더니 자기에게 공터가 있는데 주님께서 그 공간을 에이미에게 드리라고 말씀하셨다고 선포했다. 그러자 다른 사람이 일어나 나는 건축을 담당하겠다고, 또 다른 사람들이 뒤를 이어 건축자재를 감당하겠다고, 식당을 책임지겠다고, 미장 공사를 하겠다고, 필요한 가구를 넣어주겠다고 하는 외침이 여기저기에서 이어졌다.

사랑과 자비의 하나님께서 어린 자녀들이 학교에 가야 할 때가 되자, 부흥사가 안정된 생활을 할 필요가 있다고 결론 내리신 후 성령충만한 성도들을 통해 가족이 살 수 있는 집을 마련해 주신 것이다.

3개월의 공사가 끝나자 처음으로 에이미의 온 가족이 함께 쉴 수 있는 보금자리가 마련되었다. 에이미는 이 집을 "서부에 있는 집(House On the West), 하나님께서 지으신 귀여운 집(The Little House That God Built). 언덕 위에 지은 집(House upon the Hill)"이라고 불렀다.

앤젤레스템플교회에서 가까운 곳에 있는 이 집에서 에이미의 가족은 오랜만에 편히 쉴 수 있게 되었다. 워낙 큰 집이라 에이미의 사역을 도와주던 직원들도 함께 생활할 수 있었다.

지금은 해외에서 복음을 전하면서 헌신하던 선교사들이 안식년으로 귀국했을 때 임시 기거하는 숙소로 사용되고 있다. 포스퀘어복음교단과 관계된 분들이 국제본부를 방문했을 때 임시 기거하는 장소로도 활용되고 있다.

♠ 로스앤젤레스 천막 성회

로스앤젤레스 집회를 성공적으로 끝낸 후 다시 초청받아 집회를 개최할 기회가 있었다. 이번에는 워싱턴대로(Washington Blvd.)와 오치드거리(Orchard Street) 사이에 있는 약 9에이커(약 11,000평)의 빈터에 천막을 치고 집회를 인도했다.

다른 도시에서와 마찬가지로 대형 천막이 중앙에 설치되고, 그 주위에는 수십 개의 작은 천막이 설치되었다. 천막들은 모두 질서정연하게 설치되어 있어 "천막 도시"가 형성된 것 같았다. 이렇게 천막 도시의 모형을 하자, 주최 측에서는 천막과 천막 사이의 거리에 이름을 붙여서 불렀다.

로스앤젤레스 천막 성회

왜냐하면, 천막의 크기와 모형도 비슷했기 때문에 이름을 붙여놓지 않으면 가고자 하는 천막을 찾기가 쉽지 않았기 때문이었다.

그때 붙인 거리 이름은 "찬양의거리"(Praise Ave), "할렐루야거리"(Hallelujah Street), "승리의거리"(Victory Way), "진리의 광장"(This is That Square), "기쁨의거리"(Joy Blvd), "아멘길"(Amen Ave) 등이었다.

말씀과 찬양이 매일 반복되고, 부르짖는 기도 소리가 집회 없는 시간에도 늘 울려 퍼지고, 밖에만 나가도 거리 이름이 복음적이기 때문에 이곳이 바로 천국과 같았다. 사회생활을 하면서 피곤하고 지친 영혼들이 집회에 참석하고 천국 분위기를 느끼면서 치유되고 있었다.

천막 집회는 4주간 계속되었는데, 매일 네 차례의 집회가 열렸다. 새벽 기도회, 오전 10시 30분 성경 공부, 오후 신유성회, 그리고 저녁 전도 집회였다.[25]

대부분의 집회는 에이미가 설교했지만, 로스앤젤레스에서 사역하시는 목사님들이 나누어 말씀을 증거하기도 했다. 천막 성회에서 예수 그리스

---

25 R.F. Anderson, "Pacific Coast Camp Meeting at Los Angeles, CA," *The Bridal Call*, October 1919: 19

도를 구주로 받아들인 새신자들은 설교하신 목사님들이 시무하는 교회에 등록하도록 도왔다. 이 천막 성회를 통해서 많은 불신자가 찾아와 예수님을 구주로 영접했고, 200명이 넘는 성도들이 성령세례를 받았다. 태어날 때부터 소경되었던 20대의 청년이 눈을 뜨는 기적도 일어났다.

두 번째 로스앤젤레스 천막 성회는 에이미가 로스앤젤레스에 정착하도록 준비하는 집회였다.

덴버 성령대회

하나님은 에이미가 미국의 중부권에서 복음을 선포하기를 원하셨다. 처음에는 동부의 보스턴, 워싱턴디시, 마이애미와 같은 중요 도시에서 3년간 복음을 증거하여 초대교회와 같은 교회의 모습을 20세기 초에 보여주었다. 서부의 로스앤젤레스에서 복음을 전함으로 미국 전체를 초대교회와 같은 모습으로 변화시키고자 하셨다.

하나님께서는 중부의 주요 도시를 공략할 계획을 세우고 계셨다. 그 곳이 바로 덴버라는 도시이다. 덴버시는 로키산맥의 고원지대에 있는 도시로 콜로라도주의 주도이다. 미국의 중부로 가는 길목에 놓인 교통의 요충지이며 미국의 동부와 서부를 잇는 교통의 중심지이다.

이곳에서 1921년과 1922년에 걸쳐 두 번의 집회가 열렸다. 우선 1921년에 개최된 성회부터 하나님께서 역사하신 모습을 살펴보기로 하자.

♠ 제1차 1921년 성회

다른 도시에서 대형 집회를 인도하여 많은 사람이 예수님을 구주로 영접했다는 소식을 전해 들은 덴버시의 기독교 지도자들은 덴버시에서도 집회를 개최하기로 하고 위원회를 구성했다.

집회 날짜를 7월에 개최하기로 하고, 개회 예배를 시에서 가장 큰 교회인 태버네클교회(Tabernacle Church)에서 갖기로 했다. 시내에 있는 모든 교회마다 집회 광고를 냈고, 기도로 준비했다.

에이미의 전도팀도 '7월에 집회하자'는 초청을 받은 후 여러모로 준비했다. 에이미 또한, 큰 도시이기 때문에 금식 기도와 철야기도를 드림으로 성령님께서 강력하게 역사해 주시기를 기도드렸다. 전도팀은 천막 등 준비를 철저하게 했다.

드디어 태버네클교회에서 개회 예배를 드리게 되었다. 에이미의 부흥회 찬양팀이 은혜스러운 찬양을 인도했다. 수많은 사람이 함께 찬양하는 소리가 교회에 크게 울려 퍼졌다. 개회 예배 때부터 에이미의 날카롭고 호소력이 강한 메시지가 참석자들의 마음을 파고들었다. 여기저기에서 "아멘" 소리가 나오고, 자신의 죄를 자복하면서 흐느끼는 소리도 들려왔다.

말씀을 마치면서 에이미는 병자를 위한 치유기도를 시작했다. 예배를 마친 후 예수를 구주로 받아들이기로 결단하는 사람, 질병으로 인해 아픈 곳이 낫기를 원하는 사람들은 앞으로 나오도록 초청했다. 많은 숫자가 앞으로 나왔다.

에이미는 구원을 원하는 사람들만을 위해 이렇게 기도했다.

주님! 저는 죄인입니다.
십자가에서 피 흘려 돌아가심으로
내 죄를 깨끗이 씻어 주셔서 감사합니다.
이 시간 예수님을 구주로 모셔 드립니다.
예수님의 이름으로 기도드립니다.

그리고 이 기도를 따라 하도록 했다. 이 영접기도가 끝난 후 병든 사람들을 위해 일일이 기도해 주기 시작했다. 기도를 받고 그 자리에서 병이 완전히 난 사람들도 있었다.

낮과 저녁으로 이어진 집회에서 생명의 말씀이 선포되고, 병이 치유된 사람들의 숫자가 더 많아지게 되자, 시간이 지날수록 집회에 모여드는 사람들은 늘어났다. 몰려오는 사람들이 너무나 많고 건물은 그들을 다 수용할 수 없어서 되돌려 보내는 일이 벌어지게 되었다. 예상외로 많은 사람이 몰려들었기 때문에 성회를 준비한 주최 측에서는 당황하게 되었다.

어쩔 수 없이 주최 측에서는 더 많은 사람이 들어갈 수 있는 장소를 물색하다가 시에서 운영하는 시립강당(Municipal Auditorium)으로 예배 장소를 옮기기로 했다.

덴버 시립강당에 참석한 군중들

시립강당은 좌석이 12,000석이기 때문에 오는 사람들이 모두 입실할 것으로 예상했다. 준비위원회에서는 공영방송을 통해서도 에이미가 인도하는 성회가 시립강당으로 옮겨졌다는 사실을 알렸다.

그런데 사람들이 얼마나 많이 몰려왔는지 시립강당으로 옮겨 집회를 시작하는 첫날 낮에 12,000석의 좌석을 모두 채우고도 부족해 소방청에서 입석으로 예배드릴 수 있도록 허락된 사람 3,000여 명이 더 입실하여 입추의 여지가 없게 되었다.

시립강당에서는 예배 시간이 아침 10시이기 때문에 9시 30분에 정문을 여는데, 시민들이 아침 7시부터 와서 자리를 잡으려고 웅성거리게 되자 경찰관과 소방관들이 동원되어 질서를 유지하게 되었다.

● **구약성경은 오늘 여러분을 위한 말씀이다**

집회는 '은혜의 도가니'였다.

앞에서 찬양을 인도하는 싱어들은 마음껏 목청을 높여가며 하나님을 찬양했고, 관현악단은 다양한 악기를 연주하면서 찬양했다. 이들은 악기만 연주한 것이 아니라, 마음 깊은 곳에서 하나님을 찬양하는 것이었다.

이에 맞추어 15,000여 명의 성도가 한 음성으로 하나님을 찬양하는 소리는 천둥소리와도 같았다. 찬양이 끝나고 예배가 시작되자 에이미는 탬버린을 들고나와 먼저 찬양을 인도했는데, 하나님을 향하여 힘을 다해 찬양하도록 이끌었다.

이어진 설교는 이제까지 듣던 설교와 달랐다. 에이미는 원고도 보지 않고, 성경 본문을 읽고 여기저기에 있는 성경 구절을 언급하면서 하나님의 말씀을 전했다. 당시 집회에 참석했던 성도들의 간증을 들어보면 한결같이 지금부터 몇천 년 전에 일어났던 사건들이 지금 일어나고 있는 것처럼 생생하게 들렸다고 말했다.

에이미는 구약에서 일어났던 사건도 지금 일어나고 있는 것처럼 증거했다. 성경은 과거의 책이 아니라고 하면서 성경의 모든 말씀은 구약이나 신약이나 지금 여기에 있는 여러분과 나를 위해 있는 것이라고 이야기했다. 그러면서 성경을 친히 기록하신 성령님께서 지금, 이 시각 여기에 와 계시는데, 여러분들에게 구약에서 하셨던 것과 똑같은 일을 하시려고 오셨다고 말했다. 그러니, 지금 마음을 열고 성령님을 모셔 들이면 성경에 기록된 것과 똑같은 일이 오늘 여러분들에게 일어날 것이라고 확신에 차서 선포했다.

학자들은 책을 보고 그들의 말을 인용하면서 철학적이고 사변적으로 설명했지만 이해하기 어려웠다. 그러나 에이미는 성경을 아주 쉽게 예화를 들어가면서 가르쳤기 때문에 성경의 모든 내용이 진리인 것처럼 믿어졌다고 참석했던 많은 사람이 간증했다.

오랜만에 들어보는 참된 말씀이었다. 집회를 통해 예수를 믿지 않던 많은 사람이 예수님을 구세주로 영접하게 되었고, 믿다가 실망하거나 낙심하여 믿음 생활에서 떠났던 사람들이 새롭게 결심하게 되었다. 설교를 끝낸 에이미는 성도들을 향해 설교를 듣는 중에 병에서 나은 사람이 있으면 손을 들라고 말했다. 그때 많은 사람이 손을 들었다.

하나님께 손뼉을 치면서 감사하자고 말씀했다. 이어 병으로 고생하시는 사람 중에서 낫기를 원하는 사람들은 앞으로 나오도록 초청했다. 수많은 사람이 앞으로 나왔다.

혼자서 절뚝거리며 나온 사람, 목발을 짚고 나온 사람, 가족의 부축을 받으면서 나온 사람, 병원에서 환자복을 입은 채 나온 사람…

너무나 다양한 환자들이 앞으로 나왔다. 에이미는 이들의 아픔을 본인의 아픔으로 여기고, 진심으로 마음을 다해 사탄을 꾸짖으면서 병으로부터 낫도록 간절히 기도드렸다.

기도를 통해서 많은 사람이 나음 받았다. 병에서 온전히 나음 받은 사람들은 들어올 때 가지고 온 목발을 버리고 나가기도 했고, 부축받으면서 나왔던 사람들은 혼자 걸어서 나가는 사람도 많았다. 오랫동안 중한 병으로 누워 있었는데, 나은 사람은 오랜만에 일어나 본다고 하면서 가족의 부축을 받으며 기쁜 얼굴로 걸어 나갔다.

온 힘을 다해 설교하고, 병자 한 사람 한 사람을 위해 간절히 기도해 주는데 많은 시간이 걸렸다. 하지만 에이미는 지친 기색이 하나도 없었다.

얼굴에는 기쁨의 미소가 가득했으며 동역해 주신 목사님들과 스태프들에게 감사를 표시하였다. 하나님께서 친히 역사하신 기적의 시간이었다.

• 병원에 입원한 환자들이 부흥회에서 병이 낫다

집회를 통해서 병으로 고통받던 많은 사람이 나았다는 소문은 집회에 참석했던 사람들의 입에서 입으로, 또한, 덴버시의 신문과 방송을 통해 시민들에게 널리 알려지게 되었다. 그러자, 병원에 입원해서 병이 낫도록 의사들의 도움을 받아 치료받던 환자들이 개인적으로 병원에서 나와 집회에 참석하는 일이 많아졌다.

병원에서 오랫동안 치료해도 치료가 되지 않던 환자들이 집회에 참석하여 말씀을 듣고 기도를 받아 병에서 난 이들이 한 둘씩 생기게 되자, 그 소문은 삽시간 내 병원에 있는 많은 환자에게 퍼지게 되었다. 그러자 병실에 입원해 있던 많은 환자가 집회에 참석하려고 병원에서 외출 나오는 진기한 풍경이 벌어진 것이다.

환자들이 시립강당에서 개최되는 집회에 참석하기 위해 입실하려고 다른 성도들과 실랑이를 벌이는 일이 벌어졌다.

날이 갈수록 더 많은 환자가 집회를 찾게 되자, 어쩔 수 없이 성회를 주최한 측에서는 예배드리기 전에 몸이 성한 보통 시민들이 들어올 수 있는 출입문과 몸이 불편하거나 아픈 환자들이 들어올 수 있는 출입문을 따로 정해놓고 입실하도록 했다. 환자 중에서도 혼자 걸을 수 있는 환자, 혼자 걷지 못해 누군가의 도움이 필요한 환자들이 들어오는 출입문을 따로 정해놓았다.

걸을 수 없는 환자는 보호자 한 명만 동행해서 왼편 앞쪽의 출입문으로 입실하고, 혼자 걸을 수 있는 환자들은 왼편 뒤쪽의 출입문으로 입실하도록 했다. 그리고 성한 사람들은 오른쪽 출입문들을 통해서 들어오도록 했다.

상상할 수 없는 일이 벌어진 것이다. 여기저기에 신음하는 소리도 들려오고, 아파서 소리는 지르는 사람도 있었다.

그러나 에이미는 성령이 충만함 속에 하나님의 살아 있는 말씀을 힘차게 증거 했다. 예수님이 십자가에 피 흘려 돌아가심으로 우리의 죄가 온전히 사해진 것을 실제 내 앞에서 벌어지는 것 같이 설교했다.

또한, 예수님께서 채찍에 맞으므로 우리의 질병이 다 나았다고 힘 있게 설교하면서 '이 사실을 믿으면 된다'고 이야기했다.

처음에는 서로 다른 많은 사람이 모여 웅성거리는 듯했으나, 말씀이 시작되자 15,000명이 넘는 군중들이 모였는데 여기저기에서 "아멘" 소리만 들려올 뿐 쥐 죽은 듯이 조용했다.

이날 예수를 믿기로 하고 기도를 받으러 강단으로 나온 사람이 1,000여 명이 넘었다.

또한, 구원의 초청 후 병에서 치료받기 위한 치유의 기도가 따로 행해졌다. 기도 받기 위해 에이미를 만나고자 환자들 사이에서는 경쟁이 심했다. 심지어 에이미의 기도를 받게 해달라고 며칠씩 금식기도를 하고 오는 환자들도 많이 있었다.[26]

● 덴버시가 24시간 금식기도를 선포하다

이러한 와중에 3년 전에 발을 다쳐서 잘 걷지 못하고 고통을 겪고 있던 시장 부인이 집회에 참석하여 기도를 받고 기적적으로 낫는 일이 일어났다.

---

26 Aimee Semple McPherson, *This Is That: Personal Experiences Sermons and Writings* (Los Angeles: Foursquare Publications, 1928, 1996), 336-392.

시장은 아내가 발을 다쳐 여러 방법으로 낫게 하려고 애를 썼다. 그러나 낫지 않아 오랫동안 고생했는데, 덴버시의 듀이 베일리(Dewey C. Bailey) 시장은 에이미가 인도하는 성회에서 에이미의 기도를 통해 기적적으로 낫게 되자, 금요일 저녁부터 토요일 저녁까지(7월 8일~9일) 24시간 동안 시민들에게 금식하며 기도하도록 '금식기도'를 선포하게 되었다.

아무리 미국이 기독교 신앙을 기초로 세워진 나라라 해도 대도시의 시장이 시민들에게 금식기도를 선포하는 일은 드문 일이었다. 종교의 자유가 헌법으로 보장된 국가에서 특정 종교를 앞세우는 것은 시민들의 정서상 쉬운 것이 아니었다.

그러나 덴버의 시장은 공개적으로 금식기도를 하도록 선포한 것이다. 금식하는 날에는 교회, 상점, 거리, 백화점에서도 금식하는 사람들이 많았다.

• 환자들만을 위한 특별치유기도회를 열다

질병으로 병원에 입원하고 있던 수많은 환자와 가족들이 집회에 참석하여 에이미의 기도를 받으려고 강당에 운집하게 되자 강당 주변은 아수라장이 되었다. 급기야 시민들은 하루를 정해서 병원에 입원하고 있는 환자들만을 위해 기도해 달라고 에이미에게 부탁하게 되었고, 에이미는 주최 측과 시 당국과 협의하여 환자들만을 위한 '특별치유기도회'를 하기로 정했다.

이날을 "Special Stretcher Day"(시원하게 몸을 펴는 특별한 날)라고 명명하고 모든 시민에게 특별기도를 부탁했다. 덴버 시민들은 하루를 금식하고 같은 도시에 살면서 어려움을 당하고 있는 환자들을 위해 기도하게 되었다. 주최 측에서는 시립강당 1층에 있는 모든 의자를 뜯어 밖으로 옮겨 놓았다.

"Special Stretcher Day"에 150여 명의 환자가 침대에 누운 채 병원에서 나와 강당으로 옮겨졌다. 미국 역사상 초유의 일이 벌어진 것이었다. 이 집회에서 에이미는 예수 그리스도께서 인간의 죄를 사하시기 위해 오셨다는 메시지를 자세하면서도 부드럽게 전했다. 그리고 한 사람, 한 사람이 병에서 고침받도록 사랑과 정성을 다해 기도해 주었다.

그 결과 한 번도 복음을 듣지 못했던 환자들이 예수님을 구주로 영접하게 되었고, 믿다가 실망하여 하나님을 떠났던 자들이 다시 주님의 품으로 돌아오는 역사가 일어났다. 물론 각종 질병으로 오랫동안 고생하던 환자들이 병에서 나음 받게 되었다.

병원에서 환자들이 시립강당에 나와 치유 기도를 받음

이 당시의 상황을「덴버 포스트」(The Denver Post) 신문의 스톤 기자는 이렇게 기사로 썼다.

> 에이미는 예수님이 구세주시며, 모든 병을 치료하시는 이심을 30~40분간 설교하셨다. 그리고 2시간 반 동안 환자 한 사람 한 사람을 위해서 기도해 주셨다.

에이미의 얼굴이 땀으로 범벅이 되어 휴식 시간을 가졌다. 쉬는 동안에는 구세군 찬양팀이 등장하여 하나님의 위대하심을 찬양했다. 휴식을 끝내고 돌아온 에이미는 휠체어를 타고 기다리고 있던 100여 명마저 기도해 주고 집회를 끝냈다.

한 사람 한 사람이 침대에서 일어나 자신이 치유되었다고 선언하고 손을 들고 얼굴을 하늘로 향하자, 얼굴과 몸에 가루가 번쩍였고, 그 장면은 다른 수십만 명이 볼 수 있도록 신문 기자들에 의해 사진과 기사로 보도되었다.[27]

심지어 도저히 살아날 가망이 없다고 생각되던 환자들이 기도를 받고 걸어 나가는 기적도 일어났다. 당시 상황을 기록한 신문에 병이 나은 사람들의 숫자를 "Scores and scores of sick people"(수없이 많은 환자들)이라고 기록한 것을 보면 병에서 나음 받은 사람이 상당히 많았음을 알 수 있다.

특이한 점은, 환자들이 일어나서 손을 높이 들고 하늘을 향하여 찬양하며 감사의 표시를 하는 도중에 그들의 얼굴에 가루 같은 것이 떨어져 번쩍이는 광채가 났다는 점이다. 최근에도 부흥회에서 손바닥이나 얼굴, 또는 목이나 옷에 금이나, 금같이 반짝이는 것이 나타났다는 얘기를 가끔 듣는다.

그러한 현상이 에이미의 집회에서도 나타났다는 점이다. 여기에 기록된 기사는 신문기자가 부흥회 현장에 참석했다가 보고 확인한 것을 기록한 것이기 때문에 객관적이다.

---

27 Albert W. Stone "Special Stretcher Day," The Denver Post. 같은 기사가 Bridal Calls 1921년 8월 잡지에 실림. 이 내용은 2023년 국제 포스퀘어 교회에서 100주년 총회를 준비하는 홈페이지에 실린 내용임.
https://resources.foursquare.org/100-year-anniversary-of-famous-stretcher-day-healing-service/ 2023. 1. 5일 검색.

이러한 현상은 구약의 모세가 시내산에서 하나님을 뵙고 하나님께서 직접 주신 십계명 돌판 둘을 가지고 내려올 때 이같은 모습은 연상케 한다.

> 모세가 그 증거의 두 판을 모세의 손에 들고 시내 산에서 내려오니 그 산에서 내려올 때에 모세는 자기가 여호와와 말하였음으로 말미암아 얼굴 피부에 광채가 나나 깨닫지 못하였더라(출 34:29).

이처럼 모세의 얼굴에 광채가 나서 사람들이 볼 수 없었기에 수건으로 얼굴을 가렸다고 성경은 기록하고 있다(출34:33).

신약성경에서도 1세기 팔레스타인에 새로 임명된 총독인 헤롯 아그립바 2세는 유대인들의 지지가 절대적으로 필요했었다. 유대인들의 환심을 사려고 그는 열두 사도 중의 한 명인 야고보를 죽이자, 유대인들이 기뻐하는 것을 보았다. 그는 또 베드로도 죽이려고 그를 잡아 감옥에 집어넣었다. 베드로가 감옥에 투옥되어 사형을 기다리고 있을 때, 그에게 나타난 현상을 성경은 이같이 설명하고 있다.

> 홀연히 주의 사자가 나타나매 옥중에 광채가 빛나며
> 또 베드로의 옆구리를 쳐 깨워 이르되
> 급히 일어나라 하니
> 쇠사슬이 그 손에서 벗어지더라(행 12:7).

이러한 현상은 17세기 감리교회의 창시자인 웨슬리 목사가 집회하는 가운데 자주 나타났다고 역사는 기록하고 있다.

부흥회를 인도하면서 이러한 기적을 자주 경험한 대전 힐탑감리교회 담임목사이신 안승철 감독은 이에 대해 "하나님께서 '함께 하신다, 사랑한다, 인정한다, 축복한다'라는 것을 상징적으로 표현해 주는 것으로 이해하면 좋을 것 같다"라고 말한다.[28]

몸이 아파서 의사의 의학적인 도움을 받아 낫기를 소망해서 입원했는데, 갑자기 부흥회에 참석해서 하나님을 만나고 병에서 낫게 되니 얼마나 감격스러웠겠는가!

하나님께서 사랑한다는 표징으로 그런 광채가 나타나게 하셨던 것이다.

이렇게 성령이 역사하신 신유 집회에 대한 소식이 「덴버 포스트」(The Denver Post) 신문, 앨버트 스톤(Albert W. Stone) 기자에 의해서 이런 제목으로 일면 머리기사에 실렸다.

> Auditorium Hospital Scene:
> Twelve Thousand Persons Are Moved to Tears
> by Impressive Service.
> That Is Liked to "Revival of Bodies."

> 강당 병원의 모습
> 12,000여 명의 사람이
> 사랑으로 드려진 특별한 예배에 감동되어 눈물을 흘렸다.
> 그 광경은 마치 "몸이 부활 되는 것 같았다."

이렇게 덴버 지역의 신문이
병원에 입원해 있던 환자들이
부흥회에서 에이미의 기도를 받고

---

28 대전 힐탑감리교회 안승철 감독, 필자와의 인터뷰. 2023. 3. 17. 안승철 감독께서 부흥회를 인도하실 때 금, 은과 같이 보석같이 빛나는 광채가 많이 나타나고 있다.

병에서 나았다는 소식을 기사화하여 알리자,

그 다음 날엔
「뉴욕 타임즈」(New York Times),
「워싱턴 포스트」(Washington Post),
「LA타임즈」(Los Angeles Times) 같은
미국 내의 대형 신문들이 덴버 신문의 기사를 인용하여
병원에 입원했던 환자들이
특별히 강당에 마련된 신유 성회에서
에이미의 기도를 통해서 나았다는 소식을
전국에 알리게 되었다.

병을 치료할 목적으로 병원에 입원했던 환자들이
병원에서 나와 예수를 증거하는 성령부흥회에 참석하여
의사가 아닌 부흥사의 기도를 받고 치유되는 역사는
세계 교회사에서도 처음 있는 일이 아니었겠는가!

   이런 역사를 일으킨 에이미에 대한 인기와 관심은 미국 사회에서 고조되는 계기가 되었다. 덴버시에서는 시민들 가운데 환자들이 병원에서 치료받지 못하고 부흥회에서 나았다는 소문이 전국적으로 퍼져나갔다. 이때 모든 대화의 화두에는 에이미의 부흥회와 병 나은 얘기가 중심이 되었다.
   그다음 날 20,000명이 넘는 시민들이 시립강당에서 열리는 집회에 찾아왔다. 입실할 수 있는 인원이 제한되었기 때문에 5,000여 명의 군중들은 강당 안에 들어갈 수 없어서 밖에 서서 예배를 드리던지, 아니면 되돌아갈 수밖에 없었다.

• 덴버 성령 대회를 3주간 더 연장하다

　이렇게 많이 몰려오는 군중을 에이미 혼자서는 도저히 감당할 수 없었다. 주최 측에서도 몰려드는 성도들과 아픈 환자들을 기도해줄 수 있는 목회자들을 많이 준비했지만, 에이미로부터 직접 기도 받기를 원하는 사람들이 많았기 때문에 그들을 모두 만족시킬 수는 없었다.
　덴버 시민들을 위해서 시작한 집회였기 때문에 시민들의 요구를 거절할 수 없어서 주최 측에서는 여러 가지 고민을 할 수밖에 없었다. 어쩔 수 없이 주최 측에서는 에이미와 협의하여 덴버 집회를 3주간 더 연장하게 되었다.
　에이미를 통한 몇 주간의 신유성회는 긍정적인 영향을 많이 끼쳤다. 에이미의 집회는 덴버시의 시민들에게 교회에 대한 이미지를 바꾸는데 커다란 역할을 했다. 교회는 믿는 신자들끼리만 모여서 찬송하고 예배하는 장소가 아니고, 실제 사람들의 삶에 좋은 영향을 준다는 것이 심겨진 것이다.
　또한, 기독교는 죽은 뒤에 천국에 가는 것만을 가르치는 종교가 아니고, 실제 살아가는데 병들고 어려움이 있는 사람도 나가면 도움을 받을 수 있다는 이미지를 심어주게 되었다. 이러한 현상으로 덴버시의 많은 교회는 교인들의 숫자가 급격히 증가하게 되었다.
　부흥회가 끝난 후에 교회마다 찬송하는 시간이 늘어나게 되었고, 기도하려는 성도들이 부쩍 늘어나게 되었다. 전에는 예배만 끝나면 바로 돌아가곤 했었는데, 교회에서 예배가 끝난 후에 병자들을 위한 특별기도가 새로 생겨났다.

♠ 제2차 1922년도 부흥회

1921년에 개최된 신유성회가 끝나도 그 여파는 오랫동안 지속되었다. 말씀에 대한 그리움, 조금만 몸이 불편해도 "에이미의 기도를 한 번이라도 더 받았으면 나았을텐데"라고 말하는 사람들의 숫자가 점점 늘어났다. 이러한 소원은 교회에 출석하고 있는 성도들뿐 아니라, 덴버시의 시민들로부터도 나왔다.

상황이 이렇게 되자 작년에 집회를 주최했던 '덴버시 기독교 목회자 연합회'는 이러한 시민들의 의견을 받아들여 한 번 더 집회를 개최하기로 했다.

주최 측의 임원들은 이러한 시민들의 의견을 에이미에게 전달하면서 한 번 더 집회를 인도해 주기를 강력하게 요구했다. 에이미도 하나님께서 좋아하시는 집회로 여기고 기쁨으로 승낙하게 되었다.

이렇게 하여 '앙코르 집회'가 1년 뒤인 1922년 6월에 덴버시에서 개최되었다.

작년에 예상외로 많은 군중이 모였기 때문에 집회 도중에 시립강당을 빌려서 집회를 열었던 것을 기억하고 이번에는 처음부터 시립강당을 빌려서 집회를 열려고 계획했다. 그러나 노조가 이 장소를 이미 예약해 놓았기 때문에 시립강당을 빌릴 수 없었다. 대신 이처럼 개최하기로 결정했다.

> 대신 "덴버 에이미 부흥성회"의 협력 교회인
> 덴버제2회중교회(The Second Congregational Church)에서
> 집회를 개최하기로 한다.

준비위원회에서는 열심히 기도하면서 현수막을 걸고, 부흥회를 알리는 포스터를 시내 곳곳에 붙였다. 방송과 신문을 통해서도 '능력의 종 에이미'가 덴버시를 다시 방문하여 신규성회를 인도한다고 홍보했다.

6월 19일 주일 대예배는 10시 45분에 시작되는데 성도들은 아침 7시부터 교회에 와서 기다리면서 기도로 준비하고 있었다. 일찍 왔더라도 교회당에 미리 입실한 사람들로 꽉 차서 많은 사람이 어쩔 수 없이 밖에 임시로 마련한 천막 그늘에서 예배를 드릴 수밖에 없었다. 상황이 이렇게 되자 주최 측에서는 긴급 회의를 열어 다음과 같은 긴급 결정을 내렸다.

> 주일 오후 예배부터 덴버시에서 가장 큰 개신교 교회인 패커 목사의 회중성전(Dean A. C. Pack's People's Congregational Tabernacle)으로 예배 장소를 변경한다.

은혜를 사모하는 성도들, 병으로 고생하다가 이번 기회에 치료받자고 결심하고 오는 환자들, 신기한 것을 구경하러 오는 사람들로 교회당은 입추의 여지가 없을 정도로 꽉 찼다. 에이미의 주된 관심은 영혼을 구원하는 것이기 때문에 예수님의 십자가 사랑에 대해서 강조하여 전했다.

죄인인 우리를 살리기 위해서 예수님께서 하늘의 영광을 다 버리시고 인간의 몸을 입고 오셨다. 십자가에서 물과 피를 다 쏟으시고 돌아가셨다. 그 이유는 오늘 여기에 오신 여러분들을 극진히 사랑하기 때문이라고 말했다. 여러분들은 그러한 사랑을 받는 사람인데 지금 그 사랑을 받아들이면 영혼이 구원받을 뿐 아니라, 어떤 병에 걸렸어도 나을 수 있다고 선포했다.

집회 둘째 날인 월요일 저녁에는 더 많은 사람이 몰려왔다. 특히, 수요일 밤 집회에서는 신유의 역사가 아주 강하게 일어났다. 절뚝거리면서 목발에 의지하여 성회에 참석한 사람이 기도 받고 나아 목발을 던져버리고 걷고 뛰는 일이 일어났다. 이 사람뿐 아니라, 수많은 사람이 병 고침을 받았다고 감격스러워서 크게 소리치며 환호를 지르는 일도 있었다.

다음날 신문에 이런 제목의 기사가 크게 났다.

귀머거리가 듣는다!
농아가 말한다!
소경이 눈을 떠서 보게 된다!
절뚝발이가 걷는다!

신문은 최근 며칠간에 일어난 기적과 병 고침, 그리고 군중들이 상상을 초월하여 모여든 사실을 상세하게 전했다. 그러자 그다음 날에는 더 많은 군중이 몰려와 교회에 다 들어가지 못하고 거리에 서 있게 되므로 경찰이 동원되었다. 지난해 집회 때와 같은 상황이 벌어진 것이다.

주최 측은 몰려오는 성도들 모두를 예배에 참석시켜 에이미의 설교를 듣게 하고, 동일한 은혜를 받게 하고, 어려운 문제들이 해결 받도록 하는 방안을 강구하게 되었다.

드디어 노조의 집회가 끝났기 때문에 작년에 집회했던 시립강당을 사용할 수 있게 되었다.

좌석 12,000명, 입석 3,000명이 서서 예배드릴 수 있으므로 15,000여 명은 입실할 수 있게 되었다. 그리고 연결된 컨벤션 홀은 부흥사의 음성만 듣고, 얼굴은 볼 수 없는데도 사람들로 꽉 차게 되었다. 당시 경찰서에서 책임자로 현장에 파견 나왔던 경찰은 신문 기자인 알바 스웨인(Alva A. Swain)에게 다음과 같이 말한 것이 신문에 기사로 실렸다.

부흥강사가 어떻게 집회를 인도하는지 잘 모르겠지만 부흥사가 덴버시를 완전히 장악하고 있습니다. 우리 경찰들이 예배 시간마다 자리가 없어서 수천 명을 되돌려 보내고 있습니다.
매시간 15,000명에서 16,000명이 집회에 들어가는 것 같습니다.
어제 저녁에는 8,000명의 회중을 되돌려 보냈습니다. 아마 그들은 콜로라도주의 다른 도시에서 버스를 전세 내어 집회에 참석하러 온 것 같았습니다.[29]

예수님께서 팔레스타인에서 사역하실 때를 제외하고는 각색 병자, 눈먼 자, 앉은뱅이, 암으로 고생하는 자, 귀가 안 들리는 자, 다리를 저는 자 등과 같은 여러 가지 질병으로 고생하는 사람들이 한꺼번에 이렇게 많이 모이기는 처음이 아닌가 생각된다고 에이미는 이야기했다.

집회 마지막 날 두 번의 예배 시간에 각자가 기도하고 있는 것이 무엇인지 그 제목을 써내라고 했다. 각자에게 꼭 필요한 기도 제목을 적은 20,000여 장이 넘는 기도 카드가 제출되었다.

거기에는 가족들과 친지들의 영혼 구원, 각종 질병에서 낫고자 하는 소원, 자녀교육, 사업 등 다양한 기도 제목이 있었다.

에이미는 이렇게 모인 기도 카드를 주최 측에 넘겨주면서 이들을 개인적으로 접촉해 기도해 주면서 예수님의 사랑으로 돌보도록 권했다.

---

29 Foursquare Publications, *Aimee: Life Story of Aimee Semple McPherson* (Los Angeles: Foursquare Publications, 1979), 107.

● KKK 깡패들이 말씀을 듣다

 덴버에서 희한한 일이 발생했다. 에이미가 집회를 끝내고 잠간 휴식을 취할 때, 신문사에서 나온 기자와 대화를 나누고 있었다. 이때 아픈 환자가 밖에서 기도 받기 위해 기다리고 있다는 연락을 받았다. 에이미는 자기의 덴버 집회에 관한 기사를 취재하고 있던 여 기자와 함께 밖으로 나갔다.

 기자에게 하나님께서 어떻게 치료하시는가를 보여주고 싶은 의도에서였다. 밖에 나갔더니 아프다던 환자는 보이지 않고, 건장한 청년들이 갑자기 나타나서 에이미와 여기자를 억지로 차에 태웠다. 그리고 두 여인의 눈을 가리고 어디론가 데리고 갔다.

 그 곳은 케이케이케이(KKK) 단원들의 아지트였다. 이들은 비록 깡패집단으로 악한 일을 일삼고 있었지만, 에이미에 대한 소문을 듣고, 그녀의 설교를 듣고 싶어도 예배에는 참석할 수 없어서 어쩔 수 없이 에이미를 납치해 자신들의 아지트로 데리고 온 것이었다.

 에이미는 마태복음 27장을 펴고, "예수님과 함께 십자가에 못 박힌 강도들은 왜 자신들이 들키지 않으리라고 생각했는가"라는 제목으로 말씀을 증거했다. 케이 케이 케이 단원들이 포악한 깡패 집단인 것을 알고 있었지만, 이들도 구원받아야 할 대상이라는 마음으로 '두려움 반, 확신 반'으로 복음을 전한 것이다.

 그런데, 이들의 반응은 의외였다. 에이미의 설교를 통해 큰 은혜를 받은 것이다. 이들은 에이미에게 자신들이 경호원이 되어주겠다고 자처하면서 도움이 필요하면 언제든지 연락해 주시길 부탁했다. 그리고 눈에 눈가리개를 씌운 채 집회 장소에 데려다주었다.

 갑자기 집회의 강사가 말 한마디 없이 사라지자, 집회의 주최 측에서는 대혼란이 빚어졌다. 납치당한 줄 알고 경찰에 신고하고, 강사를 찾기 위해 백방으로 수소문하게 되었다.

그러나 얼마 지난 후에 에이미가 나타나서 그동안 벌어졌던 이야기를 하게 되자, 언론은 그녀가 케이 케이 케이 단원들에게 납치당했다가 돌아온 얘기를 보도하게 되었다.

케이 케이 케이 단원에게 납치당했다 아무런 사고 없이 무사히 돌아왔다는 에이미의 간증은 더 많은 사람의 마음을 사게 되었고, 에이미의 이름과 사역이 더 널리 알려지게 되었다.

호주 성령대회와 병에서 나은 간증

에이미의 첫 번째 해외선교 여행은 호주로 선정되었다. 호주에서 초청장이 왔을 때, 에이미 본인이 선교사로 갔던 경험이 있었기 때문에 앤젤레스템플교회의 건축이 한창 진행 중인데도 주저하지 않고 가기로 했다.

1922년 7월 캘리포니아 북부의 오클랜드(Oakland)에서 집회를 끝내고 5일 후에 샌프란시스코 항구에서 호주로 떠났다. 샌프란시스코에서 호주 시드니 항구까지는 배로 항해하는데 한 달가량 걸렸다. 그 후 뉴질랜드의 웰링톤(Wellington)에 금요일 아침에 도착하여, 다음 날인 토요일 저녁 호주로 출항하기로 되어 있었다.

그런데 호주 성회를 준비하는 주최 측에서는 뉴질랜드의 웰링톤에서 금요일부터 일요일 저녁까지 집회하기로 주민들에게 광고를 미리 했었다.

♠ 배의 출항 시각도 바꾸고 진행된 뉴질랜드 성령대회

배의 출항 시간에 맞춘다면 웰링톤의 집회가 토요일 낮에만 가능했다. 이런 소식을 전해 들은 웰링톤시의 성도들은 금식하면서 하나님께 집회할 수 있게 해달라고 간절히 기도드렸다. 이에 하나님께서는 기도를 들으시고, 기적을 행하셨다.

배가 금요일 저녁에 도착했는데, 태풍이 강하게 불어서 예정된 출항 시각에 배가 떠나지 못하고 화요일에서야 출항하게 되었다. 결국, 예정된 대로 웰링톤에서 성회가 가능하게끔 만드신 것이다. 하나님께 기도하면 태풍도 불게 되고, 배의 출항 시간표도 바뀐다는 교훈을 배우게 되었다.

호주의 멜버른(Melbourne)에 도착했을 때 새로운 사실을 알게 되었다. 멜버른 성령 집회가 준비 단계부터 난관에 부딪혀 있었다. 오래된 정교회(正敎會)와 복음주의에 속한 기성교회들이 연합하여 오순절 집회를 반대하고 있던 것이다.

집회를 반대하는 측에 서 있는 지도자들은 대부분 신학적으로 자유주의 사상에 물들어 있던 자들이었다. 이들은 성서의 무오성(無誤性)을 믿지 않고 있었으며, 조건적인 영혼불멸설을 추종하고 있었다. 심지어 비성서적인 주술과 민속 신령(神靈)을 따르는 목회자들도 있었다. 이들은 오순절 성령 집회는 성서적이 아니고 이단적이기 때문에 멜버른에서는 개최할 수 없다고 완강히 거부하고 있었다. 이러한 반대로 인해 에이미의 성령 집회를 준비하던 주최 측은 힘이 빠져 연약한 상태에 있었다.

♠ 호주 멜버른 성령대회

이렇게 강력하게 반대하는 지도자들이 많이 있었음에도 집회는 시작되어 3주간 계속되었다. 집회가 계속됨에 따라 오순절을 반대하던 목회자들의 오해가 조금씩 풀리기 시작했다. 집회가 중반을 넘어설 때부터 정교회와 복음주의 교회에 속해있던 목회자들이 강단에 함께 올라와 집회를 축복해 주게 된 것이다.

특히, 앞장서서 반대하던 몇몇 목사들도 집회에 참석해 새로 예수님을 믿기로 결심한 성도들을 환영하는 등 에이미를 많이 도와주었다. 결국,

호주 멜버른의 올림픽극장에서의 집회(1922년)

에이미의 부흥성회를 통하여 정교회, 장로교회, 감리교회, 구세군, 침례교회, 회중교회, 그리스도교회, 오순절교회 등 모든 교회가 연합하는 아름다운 일이 일어났다.

신유 역사가 일어나기도 했지만, 에이미는 호주에 필요한 것은 성령세례임을 직감하고 이 분야를 강조하여 증거 했다. 멜버른 집회에 이어 한 주간씩 개최된 애들레이드(Adelaide)와 시드니(Sydney)에서의 집회에서도 성령님께서 강력하게 역사해 주셔서 구원받는 자와 병 고침 받은 자들이 많이 나왔다.

♠ 병 나은 간증

이외에도 1919년부터 1921년까지 에이미는 미국 동부에서 서부까지 대도시를 방문하면서 3년간 38회 대형 집회를 인도했다. 병에서 나았다는 수많은 간증, 체험한 각종 기적, 또한, 성령님께서 개입하셔서 이루어진 사건들이 상당히 많았지만, 다 기록할 수 없고, 특별한 일 몇 가지만 추려본다.

이러한 간증의 대두분은 에이미가 집회를 인도하며 일기 형식으로 기록한 『디스 이즈 댓』(This Is That)에 실려 있다.

• 환상 가운데 천국을 다녀오다

1919년 에이미는 볼티모어 집회에 갔을 때 리치(Leech) 목사님 가정에 머물렀다. 리치 목사님의 사모님은 환상 가운데 천국을 가 보는 놀라운 체험을 하게 되었다.

성령세례를 받은 후 낮에 집에서 기도하는 중인데, 갑자기 그녀 앞에 멋진 광경이 펼쳐졌다. 금으로 장식된 거리, 진주로 된 아름다운 문과 하나님께서 머물고 계신 보좌를 본 것이다. 이는 요한계시록에 기록된 것과 똑같은 광경을 목격한 것이다.

목사님의 어린 딸도 비슷한 체험을 하게 되었다. 본 것이 너무나 신기하고 아름다웠던 어린 딸은 예수님과 이런 대화까지 나누었다고 한다.[30]
어린 딸은 주님께 졸랐다.

주님! 계속 머물게 해 주세요.

그랬더니 예수님께서 대답해 주셨다.

아가야! 안 된다.

30　Aimee S. McPherson, *This is That*. 185.

이제 돌아가서 다른 사람들에게 본 것을 이야기하고,
다음에 더 많은 사람을 데리고 오렴.

그러자 다시 목사님의 어린 딸이 이렇게 예수님께 이야기했다.

그럼, 제가 친구들을 주님께 인도할 수 있도록 힘을 주세요.

이에 주님께서 대답해 주셨다.

알았다. 지금 성령을 받으렴.

그리고 그 어린 소녀가 방언으로 기도하며 찬양하기 시작했다.

이러한 일이 있고 난 뒤, 리치 목사도 놀라운 체험을 하게 되었다. 목사님은 아주 이성적인 사람으로 논리적이며 철학적인 논쟁을 좋아하며 그러한 유형의 설교를 하는 분이었다. 환상을 보았다거나 은혜를 많이 받아 쓰러지는 사람을 감정적인 사람이라면서 싫어하는 타입의 목사님이셨다.

그러던 분이 혼자 집에서 기도하고 찬양하다가 성령의 능력으로 쓰러져 24시간 동안 움직일 수 없는 체험을 한 것이다. 24시간 잠을 자지 않고 성령의 능력에 잠겨 있었음에도 불구하고 전혀 피곤함이 없었고, 오히려 깨어난 후 찬양하면서 본인이 그러는 동안에 체험한 것을 상세하게 말해 주었다. 이러한 체험을 하고 난 후 그의 교회는 놀랍게 성장하게 되었다.

리치 목사님께서 인도하는 집회에서 200여 명의 사람이 예수님을 구주로 영접하게 되었고, 교회의 본당, 교육관, 로비, 계단, 복도, 뒤뜰은 참석한 회중들로 가득 차게 되었다.

목사님의 가정과 교회가 새로운 역사를 체험한 것이다.

● 말 못하던 농아의 말문이 열리다

1919년 캘리포니아 북쪽에 있는 산호세(San Jose)에서 부흥회를 인도하게 되었다. 부흥회는 '산호세교회연합회'가 주관했는데, 시에서 운영하는 시립강당을 빌렸다. 5,000여 명을 수용할 수 있는 대강당이었다. 성회를 준비하면서 연합성가대로 300명 이상의 대원을 모집하여 오랫동안 준비했다. 준비위원회에서는 각 교회에 협조 공문을 보내고 방송과 신문을 통해서 집회를 홍보했다.

집회 첫날에는 강당에 가득 찰 정도의 사람들이 은혜를 받으러 왔다. 에이미는 예수님의 사랑에 대해서 말씀을 전했다.

동시에 이렇게 강조했다.

> 하나님께서 여러분들을 사랑하시기 때문에 독생자 예수를 보내셨고,
> 예수님은 여러분들을 극진히 사랑하셨기 때문에
> 십자가에서 물과 피를 다 쏟으시고 돌아가셨습니다.
> 성경은 친구를 위해 목숨을 버리는 것이 큰 사랑이라고 했습니다.
> 그런데 예수님은 하나님으로서 천군 천사를 동원해
> 십자가에 자신을 못 박는 사람들을 모조리 죽일 수도 있었는데,
> 왜 그렇게 하지 않으셨는지 아세요?
> 피를 흘려야만 죄인을 구원할 수 있기 때문에 그런 겁니다.
> 온갖 수모를 당하고 피를 흘려 돌아가신 겁니다.
> 그것은 여러분 한분 한분을 극진히 사랑하신다는 증거입니다.
> 지금 그 사랑을 받아들이면 죄도 용서받고,
> 어떤 병에 걸렸을지라도 낫게 됩니다.

에이미의 이 말이 끝나자마자 어느 중년 여인이 앞으로 나오더니 성가대석으로 가는 것이었다. 그 여인은 어려서부터 말을 해본 적이 없는 농아였는데, 설교 말씀을 듣는 순간 말문이 열려서 평상시에 그렇게 부르고 싶은 찬양을 부르려고 성가대석으로 간 것이다. 그리고는 성가대석에서 다른 대원들과 함께 찬양을 불렀다.

예배 도중에 갑자기 일어난 일이라 어리둥절했다. 얼마의 시간이 흐른 후에 주최 측에서 이분은 어려서부터 말을 하지 못했는데, 오늘 저녁에 설교를 듣는 순간에 말문이 열렸다는 소식을 에이미에게 전달했다. 이 소식을 들은 에이미는 곧바로 참석한 회중 전체에게 이 소식을 전했다.

집회에 참석한 사람들은 웅성거리기 시작했다.

그리고 강당에도 소리가 울려 퍼졌다.

"할렐루야, 아멘!"

여기저기에서 "주여, 주여, 감사합니다"라고 하는 소리도 계속 들렸다. 성령님께서 초대교회와 같이 역사하신 것이다. 지금도 예수님께서 살아 계셔서 역사하는 증거라고 에이미는 힘있게 말하면서 성령 하나님께서 지금 이 자리에 오셨기 때문에 누구나 마음 문을 열면 어떤 병도 나을 것임을 강조했다.

설교를 마치고 구원의 자리로 초청했고, 병에서 낫고자 하는 사람들은 앞으로 나오도록 신유 초청을 했더니 조금 전에 말을 하지 못하던 사람이 말문이 열린 것을 눈으로 생생히 보았기 때문에 아픈 사람들이 다 나왔다. '말 못하는 사람이 말문이 열렸다'는 소문은 다음 날 산호세시에 널리퍼져 나갔다.

● 골다공증이 치료되다

1919년 오하이오주의 데이턴 집회에 참석했던 잭슨(Mrs. H.W. Jackson)이라는 여인은 척추가 아파 고생하던 여인이다. 병원에 가서 방사선(X-ray) 촬영을 했더니 척추가 심하게 상해 있었고, 뼈에 구멍이 많이 나 있어서(골다공증) 치료될 가망이 없다는 진단을 받았다.

이런 진단에 따라 의사는 '나을 가능성이 없다'는 결론을 내렸고, 어깨부터 엉덩이까지 깁스를 한 채 반듯이 누워 있게 했다. 의사의 지시에 따라 6주간을 병상에 똑바로 누워있었는데도 아무런 차도는 없었다.

그러는 중에 에이미가 신유 성회를 한다는 소식을 듣게 되었다. 가족들의 도움을 받아 주님께서 치료해 주실 것을 믿고 힘들게 집회에 참석했다. 교회당의 뒷좌석에 반듯하게 누워서 설교 말씀을 들은 후 에이미의 안수기도를 받게 되었다.

안수기도를 받는 순간 전기에 감전된 것 같은 느낌을 받았는데, 하나님께서 그 자리에서 치료해 주신 것이다. 그래서, 그녀는 그 자리에서 깁스를 뜯어냈다. 그러한 일이 있는 후 3일 만에 혼자 걸을 수 있게 되었고, 집안에서 작은 일들은 통증 없이 혼자 할 수 있게 되었다.

에이미가 기도를 통해 병으로부터 나은 사람들에게 "가능하다면 병원에 가서 다 나았다는 의사의 진단서나 확인서를 받아 교회에 제출하라"고 말하곤 했기 때문에, 잭슨 부인은 병이 나은 후 주치의(Dr. S.R.Wants)를 찾아가 "완전히 나았다"는 확인서를 받았고, 그 확인서를 교회에 제출했다.[31]

---

31 Aimee S. McPherson, *This is That*, 192.

8. 호주 성령대회와 병에서 나은 간증   155

• 보이지 않던 소년의 시력이 회복되다[32]

1921년 1월 에이미는 캘리포니아 북쪽에 있는 프레즈노(Fresno)라는 도시에서 집회를 인도했다. 아르매니안 계통의 소년이 엄마의 손에 이끌려 강단 앞으로 기도를 받으러 나왔다.

그는 어린 소년이었지만, 그의 눈은 심각한 백내장으로 물체를 제대로 볼 수 없었고, 시력이 너무 약해서 간신히 빛과 어두움만을 분별할 뿐이었다.

에이미는 그 소년에게 기름을 바르고 믿음의 기도를 간절히 드렸다.

예수님, 이 어린 소년의 눈을 열어주세요!

기도가 끝났을 때, 교회에 앉아 있던 모든 성도는 이 소년을 통해서 전개되는 '기적 같은 변화'에 놀랄 수밖에 없었다. 기도를 돕던 사람이 손수건을 흔들자 소년은 손수건이 움직이는대로 고개를 움직였기 때문이다.

에이미는 기도가 끝난 후, 몇 발자국 떨어져 있는 엄마를 가리키면서 소년에게 물었다.

애야!
여기 서 있는 아름다운 여인이 누구인가 알아보겠니?

놀라운 표정으로 바라보다가 소년은 대답했다.

잘 모르겠는데요.

---

32 Aimee S. McPherson, *This is That*, 391.

그러자 엄마가 말했다.

애야, 엄마를 몰라보겠어?

이 아이는 귀에 음성을 통해 앞에 서 있는 여자가 엄마인 것을 확인하고, 엄마 쪽으로 달려가 그녀의 품에 안기면서 말했다.

엄마! 이제 엄마가 보여.[33]

에이미가 인도하는 성회에는 항상 나타나는 열매가 있다. 죄와 죄의식에 찌들어 죽어가던 영혼이 예수 그리스도의 보혈로 구원을 받고, 새사람이 되고, 병에서 치료되는 것 외에 성도들의 삶이 완전히 변화되었다는 점이다.
그래서, 에이미가 인도한 부흥회의 상황을 기록해 놓은 『디스 이즈 댓』(*This Is That*)에 보면 다음과 같은 표현이 반복되어 나온다.

가정에서 새롭게 예배의 제단을 쌓는 사람들이 많이 늘어났다.

전에는 기도할 줄 모르던 사람들이 집회가 끝난 후
예수 그리스도의 발 앞에 무릎을 꿇고 기도 드리게 되었다.

성경을 사랑하고, 예수 그리스도의 교회를 사랑하고,
복음을 섬기는 사역자들을 사랑하게 되었다.

---

33 Aimee S. McPherson, *This is That*, 391.

과거의 삶과 완전히 다르게
이웃을 극진히 사랑하게 되었다.

전에는 돈 버는 것을 최고의 목표로 알고 살았는데,
집회를 통해
세상적인 낙과 돈 버는 것보다
하나님을 두려워하며
교회 가기를 즐거워하는 삶으로 변화되었다.

쾌락을 즐기며 술에 흥청거리던 도시였는데,
집회가 끝난 후
외부에서 오는 손님들을 환영하고 기도하며
생산적인 도시로 변화되었다.

대륙 횡단을 하면서 에이미가 인도한 부흥회의 특징은 예수님을 높여드리는 것이었다. 에이미는 다른 어떤 부흥사보다 예수 그리스도를 사랑했고, 그분을 높여드리는 일에 열중했다. 말씀을 증거하고, 아픈 이들을 치료하면서 언제든지 예수 그리스도의 십자가와 부활에 나타난 그리스도의 사랑을 강조했다.

병자가 치유되고 죄인이 예수님을 영접하면 그녀는 청중들을 향하여 이런 질문을 던졌다.

    이러한 일을 누가 하셨나요?

그러면 청중들은 한 음성으로 대답했다.

예수 그리스도지요.

이렇게 답을 유도하는 질문을 통해 회중들의 마음 속에 예수 그리스도가 역사의 주인인 것을 심으려고 했던 것이다.

에이미는 앤젤레스템플교회의 건축이 완성된 후에 '교회 단상에 무슨 성경 구절을 써놓을까' 고심했고, 결국 이 말씀을 써 놓기로 했다.

예수 그리스도는 어제나 오늘이나 영원토록 동일하시니라(히 13:8).

그 이유는 히브리서 13:8이 예수 그리스도의 사역을 가장 잘 표현한 구절이기 때문이라고 에이미는 밝히고 있다. 에이미는 평생 예수 그리스도의 이름을 높여드리고 존귀하게 하는 일에 헌신한 하나님의 종이다.

감리교회를 창설한 웨슬리(John Wesley) 목사님은 하나님의 일을 하면서 일어난 놀라운 일과 기적들을 일기형식으로 상세히 기록해 놓았다. 그 일기장은 몇 세기가 지난 지금도 많은 사람에게 읽히고, 읽는 자들에게 새 힘을 주고 있다.

마찬가지로 에이미 또한, 본인이 인도하는 집회에서 역사하신 하나님의 놀라운 기적을 『디스 이즈 댓』(This Is That)에 상세히 기록해 놓았다. 집회를 통해 하나님께서 역사하신 것을 보고 시에서 일하는 공무원이나 다른 사람들이 은혜받은 것도 함께 기록해 놓았다.

필자는 이 책을 여러 번 읽으면서 에이미를 통해 놀라운 일을 이루신 하나님을 찬양할 수밖에 없었다. 시간이 되면 그 내용을 번역하여 많은 사람이 읽도록 하고 싶은 심정이다.

맥퍼슨 목사의 목사 안수

맥퍼슨 목사는 평생에 자기가 "목사"라는 호칭으로 불리는 것을 좋아하지는 않았다. 항상 자신을 표현할 때 "자매, 여사"(Sister)라고 불리는 것을 선호했다. 그녀가 쓴 책이나 글을 보면 본인이 "Sister Aimee S. McPherson"(에이미 맥퍼슨 여사), "Sister Aimee"(에이미 자매) 또는 "Sister McPherson"(맥퍼슨 여사)라고 쓴 곳이 많이 나온다.

그러나 그녀는 포스퀘어복음교단을 창설하기 전에 네 개의 다른 교단에서 안수를 받았다.

♠ 노스에비뉴선교회(North Avenue Mission)에서의 선교사 안수

에이미는 홍콩에 선교사로 파송되기 직전인 1909년 1월 2일, 시카고에 있는 '노스에비뉴선교회'의 책임을 맡고 계시던 윌리엄 더함(William H. Durham) 목사에게 부흥사이던 남편 샘플(Robert Semple)과 함께 목사 안수를 받았다.[34] 특히, 유교와 불교가 대세였던 홍콩으로 선교 사역을 하러

---

[34] 더함 목사는 침례교 출신으로 시카고에서 성령운동을 이끌고 있었다. 성화론(聖化論)에 대한 그의 입장은 완전 성화 (Perfect Sanctification)로 예수님께서 십자가상에서 돌아가셨을 때, 모든 성화를 이루셨다는 것을 주장했다. 이런 주장은 웨슬리의 점진적 성화(Progressive Sanctification)와 차이가 있다. 자연히 에이미도 성화에 대한 신학에서

떠나는 선교사였기 때문에 특별 안수를 했다.

남편이었던 샘플 목사는 정식 신학교에서 신학을 공부하고 성령의 능력을 받아 부흥사로 헌신하고 있었다.

더함 목사는 침례교단에 소속된 목사였다. 시카고 지역에서 목회하고 있던 그는 성령의 능력을 갈망하고 있었다. 시카고에서 멀지 않은 캔자스주의 토피카에서 파함(Charles Parham) 목사를 통해 시작된 방언을 말하는 성령의 역사에 대한 소문은 듣고 있었다.

그러나 그를 통해서 일어난 방언운동이 교계의 관심을 받지 못하고 있었기 때문에 더함 목사는 큰 관심을 보이지 않았다. 하지만, 몇 년이 지난 후인 1906년 로스앤젤레스의 아주사거리에서 한쪽 눈이 보이지 않는 장애인이며 흑인인 시무어 목사를 통해서 놀라운 부흥운동이 일어나 많은 사람이 찾아오고, 병이 낫고 기적이 일어난다는 소식을 들었을 때 더함 목사는 관심을 보이기 시작했다.

그 곳에 참석했던 사람들의 간증과 신문을 보고 더함 목사는 직접 로스앤젤레스에 가서 아주사거리의 부흥운동에 참석했다. 오랜 시간 그 곳에 머물면서 시무어 목사를 통해 오순절 메시지와 능력 있게 선포되는 말씀을 통해서 방언이 성령세례의 첫 증거라는 진리는 알게 되었다.

예수님은 12제자를 선택하신 후 3년 반 동안 차세대 지도자가 되어서 하나님의 나라를 전파할 후계자로 기르셨다. 말씀을 가르치시고 병 고침과 기적을 통해 예수님이 누구신지 가르치셨다. 때로는 변화산에 가셔서 변화되시기도 했고, 순간적으로 물을 포도주로 변화시키는 능력도 보여주셨다. 죽은 지 나흘이 되어 시체가 썩어 냄새가 진동하는 나사로를 무덤에서 불러내어 살리시기도 했다. 당신의 입으로 "내가 그리스도이다"라고 가르치신 것이 아니라 말과 행동으로 메시아이심을 증명해 보이셨

는 더함 목사의 주장을 따랐다.

다. 그러한 예수님을 지켜본 베드로는 이렇게 고백했다.

주는 그리스도시요 살아 계신 하나님의 아들이시니이다(마 16:16).

그런데 예수님께서 한 주 후에 십자가에서 돌아가시기 위해 예루살렘으로 입성할 때, 제자들은 예수님의 고통스러운 심정을 전혀 이해하지 못했다. 야고보와 요한은 예수님에게 예루살렘에 입성하셔서 영광을 받으시게 되면, 자기들을 예수님 양쪽 옆에 각각 앉게 해 달라고 부탁했다. 이런 말을 듣고 있던 10명의 제자도 화를 낸 것을 보면 그들도 야고보나 요한과 똑같은 생각을 하고 있었음을 알 수 있다(막 10:35-45). 3년 반을 배웠어도 하나님의 나라를 세울만한 일꾼으로 부족했음을 보여주는 장면이다.

이들은 예수님께서 십자가에 돌아가셨다가 3일 만에 부활하신 후, 예수님을 여러 번 만났다. 그런데도 베드로와 다른 여섯 명의 제자들은 옛 생활로 돌아가 갈릴리 바다에서 고기잡이하고 있었다(요 21장).

예수님께서 말씀하신 이 말씀을 까마득히 잊고 있었다.

땅 끝까지 이르러 내 증인이 되리라(행1:8하).

예수님은 부활하신 후 40일 동안 제자들과 함께 계시면서 부활의 체험을 토대로 하나님 나라에 대해 더욱 상세히 가르치셨다.
그리고 지상에서의 최후의 부탁으로 이렇게 말씀하셨다.

성령으로 세례를 받으리라(행1:5하).

120명의 제자는 예수님의 유언의 말씀을 가슴에 품고 열흘 동안 자신을 내려놓는 철저한 회개와 간절한 기도를 통해 드디어 성령세례를 받았다(행 2:1-4).

성령으로 세례를 받은 제자들은 이전의 제자가 아니었다. 온전히 성령의 사람으로 변화되었다. 부활하신 예수님을 여러 번 만났어도 옛 생활, 곧 고기를 잡으러 가자고 선동했던 베드로가 '불의 사자'로 완전히 변화되어 있었다.

오순절 명절을 지키기 위해 해외에서 예루살렘으로 온 디아스포라 유대인들을 포함하여 마가 다락방 위에 모인 무리에게 회개하고 예수 그리스도를 구주로 영접하라고 선포하여 3,000명이 예수님을 구주로 영접하는 일이 일어났다(행 2:41).

예수님께서 돌아가신 후에는 대제사장들과 유대교의 지도자들이 두렵고 무서워 있던 곳의 문을 잠겼지만,[35] 이제 베드로는 유대교의 지도자들 앞에서 확신에 찬 목소리로 그들의 죄악을 꼬집으며 이처럼 부활을 증언했다.

> 그런즉 이스라엘 온 집은 확실히 알지니 너희가 십자가에 못 박은 이 예수를 하나님이 주와 그리스도가 되게 하셨느니라 하니라(행 2:36).

수많은 사람을 병에서 치료했을 뿐 아니라, 죽은 자도 살리는 역사까지 행해다.

더함 목사는 아주사거리의 부흥운동에 참석해서 이러한 성령충만한 메시지를 들으면서, 속으로 '이 복음이 내가 평생에 전해야 할 말씀'이라고 다짐했다.

---

35   요한복음 20:19을 개역개정 성경은 "모인 곳의 문을 닫았더니"라고 기록했는데, 원어 성경에는 "문을 잠금(locked)"으로 되어있다.

그는 하나님께서 이 성령 중심의 오순절 복음을 시카고 지역에 전파하기를 원하신다는 음성을 듣고 시카고로 돌아와 '노스에비뉴선교회'를 조직했고, 성령운동을 이끌게 되었다.

더함 목사가 시카고에서 성령운동을 시작했을 때 따르는 사람들은 많지 않았다. 본인이 섬기던 침례교회에서 성령세례에 대한 것을 설교하면서 가르쳤다. 질병으로 고생하는 사람들도 기도해서 치료해 주었다. 소문이 퍼져나가게 되자 찾아오는 성도의 숫자도 늘어났다.

로버트 샘플 목사와 그의 아내 에이미가 더함 목사를 찾아갔을 때는 한 주간 내내 기도와 금식성회가 계속되고 있었다. 샘플 목사 부부는 목사 안수를 받고 홍콩으로 떠나기 전인 1909~1910년 시카고의 '노스애비뉴선교회'에서 더함 목사를 도와 성령운동을 함께 이끌면서 많은 것을 배울 수 있었다. 뿐만 아니라 더함 목사는 샘플 목사 부부에게 영적인 멘토의 역할까지 했다.

침례교회에서 성장한 더함 목사는 다른 오순절 지도자들과 성화(聖化) 교리에서 약간의 차이를 보였다.

죄인이 예수님을 믿어 구원받은 것을 "거듭남, 또는 칭의"(稱義, Justification)라고 하고, 믿는 성도가 예수님과 같이 거룩해지는 것을 "성화"(聖化, Sanctification)라고 한다.

칭의 교리는 종교개혁을 이끈 마틴 루터를 통해 재발견된 교리라고 한다면, 성화 교리는 감리교회를 창설한 요한 웨슬리를 통해 새롭게 강조되기 시작한 교리이다.

웨슬리는 죄인이 예수를 믿어 구원받은 후에 예수님과 같이 거룩해져야 하는데, 그 과정은 하루아침에 이루어지는 것이 아니고, 믿음이 성숙해 짐에 따라 점진적으로 이루어진다고 "점진적 성화"를 주장했다. 그러나 더함 목사는 "완전성화"(完全聖化, Perfect Sanctification)를 주장했다. 다시 말해, 예수님께서 십자가상에서 돌아가시면서 "다 이루었다"라고 말씀하셨을 때 모든 성화는 이루어진 것이라고 주장한다.

맥퍼슨 여사는 성화를 하나님의 두 번째 은혜의 결과라는 초기 오순절 교리를 받아들이지 않고, 더함 목사님의 가르침을 더 따랐다. 왜냐하면, 성화되었다고 믿을만한 주의 종들과 오래 믿은 성도들이 예수님께서 거룩하신 것 같이 넓은 아량으로 다른 사람들을 영접하기보다는 종교적으로 점점 더 고립되어 가는 잘못을 자주 보았기 때문이었다.

맥퍼슨 여사는 가능한 많은 사람이 복음을 받아들이고 구원받기를 원했다. 사람들이 복음을 받아들일 때 겁을 먹거나 두려워하는 요소가 제거되어야만 복음을 쉽게 받아들일 수 있다고 생각했다. 죄인이 아무리 노력해도 죄인은 죄인이지 절대 거룩해질 수 없다는 사실을 확신한 그녀는 예수님의 보혈로만 죄인이 거룩하게 될 수 있다는 사실을 확신하고 있었다.

성화의 교리는 기독교 신앙에서 아주 중요한 교리 중 하나이다. 그러나 성화 교리에 대한 논쟁은 본 글의 주제에서 벗어난 것이기 때문에 여기에서 더 이상 논하지 않기로 한다.

♠ 하나님의성회(Assemblies of God) 목사 안수

• 안수와 사역

맥퍼슨 목사는 1919년 하나님의성회(Assemblies of God)에서 부흥사(Evangelist)로 목사 안수를 받았다. 1922년 1월 5일 하나님의성회의 의장이던 벨(E. M. Bell) 목사에게 안수증을 반환할 때까지 3년 동안 하나님의성회 소속 부흥사로 있으면서 사역했다. 미국 하나님의성회는 1914년에 성령의 능력을 사모하던 벨 목사를 중심으로 몇 명의 목사가 중심이 되어 백인 중심으로 설립된 오순절 교단이다.

1900년도 이전에는 "오순절"이라 분류되는 교단이 공식적으로는 존재하지 않았다. 다만, 기독교한국성결회[36]의 본부인 미국 하나님의교회(Church of God, Cleveland)라는 교단이 1886년에 시작되었는데, 이 교단을 오순절 교단으로 인정한다면 가장 오래된 오순절 교단이 될 수 있다.

1900년에 시작된 방언을 말하는 것으로 특징지어지는 오순절운동이 일어난 후, 이 교단이 흑인 중심의 교단이었기 때문에 백인 중심의 오순절 교단이 필요하다고 해서 성령의 역사를 사모하고 따르던 몇 명의 백인 목회자가 중심이 되어 만들어진 교단이 하나님의성회(Assemblies of God)라는 교단이다.

새롭게 하나님의성회가 오순절 교단으로 탄생하기는 했지만, 오순절 교단의 특징이 무엇인지 신학적으로나 목회적으로 정립되어있지 않았었다. 오순절운동이 일어나므로 자주 언급되는 성령세례, 방언을 말함, 성령의 은사 또한, 신유사역 등이 무엇인지 정의되어 있지도 않았고, 이러한 운동을 앞에서 강력하게 이끄는 뚜렷한 지도자도 없었다.

이러한 가운데 오순절운동의 특징인 성령세례와 방언, 그리고 신유를 선포하면서 혜성같이 나타난 인물이 있었으니 그녀가 바로 맥퍼슨 여사였다. 그녀는 1916년부터 1918년까지 미국 동부의 여러 도시를 순회부흥

---

[36] '처치오브갓'(Church of God)은 미국 노스캐롤라이나(North Carolina)주의 농촌 마을에서 1886년에 믿는 성도들 몇 명이 모여 시작했다가 1903년에 '처치오브갓'(Church of God)이란 교단으로 성장했다. 흑인이 중심이 된 이 교단은 1900년도 오순절운동이 시작된 초기에는 가장 큰 오순절 교단이었다. 이 교단은 테네시주 클리블랜드(Cleveland, Tennessee)에 본부를 두고 있으며, '리대학교'(Lee University)를 운영하고 있다. 한국어로 번역하면 '하나님의교회'이다. 오랫동안 한국에서 '하나님의교회'란 이름으로 불렸는데, 이단인 '세계복음화협의회 하나님의 교회'(대표 장길자)가 '하나님의교회'라는 명칭을 사용함으로 한국에서는 '처치오브갓'(Church of God)을 '기독교한국성결회'로 교단 명칭을 변경했다. 서울에 있는 한영신학대학교가 한국 '처치오브갓'(Church of God)의 교단신학교였으나, 이 대학교가 장로교한영측으로 옮겨감으로 한국 '처치오브갓'(Church of God)은 분열되었고, 현재 '한국기독교성결회'란 명칭으로 안양창곡교회 원로목사인 고병수 목사께서 감독으로 섬기고 있다. 현재는 '한국오순절교회'의 모범 교단으로 성장하고 있다.

사로 방문하면서 천막을 치고 성령 집회를 인도했다. 그녀가 인도하는 천막 집회에서는 성령세례가 선포되고 성령의 인도함을 따라 배우지 않은 언어인 '방언'으로 말하는 자들이 많이 나왔다.

또한, 수많은 병자가 성령의 능력으로 집회 현장에서 바로 치료받는 놀라운 신유의 역사가 늘 따라다녔다. 뿐만 아니라, 집회에서 수많은 군중이 모여 하나님을 찬양하고, 성령님의 이름을 부르는 일이 많았다. 미국 기독교 역사에서 볼 수 없었던 광경이 펼쳐진 것이다. 더욱이 예수님을 알지 못하던 많은 사람이 예수님을 구주로 영접하는 일이 많이 일어났다. 마치 사도행전의 초대교회와 비슷한 현상이 맥퍼슨 여사가 인도하는 집회에서 일어났다.

맥퍼슨 여사는 어느 교단에도 소속되지 않고, 교파를 초월하여 사역하고 있었다. 한 도시에 가서 말씀을 증거하여 수많은 영혼이 구원받으면 그 주간의 어느 한 날을 정해 그 도시의 교회들이 연합하여 새로 믿게 된 신자들에게 침례를 주었다. 그리고, 각 교회가 새롭게 구원받은 영혼들을 자기의 교회에 등록시키곤 했었다.

새롭게 탄생한 하나님의성회에서 볼 때, 맥퍼슨 여사는 하나님의 성회가 필요로 하는 바로 그런 지도자였다. 하나님의성회의 지도자들은 맥퍼슨 여사를 자기 교단의 부흥사로 영입하기로 했다.

어떠한 교단이나 기독교 단체에 소속되지 않고 집회를 인도하고 있었기 때문에 맥퍼슨 여사는 기성교회로부터 이단이 아닌가 하는 의혹을 많이 받아 왔다. 또한, 집회하기 전에 천막을 설치할 장소를 섭외할 때도 시당국자들로부터 소속이 어디인지, 무슨 단체에 소속되었는지, 교단은 어디인지에 관한 질문을 자주 받았었다. 이러한 어려움을 겪고 있었기 때문에 맥퍼슨 여사도 하나님의성회라는 오순절 교단으로부터 안수 제안은 거절할 만한 것이 아니었다.

맥퍼슨 여사는 늘 성령님의 인도를 따라 말씀을 증거하고 죄인을 구원하는 사역을 하고 있었기 때문에 커다란 기대를 하지 않고 하나님의성회의 요청을 쉽게 승낙하게 된 것이다.

그녀는 목사 안수를 받고 하나님의성회에 소속된 부흥사(Evangelist)가 되었다. 미국 킹스대학교의 부총장이었던 오순절 역사와 신학의 대가인 채플(Paul G. Chappell) 박사와 풀러신학대학교(Fuller Theological Seminary)의 역사신학 교수인 멜 로벡(Cecil M. Robeck) 박사는 이에 대해 이렇게 말했다.

> 맥퍼슨 목사가 원해서 하나님의성회로부터 안수를 받은 것이 아니고, 하나님의성회에서 일방적으로 안수를 준 것이다.[37]

맥퍼슨 목사가 하나님의성회로부터 부흥사 안수를 받았다고 해서 사역에 달라진 것은 아무것도 없었다. 1919년부터 1922년까지 그녀는 미국 동부에서 서부까지 대륙을 횡단하면서 38회나 천막 집회를 계속 진행했다.

동부의 북쪽에 있는 메인(Maine)주부터 남쪽에 있는 플로리다(Florida)주를 오르내리면서 집회할 때보다 천막의 규모도 훨씬 더 커졌고, 대도시를 중심으로 집회를 이어갔기 때문에 그녀의 명성 또한, 이전보다 훨씬 높아졌다. 하나님의성회에서는 그녀가 대형 집회를 인도하는 도시에 하나님의성회로 소속된 교회가 많이 세워질 수 있도록 노력을 함께 했다.

'하나님의성회' 역사신학자이며 필리핀 바기오(Baguio of Philippines)에 위치한 아세아태평양신학대학교(Asia Pacific Theological Seminary) 학장을 역임

---

37 Paul G. Chappell 박사, 필자와의 인터뷰, 2016년 5월 19일 캘리포니아 벤나이스, 에어텔 호텔., C. M. Robeck, "McPherson, Aimee Semple," in *The New International Dictionary of Pentecostal and Charismatic Movements*, 859.

했던 고(故) 윌리엄 멘지스(William Menzies) 박사는 맥퍼슨 목사의 사역에 대해 이렇게 말했다.

> 1919년부터 1922년까지 짧은 3년의 기간 동안 하나님의성회의 회원이었던 맥퍼슨 목사는 여러 도시를 방문하면서 오순절 성회를 인도했다. 그러면서 하나님의성회에 소속된 교회를 든든히 세웠다.[38]

하나님의성회에서는 교단에서 안수받은 부흥사이기 때문에 특별하게 취급했지만, 맥퍼슨 목사는 '하나님 나라를 세운다'는 목표하에 독립적으로 말씀을 선포하고, 성도들이 성령세례를 받도록 가르치며, 방언을 말하도록 하고, 병든 자를 치유하는 사역을 꾸준히 했다.

• 하나님의성회와의 결별

1919년부터 하나님의성회 소속 부흥사로 목사 안수를 받고, 미국 동서로 횡단하면서 복음을 증거하던 맥퍼슨 목사는 1922년에 하나님의성회에 본인이 받은 목사 안수증을 반납했다.

하나님의성회에서 탈퇴하게 된 것이다. 이런 결정을 내린 이유는 세 가지가 있었다.

첫째, 맥퍼슨 목사는 미국 교회 전체를 개혁하려 했다.

맥퍼슨 목사가 하나님의성회 부흥사로 있었지만, 그녀는 한 교단의 목회자로 부름받은 것이 아니었다. 하나님께서 본인에게 원하시는 것은 미국 교회를 초대교회같이 되도록 개혁하라고 부르신 것으로 확신했다.

38　William Menzies, *The Anointed to Serve* (Springfield: Gospel Publishing House, 1971), 170.

당시 미국 교회는 주일 낮과 밤, 그리고 수요일 저녁에만 예배를 드리고, 나머지 시간은 교회의 문을 닫아놓는 것이 보통이었다.

그러나 맥퍼슨 목사는 미국에 있는 모든 교회가 매일마다 교회의 문을 열어놓고 예배드리는 교회가 되기를 원했다. 그녀는 자신이 발행했던 「브라이들 콜」(*The Bridal Call*)이라는 잡지에 이러한 글을 실었다.

> 그러한(교회를 매일 개방하여 말씀을 선포하고 가르치는) 교회의 부흥이 미국 동부에서부터 서부까지 휩쓸어야 합니다. 그러면 교회에 부흥의 불길이 타오르게 될 것이고, 기도 모임이 생동감 넘치게 살아날 것입니다.
> 결국, 복음이 사방으로 힘차게 전파될 것이며, 목회자가 사람들에게 구원초청을 하여 구원받을 기회를 그들에게 제공하고, 예수 그리스도를 구주로 영접하도록 도와주며, 서로 간증하도록 해야 할 것입니다.[39]

맥퍼슨 목사는 이러한 부르심이 본인의 비전이요, 하나님께서 자기를 부르신 목적이라고 확신했다. 사람들이 모두 자기 곁을 떠나고, 자기 혼자만 남는 한이 있어도 '미국 기독교를 개혁하라'는 주님의 명령에 복종하겠다고 굳게 결심하고 있었다.

개혁하려고 할 때 기득권을 갖고 있는 사람들은 변하지 않으려고 저항한다. 특히, 그들은 여러 가지 이유를 들어 개혁하려는 자들을 역으로 공격한다. 20세기 초 미국 교회를 초대교회로 개혁하려는 맥퍼슨 목사는 외로운 싸움을 해야 했다. 그녀의 말을 계속해서 들어보자.

---

39 Aimee S. McPherson. "Editorial," *The Bridal Call*. January, 1922, 9.

많은 사람은 저항이 가장 적은 쪽을 택하려 합니다.
그러나 우리 주님은 우리에게 성령을 부어주시면서 주님이 의도하시는 목적과 비전(Purpose and Vision)을 주셨습니다. 우리는 하나님이 주신 목적과 비전에 진실해야 하고, 그것에 충실해야 합니다.
주님은 제게 명령하십니다.

"다니엘과 같이 행동하라. 홀로 설 수 있도록 하라. 내가 네게 준 목표에서 떠나지 말고 담대히 서서 그 목표를 많은 사람이 깨달을 수 있도록 하거라."

살든지 죽든지, 물속에서 헤엄쳐 나오든지 물에 빠져 익사하든지, 또는 여러 회중과 함께 걸어가든지 나 홀로 외로이 걸어가든지, 나는 하나님의 은혜를 입으면서 내게 주신 비전에 충실할 것입니다.[40]

둘째, '포스퀘어 복음'을 증거하도록 부름 받았다.

뒤에 상세히 논하겠지만, 앤젤레스템플교회 공사가 한창 진행 중인 1922년 7월, 맥퍼슨 목사는 캘리포니아주 북쪽에 위치한 오클랜드(Oakland)에서 부흥회를 인도했다. 그 날은 에스겔 1:4-10을 본문으로 "에스겔의 비전"(The Vision of Ezekiel)이란 제목으로 말씀을 전했다.

이스라엘이 전쟁에서 패한 후 바벨론에 포로로 끌려와 그발 강가에 머무르고 있을 때, 에스겔은 하나님께서 주시는 환상을 보았다. 환상에서 그는 하늘이 열린 후에 나타나신 하나님의 모습을 보았다(겔 1:1). 또 네 생물의 형상(겔 1:10)과 하나님의 영을 본 것이다(겔 1:12, 20).

40　Aimee S. McPherson. "The Narrow Line or 'Is Mrs. McPherson Pentecostal?' No? Yes?," *The Bridal Call*. October, 1922, 10.

그리고 그녀는 환상을 통해 본 네 생물의 모습을 표현했는데, 이 날 설교하면서 '포스퀘어 복음(Foursquare Gospel)'이라는 말을 처음 사용했다. 뒤에서 논하겠지만, 에스겔의 환상 속에서 본인이 가르치고 따를 예수님의 네 가지 모습을 본 것이다.

그 환상 속에서 '포스퀘어 복음'의 핵심인 예수님이 우리의 구세주시고, 성령으로 세례를 주시는 분이시고, 어떤 병이라도 치료해 주시는 위대한 치료자이시며, 다시 오실 재림의 왕임을 깨달은 것이다.

그래서 그는 하나님의성회에 소속되어 그들의 교리를 따르지 않고 '포스퀘어 복음'을 전하기로 결심하게 된 것이다.

셋째, 하나님의성회에서 맥퍼슨 목사의 신유를 비판했다.

맥퍼슨 목사의 부흥회의 특징은 믿지 않는 사람들이 예수를 구주로 영접하는 것과 질병으로 고생하던 사람들이 성령의 능력으로 치료되는 것이다. 특히, 집회 때마다 병에서 낫는 사람들이 계속 늘어났고, 불치병도 완쾌된다는 소문이 퍼졌다. 이렇게 신유사역이 뛰어났기 때문에 하나님의성회에서는 부흥사로 안수를 주어 자기 교단의 목사로 영입한 것이다.

그런데 날이 갈수록 맥퍼슨 목사의 신유사역은 점점 더 발전하여 미국 사회 전체를 흔들고 있는 것이 아닌가. 1919년부터 사역의 터전을 동부에서 미국 전역으로 옮겨 대륙을 횡단하면서 대도시에서 천막 성회를 인도했다. 시간이 흐를수록 맥퍼슨 목사의 사역은 커져 갔고 그녀의 명성은 높아만 갔다.

그녀의 명성이 높아지면서 인기를 얻게 되는 데는 집회에 모이는 사람의 숫자가 엄청나게 늘어나면서 초교파적으로 모여 연합성회를 이루었기 때문이다. 그녀가 인도하는 대부분의 집회에서는 장소가 비좁아 천막 안이나 건물 안에 들어가지 못하고 되돌아가는 숫자가 많았다.

병으로 고생하던 수많은 사람이 집회 현장에서 맥퍼슨 목사의 기도를 받고 치유되었다. 이들이 병에서 치료받은 간증이 교회와 잡지나 신문, 또는 각종 언론과 이웃 사람들을 통해 신속히 전파되었다.

하나님의성회에 소속된 부흥사이기 때문에 이러한 사역을 통해서 하나님의성회라는 교단의 이름이 높임을 받아야 하는데, 맥퍼슨 목사 개인의 이름이 더 높아지고 있었던 것이다.

1922년 콜로라도주의 덴버 성회에서는 병원에 입원해 있던 환자들이 침상에 누운 채 집회에 참석하여 치료받는 일도 있었다. 이러한 기적이 「덴버 포스트」(Denver Post)라는 지역신문을 통해서 세상에 알려졌고, 다음 날 「뉴욕 타임즈」(New York Times), 「워싱턴 포스트」(Washington Post)나 「LA 타임즈」(Los Angeles Times)와 같은 미국 내 주요 신문을 통해서 미국 전역에 알려지게 되었다.

이러한 맥퍼슨 목사의 신유 부흥사로서의 성공은 하나님의성회 지도자들의 마음을 언짢게 했다. 하나님의성회 지도자들은 신유 역사를 통해서 맥퍼슨 목사의 인기가 높아지는 것이 마음에 들지 않았다. 그들은 모임을 갖고 이러한 현상을 어떻게 처리할 것인가 대책을 세우면서 고심하게 되었다.

하나님의성회에서는 맥퍼슨 목사를 통해서 이루어진 기적과 병 나은 간증을 교단에서 발행하던 잡지인 「펜테코스털 이반젤」(Pentecostal Evangel)에 적극적으로 게재해서 홍보했었는데, 이제부터는 맥퍼슨 목사의 신유에 관한 기사를 싣지 않기로 했다.[41]

한 걸음 더 나아가 1922년 하나님의성회 지도자들은 교단의 공식 잡지인 「펜테코스털 이반젤」을 통해 맥퍼슨 목사를 공격하고 비판하기에 이

---

41 Walter Hollenweger Jr., *The Pentecostals* (Minneapolis: Augusbury Publishing Company, 1972), 35.

르렀다. 그들은 잡지를 통해서 말했다.

> 맥퍼슨 목사는 오순절주의자가 아니다.
> 그녀는 성령세례나 방언을 강조하지 않고
> 신유만을 강조하며,
> 지나치게 감정적으로 흐른다.⁴²

이런 이유를 들어 맥퍼슨 목사에게 비난의 화살을 퍼부었다. 그러나 실제 맥퍼슨 목사는 집회를 인도하면서 예수님께서 죄인을 구원하시는 구세주이심과 성령으로 세례를 주시는 하나님이심을 강조했다. 더욱이 병에서 낫고자 하는 사람은 먼저 예수님을 구주로 영접하도록 '영접기도'를 따라 하도록 했었다.

성령세례를 강조하면서 성령세례의 첫 번째 증거가 방언이기 때문에 방언을 말하도록 격려하면서 강조하기도 했다. 그녀의 사역에서 성령세례가 강조되고 방언도 강조되었다는 사실은 온 천하에 알려져 있는데, 맥퍼슨 목사의 사역을 시기하는 처지에 있던 하나님의성회 지도자들은 그러한 이유를 들어 그녀의 사역을 비판했다. 어이없는 일이 벌어진 것이다.

이러한 비판을 접한 맥퍼슨 목사는 하나님의성회 지도자들이 자신들의 기관 잡지를 통해 본인을 비판하는 것에 대한 답변 형식을 자신이 발행하던 잡지 「브라이들 콜」에 실었다. 그 글의 제목은 이랬다.

> 좁은 길, 혹은 맥퍼슨 목사가 오순절이라고? 예? 아니요?
> (The Narrow Line or Is Mrs. McPherson Pentecostal? No? Yes?)

42　Robert Bahr, 167.

그리고 이 글에서 맥퍼슨 목사는 자신을 향한 하나님의성회 지도자들의 그런 결정을 이같이 비웃었다.

> 자칭 "오순절의총회"라고 하는 사람들이
> 그렇게 바보 같고 유치한 지경까지 내려가
> 그렇게 어리석은 결정을 하다니!
> 상상할 수 없는 일이다.
> 참으로 불쌍한 일이다![43]

맥퍼슨 목사는 성경에 분명히 약속되어 있고, 예수님께서 행하신 것과 똑같이 성령의 능력으로 병자를 치유하는 본인의 사역을 개인적인 시기심에서 비난하는 하나님의 성회 지도자들의 비위를 맞추려고 하지도 않았다. 본인의 사역을 그들의 요구에 맞도록 타협하려 시도하지도 않았다. 왜냐하면, 본인은 성경에 기록된 대로 성령의 인도하심을 따라 사역한다고 확실히 믿었기 때문이었다.

그 때부터 맥퍼슨 목사는 비록 본인이 발행하는 잡지에서 '오순절, 순복음'(Pentecostal, Full Gospel)이라는 용어를 사용하기는 했지만, '오순절주의자'(Pentecostals)나 '순복음교회의 설교자'(Full Gospel Preacher)로 호칭되는 것을 싫어했다. 대신 에스겔의 말씀을 설교하다 새롭게 받은 '포스퀘어 복음'(Foursquare Gospel)이라는 새로운 용어를 사용하기 시작했다.

결국, 맥퍼슨 목사는 하나님의성회 총회장직을 맡고 있던 벨(E. M. Bell) 목사에게 안수증을 반납하게 되었다. 이렇게 해서 하나님의성회 안수 문제는 일단락 되었다.

---

43 Aimee S. McPherson, "The Narrow Line or 'Is Mrs. McPherson Pentecostal? No/Yes?," *The Bridal Call*. October, 1922, 10

♠ 감리교회에서의 목사 안수

1920년 12월, 필라델피아에 있던 감리교회에 소속된 한콕기념감리교회(C. C. Hancock Memorial Church of the Methodist Episcopal Church)에서 목사 안수를 받았다. 맥퍼슨 여사는 필라델피아에 있는 한콕기념감리교회에서 부흥회를 인도하기로 예정되어 있었다.

부흥회에서 말씀을 증거하려고 교회에 갔는데, 부흥회를 시작하기 전에 교회가 맥퍼슨 여사에게 목사 안수를 먼저 하고 집회를 인도하도록 했다. 맥퍼슨 여사 본인이 안수를 달라고 애원한 것도 아니었다.

젊은 여인이었지만, 말씀을 선포하는 것이나, 사역을 통해 수많은 사람이 예수님을 구세주로 영접하고, 온갖 질병에서 낫는 일이 일어났고, 많은 사람의 존경과 사랑을 받는 지도자이기 때문에 감리교회에서도 초청해 부흥회를 인도하려고 한 것이다.

그런데 맥퍼슨 여사가 목사 안수를 받지 않은 점이 약점으로 지적되었다. 이 교회에서는 맥퍼슨 여사에게 부흥회를 인도해 달라고 초청해놓은 후에 회의를 열어 집회 직전에 안수를 주기로 결정한 것이었다.

그렇게 되면 감리교회에서 안수를 받은 감리교 목회자가 되기 때문에 교단 내부에서나 밖에서도 문제가 될 것이 없다고 판단했다. 이 교회가 감리교단 내에서 역사도 오래 되었고 규모도 크기 때문에 이러한 결정을 과감하게 한 것이다.

집회가 끝난 후에 감리교회 측에서는 이러한 절차에 의하여 안수를 주게 되었다고 밝힌 바 있다.

♠ 침례교회에서 목사 안수

맥퍼슨 목사는 어떠한 특정 교단이나 단체에 소속된 사람이 아니었다. 하나님께서 부르셔서 영혼을 구원하라고 하시기 때문에 본인에게 있는 은사를 활용하여 집회를 인도하고 생명의 말씀을 선포하고 있는 것이었다. 그래서, 부흥회를 인도해 달라는 초청이 오면 특별한 사정이 없으면 승낙했다.

1922년 봄에는 캘리포니아 북부에 있는 산호세제일침례교회(First Baptist Church in San Jose)의 초청을 받았다. 1922년 3월 27일 부흥회를 인도하려고 교회에 갔을 때 집회 직전에 그 교회에서도 목사 안수를 받았다. 얼마 전 감리교회에 집회를 인도하러 갔을 때와 같은 상황이 벌어진 것이다.

이 교회에서도 마찬가지로 인기가 있고 능력이 있는 맥퍼슨 목사에게 목사 안수를 줌으로써 침례교회 안팎의 오해를 없애는 동시에 침례교회도 이러한 부흥사가 있다는 점을 부각하려고 했다.

앤젤레스템플교회(Angelus Temple)

에이미는 1916년 성도 숫자가 3명밖에 되지 않는 작은 교회에 처음으로 부흥회를 인도하러 갔다. 며칠을 집회해도 성도의 숫자가 늘지 않자, 성도들을 낮에 교회에 오게 해서 길거리로 전도하러 나갔다. 그리고 한명 한 명 전도해서 교회로 데리고 와서 예수를 구주로 믿도록 했다. 이렇게 3개월을 계속해서 전도했더니 500여 명으로 숫자가 늘어났다. 이들과 함께 예배를 드림으로 교회에 생기가 돌도록 만들었다.

이러한 교회의 부흥이 계기가 되어 3년간 미국 동부에서 여러 교회를 방문했고 순회부흥사로 사역했다. 에이미의 설교를 통해서 많은 사람이 은혜를 받아 영생을 얻는 구원의 축복을 받았고, 병에서 치료받게 되었다.

그러나 더 큰 은혜를 받은 사람은 바로 에이미 자신이었다. 신학교에 다니지도 않았고, 성경도 제대로 알지 못했고, 미국 동부에 있는 집회를 인도한 교회와 그 곳에서 섬기는 목사들은 전혀 알지도 못했는데, 3년간 미국 동부에서 하나님의 말씀을 전한 것이 기적이었다.

뿐만 아니라 돈도 없고 아는 사람도 없었는데, 집회하는데 재정적인 어려움이 전혀 없었고, 여기저기에서 사람들이 찾아와 도와주는 기적을 몸소 체험한 것이다. 3년이 끝났을 때, 에이미의 육신은 매우 피곤했지만, 영적으로 많이 성숙해 있었다.

이어진 대륙횡단 집회는 하나님의 크신 사랑과 하나님의 놀라운 계획을 새롭게 깨닫는 계기가 되었다. 대륙을 횡단하면서 인도한 성회는 에이미의 생각이나 계획과는 전혀 다른 하나님의 완벽한 연출이었고, 섭리였다. 영적으로 수없이 많은 사람이 예수님을 구주로 영접했을 뿐 아니라, 귀신이 떠나가고 당시 의학으로 도저히 치료할 수 없었던 환자들이 성령의 능력으로 나은 것이다.

초대교회와 같은 기적이 일어나자, 에이미의 마음속에는 미국 교회를 초대교회와 같이 만들고 싶은 마음이 불일 듯 일어났다. 연약하고 힘이 빠진 목회자들과 성도들이 '성령세례를 받고 힘 있게 주님을 섬기는 모습을 주님께서 얼마나 기뻐하실까' 생각하기도 했다. 목회자가 그렇게 변한다면 분명히 미국 교회는 초대교회처럼 능력이 있는 교회가 될 것으로 확신했다.

그런데 어느 도시든지 가서 에이미가 집회하면 장소가 협소했기에 참석하지 못하고 되돌아가는 사람들이 너무나 많았다. 하루에 백 명이 아니라 수천 명씩 되돌아갔다는 소식을 들을 때마다 주님께 죄송스럽고 설교를 듣지 못하고 되돌아간 분들께 미안한 마음이 들었다.

그럴 때마다 에이미는 수천 명이 한번에 모여 다함께 하나님을 힘차게 찬양하고, 예배드리며, 하나님의 말씀을 즐겁게 공부하고, 성령세례를 받고, 병이 나을 수 있는 큰 부흥센터가 필요하다는 것을 절실하게 느꼈다. 그러한 부흥센터가 만들어진다면 하고 싶은 일들이 너무나 많았다.

주님께서 무척 기뻐하실 거라는 사실에 감격의 눈물을 흘리기도 했다. 젊은 사람들을 성령의 능력과 예수 그리스도의 복음으로 초대교회와 같이 훈련하여 목회자와 선교사로 보낸다면 주님의 나라는 더 확대될 것이며, 주님께서 속히 재림하실 것이라 생각했다. 하나님의 일을 감당하면서 주님의 얼굴을 속히 마주 보고 싶은 심정이 간절했다. 주님을 속히 만나보는 유일한 길은 빨리 복음을 온 세계에 전하는 길 밖에 없다고 확신했다.

1918년 성령의 인도하심을 따라 로스앤젤레스에 왔지만, 왜 성령님께서 그 곳에 자신을 보냈는지를 처음에는 알지 못했다. 흔한 일은 아니었지만, 로스앤젤레스에 와서 집회하는 중 어느 날 성령님께서 자신에게 직접 말씀하시는 음성을 듣게 되었다.[44]

> 주님께 집을 지어드려라.
> 크게 외치라!
> 주님께서 이 도시를 네게 주셨느니라.
> (Build a House Unto the Lord.
> Shout!
> for the Lord hath given you the city).

에이미는 이러한 메시지를 기도 중에 받은 후, 무슨 뜻인지 당황해했다. 며칠 동안 이 말씀을 묵상하면서 기도하는 가운데. '이 도시에 하나님의 교회를 세우라'는 말씀으로 받아들였다.

그래서 1921년「브라이들 콜」잡지에 본인이 하나님께 받은 메시지를 다음과 같이 기록했다.

> 매일 수천 명의 여행객이 전국에서 이 도시(로스앤젤레스)를 방문합니다. 이 도시에 정착해서 살려고 오는 사람들도 상당히 많이 있습니다. 통계에 의하면 평균 하루에 2,000명 정도가 매일 이 도시로 온다고 합니다. 이렇게 많은 사람이 이 도시로 몰려드는 원인은 주택, 유흥시설, 극장, 자동차, 도로, 고속도로, 시장, 공원 등 그들이 필요로 하

44　Foursquare Publications, *Aimee: Life Story of Aimee Semple McPherson* (Los Angeles: Foursquare Publications, 1979), 118.

는 욕구를 로스앤젤레스시가 충족시켜 주기 때문입니다.
하지만 아쉬운 점은 이렇게 큰 도시 로스앤젤레스, 더욱이 오순절적인 축복을 많이 받은 이 도시에 하나님의 말씀을 들을 수 있는 큰 건물이 거의 없다는 점입니다.[45]

♠ 부지 선정

로스앤젤레스에 "나를 위한 집을 지으라"라는 말씀을 들은 후인 1920년 여름에 도시의 여러 장소를 다니면서 교회를 건축할 장소를 물색하게 되었다. 사람들이 많이 모여 사는 주택 밀집 지역에 교회를 세우면 좋은 것 같아서 시내 한복판 번화가 피게로아(Figueroa)와 3가(Third Street)를 가 보았는데, 주님께서 원하는 곳이 아니었다.

좀 더 차를 타고 북쪽으로 올라가서 한 번도 가 보지 못한 에코파크공원(Echo Park)과 인접해 있는 글렌데일대로(Glendale Boulevard) 근처에 가봤다. 주택들도 많지 않은 한적한 지역이었다. 지형을 둘러보는데 땅이 넓고 언덕도 없어서 앞이 탁 트여있었다. '이곳이면 좋겠다'고 생각했다.

이곳은 복잡한 로스앤젤레스 중심가에서 멀리 떨어져 있지도 않았다. 또 이 지역은 아직 개발되지 않아 주택도 많지 않기에 한적했으며, 로스앤젤레스시의 위성 도시인 글렌데일시를 연결지어 주는 대로가 있었고, 도로 옆에는 넓은 공터가 있었기 때문에 그 곳에 교회를 세우면 좋을 것 같았다.

더욱이 글렌데일대로를 따라 길게 놓여 있는 에코파크공원은 더욱 좋아 보였다. 그 공원에는 넓고 시원한 호수가 있고, 나무, 풀, 벤치, 피크닉

45　Aimee S. McPherson, "Echo Park Revival Tabernacle To Be Erected in Los Angeles," *The Bridal Call*, January 1921: 21.

포스퀘어복음교회의 본부가 된 앤젤레스템플교회

때 음식을 먹을 수 있는 야외용 식탁, 화장실, 그늘, 수도 등이 모두 준비되어 있었다.

특히, 로스앤젤레스 지역은 아열대성 기후라 비가 많이 오지 않는 더운 지역인데, 이곳이라면 교회 안에 들어가지 못하는 성도들이 그늘에서 편히 쉬면서 스피커를 통해서 흘러나오는 하나님의 말씀을 들을 수 있었고, 은혜도 받을 수 있을 것 같았다. 또한, 에코파크공원 옆에는 캘리포니아의 남쪽과 북쪽을 연결해주는 101번 고속도로가 있어 외부에서 접근하기도 수월해 보였다.

에이미와 그녀의 모친, 그리고 일행은 이곳을 하나님께서 주신 땅으로 여겼다. 그리고 그 곳에서 원형으로 된 조금 넓은 땅을 보았다. 부동산 소개소가 있기에 문을 두드렸더니 나이가 많은 어른이 나오셨다. 그에게 원형으로 된 땅을 살 수 있느냐고 물어보았더니, 이 땅의 주인은 돈과 땅이 많은 할머니인데, 이 땅은 팔려고 내놓지 않았다고 했다. 그러면서 이 근처에 땅이 많으니 다른 땅을 사라고 했다. 그 순간에 에이미는 "하나님께서 이 땅을 우리에게 주시려고 지금까지 팔지 못하게 막으셨구나"라는 생각하게 되었다.

집에 돌아와 며칠이 지났는데, 기도하던 친정어머니가 하나님께서 그 땅을 주실 것 같다고 하시면서 에코파크복음전도협회의 회원과 함께 급히 그 땅을 보러 나가셨다. 그랬더니 그 땅에 "매매할 땅"이라는 안내문이 붙어있는 것을 발견했다. 에이미에게 급히 연락이 와서 에이미는 그 땅을 보러 갔다.

에이미는 어머니와 협회의 회원 앞에서 종이에 그림을 그리며 이 땅은 메가폰같이 생겼는데, 여기에 강단, 여기는 성가대석, 여기에 복도, 여기에 발코니가 올 것이라고까지 이야기를 했다. 그리고는 급히 땅 주인 할머니를 찾아갔다. 할머니는 자기가 어제 저녁에 이 땅을 팔기로 급히 결정했다고 했다. 그래서 그 땅을 쉽게 매입할 수 있게 된 것이다.

하나님께서 교회를 지으라고 땅을 다른 사람에게 팔지 못하게 붙들고 계셨다가, 에이미 일행이 기도드린 후 며칠 만에 주신 것에 감사드렸다.

♠ 교회 건축

에이미는 처음에 2,500명이나 3,500명을 수용할 수 있는 목조건물로 된 예배당을 건축할 계획이었다. 로스앤젤레스 지역은 환태평양 지진대에 놓여있어서 지진이 자주 발생하는 지역이라 벽돌로 짓는 것이 위험할 것 같기에 목조건물로 건축할 생각을 한 것이다. 집회 도중에 지진이 발생해서 인명사고라도 나면 안 될 것 같아서였다.

설계도를 작성하여 로스앤젤레스 시청에 건축 허가를 신청했는데, 시로부터 거절당했다. 시에서 거절한 이유는 2,000여 명이 넘는 많은 사람이 모여서 예배드린다고 하면 대형 건물에 속하는데, 나무만으로 짓는 것은 여러 면에서 위험하다는 것이었다.

설계 단계부터 어려운 문제에 봉착하게 되었다. 어쩔 수 없이 지어야 할 교회 건물 설계를 C등급에서 A등급으로 상향 조절할 수밖에 없었다. 로스앤젤레스시의 조례에 따르면 A등급에 속한 건물은 좌석이 최소 5,000석은 넘어야 했고, 철근과 시멘트로 짓게 되어 있었다. A등급의 건물을 건축하려면 5,000명 이상일 들어갈 수 있는 초대형 건축물이므로 건축의 규모도 커야 하고, 공사 비용도 C등급의 건물을 건축할 때보다 훨씬 더 많이 들어가는 것이었다.

또한, 건물을 완성할 때까지의 공사 기간도 C등급보다는 훨씬 더 오래 걸리게 되어 있었다. 그러나 에이미와 에코파크복음전도협회의 건축 위원회에서는 윈터건설회사(Winter Construction Company)를 시공사로 선정하고, 브룩 호킨스(Brook Hawkins)에게 공사 책임을 맡기기로 결정했다.

건물을 지으면서 에이미는 몇 가지 원칙을 세웠다.

• **첫째**, 건물 내부의 어느 곳에서든지 설교자를 볼 수 있도록 해야 한다. 그러려면 가운데 기둥이 없는 돔(dome) 형태의 둥근 건물이 되어야 한다. 3층은 발코니 형태로 하고, 강단의 좌우에 성가대석을 넣고 그 아래에 관현악단석을 만든다. 그런데, 미국의 건축 역사에서 이렇게 큰 건물을 짓는데 지붕의 하중을 떠받칠 기둥이 없는 건물을 지은 적은 없었다. 가운데 기둥이 없는 건물로는 처음 짓는 건물이 되기 때문에 설계사들은 처음에는 반대했다. 가운데 기둥이 없는 건물을 설계해 본 적이 없기 때문이다. 그러나 에이미의 요구가 워낙 강해서 설계사들은 연구해 보기로 하고 설계를 진행했다.

• **둘째**, 화재나 지진과 같은 재해가 발생했을 때, 실내에 있는 사람들이 신속히 탈출할 수 있는 건물이 되어야 한다. 특히, 로스앤젤레스는 환태평양 지진대의 '불의 고리'에 해당하는 지역이기 때문에 크고 작은 지진

이 언제 일어날지 모른다. 내진 설계가 제대로 되지 않으면 인명 사고가 언제 일어날지 모른다. 에이미는 사람을 살리는 곳이 교회인데, 교회에서 사고가 나면 안 된다고 주장하면서 돈이 얼마나 들고, 공사하는 기간이 오래 걸리더라도 내진 설계를 철저하게 해 달라고 요구했다. 설계사들은 연구에 연구를 거듭해서 당시로써는 가장 완벽한 내진 설계 건물이 되도록 했다. 교회가 건축되고 몇 번의 강력한 지진이 로스앤젤레스 지역을 강타했지만, 한 번도 교회당이 무너지거나 인명 사고를 낸 적이 없다. 화재 예방도 방화 1급 건물이 되도록 했다.

• 셋째, 5,300명이 한번에 입실할 수 있는 건물이 확정됨에 따라 건축하는 과정에서 사소한 부분이라도 시의 엄격한 규율에 맞도록 해야 한다. 에이미는 로스앤젤레스 정부도 하나님의 주권 아래에 있기 때문에 정부의 권한과 규정도 철저히 따르도록 한 것이다.

• 넷째, 하나님께 드릴 성물(聖物)이기 때문에 어느 분야에서도 결점이 생겨서는 안 되는 건물이 되어야 한다. 특히, 건축 비용을 절감하고 공기(工期)를 단축한다고 소홀하게 건축해서 불신자들의 조롱거리가 되어서는 절대 안 된다는 점을 강조했다.

• 다섯째, 예배당은 딱딱하고 엄숙한 분위기보다는 천국의 모습이 보이도록 밝고 환하게 해야 한다. 에이미는 성경을 한편의 성스러운 드라마로 생각하면서 읽었다. 세상 사람들이 즐거움에 목말라 하고 있으므로 교회는 건전하고 거룩한 방법으로 그들의 욕구를 충족시켜줘야 한다. 교회는 장례식장이 아니라, 천국처럼 되어야 한다. 천국에는 천사들이 매일 춤추고 노래하는 곳임으로 항상 웃음이 떠나지 않아야 한다. 슬펐던 사람도 교회에 나와 예배를 드리면 웃음을 되찾아야 한다. 그래서, 교회 안에 의자는 밝은 색으로 하고, 밝은색 카펫을 깔도록 주문했다.

이같이 에이미가 세운 몇 가지 원칙에 따라 설계도가 완성되었다. 시에 제출한 건축 허가 신청도 아무런 문제 없이 승인 받아 건축이 시작되었다. 에이미가 구상하는 교회의 건축물은 전통적인 교회의 건물이 아니었다. 극장식으로 된 건축물로 강단을 아주 넓게 설계하도록 했다. 설교만 하는 단상이 아니라, 여러 가지 다양한 문화 행사를 할 수 있는 무대(Stage)가 되도록 했다. 예배, 부흥회, 기도회, 다양한 공연, 음악회, 연극, 오페라, 영화 관람 등도 함께할 수 있도록 설계된 것이었다. 당시 기성교회의 목회자들이 상상할 수 없는 파격적인 건물을 에이미는 기도 중에 구상하고 있었다.

오늘날에는 기독교인의 숫자도 많이 늘어났고 대형교회가 있어서 이러한 극장식 강단을 갖춘 교회가 많이 건축되었지만, 1920년대에는 상상할 수 없는 파격적인 건축물이었다. 에이미에게 교회란 단지 성도들이 모여서 예배만 드리는 장소가 아니었다.

하나님의 영광을 위해서 예배, 연극, 음악회, 뮤지컬 등을 공연하는 것도 나쁘지는 않다고 생각했다. 에이미가 상상했던 대로, 교회당 건물이 완성된 후에 이곳에서 정규 예배와 기도회, 특별치유성회, 음악회, 오페라, 심지어 뮤지컬과 같은 다양한 행사가 열려서 하나님의 영광을 드러내고, 성도들과 주민들에게 기쁨을 주게 되었다.

♠ 음향 시설

앤젤레스템플교회의 방음 장치와 음향 시설은 거의 완벽에 가까웠다. 에이미는 여러 교회를 다니면서 부흥회를 인도할 때 음향 시설 때문에 여러 번 설교에 어려움을 겪은 경험이 있었다. 어떤 교회는 음향 시설이 너무나 빈약해 메시지가 제대로 전달되지 않아서 힘들었다. 음향 시설이 잘된 교회나 강당에서는 집회하기가 훨씬 수월했다.

그래서 앤젤레스템플교회의 음향을 최고 수준으로 하도록 주문했다. 그런데 그때 할리우드에서 영화 산업에 종사하고 있던 사람들은 에이미의 사역이 쇠퇴하여 앤젤레스템플교회가 문을 닫기를 바랐다고 한다. 그 이유는 이 교회가 문을 닫게 되면 헐값에 매입하여 극장으로 쓰고 싶었던 것이다.

♠ 건축비 모금

교회가 5,300명이 들어가는 A등급 건물은 강철과 시멘트로 지어야 하고, 어떠한 지진에도 버틸 수 있는 내진 설계를 완벽히 하고, 화제를 염두에 두고 화재 예방도 1등급이 되도록 했다. 그러므로 막대한 건축비가 들어가게 되었다. 또한, A등급 건축 공사이므로 공사 기간도 많이 길어지게 되었다. 교회 부지를 매입해서, 설계하고, 건물이 완공할 때까지 약 30만 불의 비용이 드는 것으로 나타났다.

에이미 여사가 동부에서 집회할 때는 부흥회를 하는데 드는 비용에 대해서 전혀 걱정하지 않았는데 무거운 짐이 하나 생긴 것이었다. 그러나 에이미는 염려나 걱정을 하지 않았다. 동부에서 3년이 넘도록 집회할 때 손에 돈 한 푼 없었는데도 빚을 지지 않고 성공적으로 끝낸 것은 전적으로 성령님의 도우심이었기 때문이었다.

에이미는 그러한 성령님만을 의지하고 건축을 시작한 것이다. 주님께서 건축하라고 명하셨기 때문에 분명히 건축비가 얼마나 들던 하나님께서 채워주실 줄로 확신했다. 100여 개가 넘는 교회를 방문해서 집회했는데, 에이미가 교회를 건축한다는 소식이 그 교회들에게 전해지니 헌금을 보내왔다.

에이미의 신유사역이 언론에 자주 보도되었다. 덴버 집회에서는 병원에 입원했던 환자들이 '특별한 회복의 날'에 시립강당으로 나와 치료받은 적도 있었다. 그 기사가 미국의 주요 신문에 보도되었다. 또, KKK 갱단에 납치되었다가 무사히 돌아온 사건도 신문에 보도되었다. 그 외에 집회 장소가 협소하여 많은 사람이 집회장에 들어오지 못해 되돌아간 것도 신문에 여러 차례 보도되었다.

신문에서 에이미란 이름을 기억했던 사람들이 그녀가 교회를 건축한다고 하니 헌금을 많이 보내주었다. 에이미도 1919년부터 1922년까지 전국을 38차례나 왕래하면서 대도시에 있는 많은 교회에서 부흥회를 인도했다.

에이미는 「브라이들 콜」에 건축에 대해서 홍보하며 건축 진행 상황을 사진과 함께 상세히 알렸다. 성전 건축에 헌금하신 분들의 이름도 알리면서 축복해 드렸다. 하나님께서는 동부 성회 때도 빚 한 푼 지지 않게 하시더니 성전 건축 때도 풍성하게 부어주셨다.

그래서 1923년 1월 1일 헌당 시에 건축에 들어간 경비 30만 불을 완전히 지급할 수 있었다.

♠ 교회의 명칭

교회 이름을 어떻게 지어야 주님께서 기뻐하실까 고심하면서 많은 기도를 드렸다. 처음에는 교회가 에코 팍 공원과 연결되어있기 때문에 에코파크부흥성전(Echo Park Revival Tabernacle)이라고 이름짓기로 했다. 그런데 1922년 덴버 집회를 끝내고 돌아와서는 이름을 바꾸기로 했다.

에코파크부흥성전에서 천사들이 예배드리는 성전을 의미하는 앤젤레스템플교회(Angelus Temple)로 변경하기로 했다.

1920년 황야와 같은 땅에서 하나님의 성전을 짓는 기공 예배를 드렸다. 하나님의 교회를 짓기 때문에 로스앤젤레스에서 목회하는 많은 목사님이 참석하셨고, 행정당국에서도 시장님을 비롯한 기관장들이 참석했다. 에이미의 성회를 통해 은혜받은 많은 성도도 참석하여 하나님 교회의 건축을 기대하면서 축복해 주었다.

「브라이들 콜」 잡지에 광고를 내면서 기도를 부탁했기 때문에 기공 소식을 듣고, 먼 길을 달려온 독자들도 있었다. 드디어 공사가 시작되었다. 에이미는 공사 기간에 사고가 나지 않기를 간곡히 기도했다.

특히, 가운데 기둥이 없는 건물, 화재 방제 1급 건물, 완벽한 내진 공사, 등 몇 가지 최초로 시도하는 기술적인 어려움이 있었기 때문에 시간이 날 때마다 공사 현장에 와서 공사 책임자를 뵙고 잘 되어가는지 확인하기도 했다. 시공회사에서는 일정에 맞추어 성실하게 건축을 진행해 나갔다. 3년 동안 힘써 공사한 끝에 드디어 멋진 교회 건물이 완공되었다.

♠ 성전 헌당

드디어 1923년 1월 1일에 역사적인 앤젤레스템플교회의 헌당 예배 (Dedication of Angelus Temple)를 드리게 되었다. 아무런 건물도 없던 황무지에 웅장한 건물이 들어섰다. 교회 건물이지만 너무나 규모가 커서 전통적인 개념의 교회가 아니었다. 엄청 큰 건물이고, 어마어마하게 큰 문짝이 여러 곳에 나 있었다.

교회당 안으로 들어가 보니 3층으로 된 교회 내부에는 5,300개의 붉은색의 의자가 빼곡히 들어차 있었다. 위에 둥근 천정이 보이는데 지상에서 33m 높이에 있는데 시멘트와 철근으로 되어 있었다. 시멘트로 된 그 무거운 지붕을 기둥 없이 짓느라고 많은 어려움이 있었다. 가운데 기둥이 없었기 사방이 확 트여서 시원해 보였고, 강단이 어마어마하게 커 보였고, 단상 좌우에 있는 성가대석도 꽤 커 보였다.

교회 출입문에서부터 강단까지 밝은색 카펫이 쫙 깔려 있어서 무슨 행사의 주인공이 되어 입장하는 것 같아서 기분이 좋았다. 사람의 손으로 만든 앤젤레스템플교회는 호수가 있고 푸른 잔디와 나무가 있는 자연적인 에코파크공원과 아주 잘 어울리고 아름다웠다.

이 교회는 오순절운동이 미국 전역뿐 아니라 전 세계로 확산시킨 계기가 된 '아주사거리부흥운동'(Azusa Street Revival)이 일어났던 장소에서 얼마 떨어지지 않은 장소에 오순절운동을 대표하는 초대형교회로 최초로 설립된 것이다.

그동안 에이미와 함께 헌신한 친정어머니 미니 여사는 감격의 눈물을 흘렸다. 에코파크복음전도협회 회원들, 시내의 목사님들, 그동안 기도해 주시고 헌금해 주신 수많은 성도들이 참석하여 성대한 헌당 예배를 드렸다. 로스앤젤레스시의 시장이 참석해서 이 교회가 이 시를 대표하는 건물이 된 것을 감사하며 축하했다.

미국 전역에서 축하한다는 전보, 꽃, 선물이 많이 도착했다. 에이미는 교회를 짓느라고 수고한 브룩 호킨스 씨와 윈터건설회사에 감사장을 드렸다. 하나님께서 오순절운동의 새로운 중심이 될 교회를 세우신 것이다.

1923년도의 통계로 보면 이 앤젤레스템플교회는 미국 내에서 여성의 투표권이 인정받은 지 얼마 되지 않았는데 30대 초반의 젊은 여인이 전통적인 교단적 배경도 없이 대형교회를 지은 것이다. 교회 건축에 사용된 건축비도 당시 미국 돈으로 30만 달러였다. 땅을 매입하기 시작해서 건물을 완공하기까지 3년 동안 천문학적으로 많은 돈이 들었지만, 빚 한 푼 없이 헌당하게 된 것이다.

참으로 하나님께서 이루신 기적이었다. 인간의 계획하에 된 것이 아니라, 하나님께서 친히 건축하신 건물이었다. 반면에, 에이미의 영향력이 그 당시 얼마나 대단했는가를 설명해 주는 대목이기도 하다. 교회를 건축하는 3년 동안 주민들이 많지 않고, 건물이 많지 않은 로스앤젤레스 외곽에서 엄청난 공사가 진행되고 있을 때, 교회의 건축에 대해서 찬성하는 사람들이 있었는가 하면, 극렬하게 반대하는 사람들도 부지기수였다.

이렇게 반대해도 에이미는 전혀 굴하지 않고, 하나님의 명령에만 순종했다. 건축이 완성되고 헌당 예배가 끝났을 때, 「LA타임즈」(Los Angeles Times)와 같은 미국의 주요 언론이 앤젤레스템플교회의 헌당을 교회와 에이미의 사진과 함께 1면 머리기사로 싣고 교회의 규모, 성격, 공사기간 동안 벌어졌던 일들을 소개하면서 에이미를 "기적의 여인"으로 칭찬했다.

♠ 교회 상징 표어

교회의 이름을 앤젤레스템플교회로 확정한 후 강단 위에 어떤 성경 구절을 교회 상징 말씀으로 써 넣을까 고심하게 되었다. '포스퀘어 복음'은 예수 그리스도의 네 가지 사역을 지칭하기 때문에 에이미는 '포스퀘어 복음'을 "네 가지 좋은 소식"(Four Good News)이라고 늘 생각해 왔다. 그러므로 내부의 장식은 어떤 사람이 교회에 들어온다 해도 슬픈 생각을 하도록 해서는 결코 안 되고, 긍정적이며 희망적인 생각을 하도록 해야 한다고 생각했다. 이에 맞는 어떤 성경 구절이 좋은지 교회의 지도자들과 성도들에게 추천하도록 했다. 여러 가지 성경 구절이 들어왔다.

성도들은 하나님께서 기뻐하실 것으로 생각하는 성경 구절을 적어서 교회에 제출했다. 교회의 표어선정위원회에서는 제출된 성경 구절을 하나하나 읽고 검토했다.

모든 사람이 죄를 범하였으매 하나님의 영광에 이르지 못하더니 (롬3:23).

앤젤레스템플교회

이 말씀을 당선작으로 뽑았다. 위원회는 에이미에게 예수님의 사역을 포괄적으로 담고 있기 때문에 이 구절을 뽑았다고 보고했다.

그러나 에이미는 위원회에서 선정한 그 구절은 "좋은 소식"은 아니라고 생각했다. 왜냐하면, 인간이 죄를 지어 하나님의 영광에 이르지 못한 부정적인 것으로 끝을 맺고 있기 때문이었다. 무언가 아쉬움을 남기는 구절이었다.

그러면서 좋은 소식의 핵심에는 무엇이 있을까 고심하던 중 에이미는 예수님을 높이는 말씀이면 되겠다고 생각하게 되었다. 그래서 결국 이 말씀으로 새롭게 건축하는 포스퀘어복음교회의 대표 성경 구절을 삼았다.

예수 그리스도는 어제나 오늘이나 영원토록 동일하시다(히 13:8).
Jesus Christ is the same yesterday, today and forever(Heb 13:8).

앤젤레스탬플교회 내부

하나님 나라가 확장되기를 바라는 마음으로 혼신의 힘을 다해 복음 증거에 헌신한 것이 이렇게 아름다운 열매로 돌아오게 될 줄이야!

> 주라 그리하면 너희에게 줄 것이니 곧 후히 되어 누르고 흔들어 넘치도록 하여 너희에게 안겨 주리라(눅 6:38).

예수님께서 친히 하신 말씀을 체험하는 순간이었다. 하나님은 하나님의 부르심에 순종한 자들에게 논리적으로나 이론적으로 설명할 수 없는 기적을 베푸신다. 에이미는 여성으로서 33세의 젊은 나이에 성령님의 지시에 순종했기 때문에 기적과도 같은 열매는 맺은 것이다.

앤젤레스템플교회 헌당이 갖는 의미

1923년 1월 1일 앤젤레스템플교회가 3년간의 공사를 마치고 헌당 예배를 드렸다. 헌당이 갖는 의미가 어떠한지 살펴보기로 하자.

♠ 교회의 여성 리더십

1918년 윌슨 대통령은 연방헌법에 여성 투표권을 명문화할 것을 의회에 요청했고, 1920년에 수정헌법 제19조로 여성 투표권이 미국의 상원과 하원을 통과해 미국 헌법으로 인정받게 되었다. 미국에서 여성들에게 투표권이 인정된 것이 지금부터 105년 전의 일이다.

여성의 투표권을 정부에서 인정하지 않을 때도 에이미는 20대 중반의 여성으로 안수도 받지 않고 미국을 동서남북으로 종횡무진 휘저으면서 복음을 증거했다. 그리고 여성의 투표권이 법적으로 허락된 지 3년 만에 여성 목회자가 이끄는 초대형교회가 탄생한 것이다.

에이미는 하나님께서 성경에서 가르치고 인정하신 것을 따르려고 애를 썼다. 여성 인권이 강조되기 전부터 본인이 성령의 능력을 의지하여 말씀을 증거하고 귀신을 내쫓고 병자를 치료했다. 또한, 여성들에게도 성경과 신학을 공부하여 하나님의 종으로 쓰임 받을 수 있도록 권면하여 용기를 주었다. 교회를 세운 후에는 교회에서 여성들도 하나님의 사역에 적극적으로 나서도록 격려했다.

에이미는 포스퀘어복음교단을 이끌면서 여성들도 남성과 마찬가지로 같은 조건으로 목사 안수를 받을 수 있도록 제도를 만들었다. 이렇게 여성에게 남성과 똑같은 조건으로 목사 안수를 주는 것은 당시로서는 파격적이었다. 당시 어느 교단에서도 여성들에게 안수를 주지 않았다. 그런데 여성도 남성과 같은 조건에서 안수받도록 한 것은 선지자적인 통찰력이 없으면 불가능한 것이었다.

사회의 규범보다는 성경의 가르침을 앞세우는 에이미의 선지자적인 면이 돋보이는 점이다. 앤젤레스템플교회가 설립된 지 100년이 지난 지금도 여성들에게 목사 안수를 허용하지 않는 교단이 있는 점을 감안하면 에이미가 남성과 여성들에게 동등한 기준으로 목사 안수를 허용한 것은 시사하는 의미가 크다고 하겠다.

여성에 대한 에이미의 이러한 믿음은 많은 여성이 신학교에 입학하도록 했다. 당시 대부분 여성은 교회에서 주일학교를 돕든지, 전도 부인으로 전도에 주력하던지, 선교사로 나가던지, 성가대에서 봉사하는 것과 같은 보조적인 일을 주로 했다. 포스퀘어복음교단에서 여성들의 능력을 인정해 주고, 목사 안수까지도 문을 열어주게 되자, 사역자들이 많이 배출되었다. 여성이 담임목사인 교회가 많이 탄생되었고, 선교지에서도 활발하게 사역하는 여성들이 많이 등장하게 되었다.

♠ 상징적인 오순절교회의 탄생

유니온신학교의 총장을 지내신 헨리 밴 두산 박사는 오순절운동을 기독교의 세 번째 세력이라고 했다. 가톨릭교회, 개신교 다음에 등장한 기독교의 새로운 개혁운동으로 본 것이다. 루터의 종교개혁을 기점으로 시작된 기독교는 성경의 권위를 인정하면서 성서의 가르침을 따라갔다. 그러나 "기적 중지론"이 대두되어 예수님께서 사흘 만에 부활하신 사실을 비롯한 성경에 있는 기사와 이적을 부인하는 그룹이 생겼다. 또한, 신앙의 기본이 되는 성경의 무오성을 부인하는 자들도 일어나서 성경의 권위를 추락시키게 되었다.

그런데 1,900년대 초에 초대교회의 신앙을 재현하면서 성령세례와 방언, 예언, 또는 병 고침 등을 강조하면서 일어난 운동이 오순절 성령운동이다. 오순절운동도 타락해 가던 개신교를 개혁하는 운동이었다. 1900년도 찰스 파함 목사를 중심으로 일어난 이 운동은 1906~1909년까지 윌리엄 시무어 목사가 주축이 되어 로스앤젤레스의 아주사거리에서 시작된 '아주사거리부흥운동'을 통해 세계적인 운동으로 성장해 나갔다.

그 후 오순절운동은 미국의 방방곡곡에까지 파급되어 교회를 개혁하며 영혼을 구하는 일을 하고 있었다. 하지만 뚜렷하게 이 운동을 끌고 가는 지도자는 에이미가 대두될 때까지 없었다.

그런데 26세의 젊은 여인 에이미가 혜성같이 나타나서 1916년부터 천막을 갖고 미국의 이곳저곳을 다니면서 성령 집회를 열었다. 에이미가 인도하는 집회에서는 군중들이 상상할 수 없을 정도로 모여들었다. 성령부흥회를 통해서 예수를 구주로 영접하는 구원받는 자가 늘어나고, 성령세례를 받음으로 방언을 말하는 자들이 많이 생겼다.

또한, 병으로 고생하던 환자들이 병에서 낫는 역사가 속출한 것이다. 6년간의 부흥회를 통해서 오순절 성령의 역사가 미국 전체를 흔든 것이다. 초대교회와 같은 성령의 역사가 일어난 것이다. 그녀가 한 도시에서 집회를 끝내고 나면 그 도시에 있는 대부분 교회가 성장했다. 어느 교단에도 속해 있지 않았기 때문에 새로 회심한 신자들이 그 도시에 있는 교회에 등록했기 때문이었다. 교회를 나가지 않는 사람들도 신문과 방송을 통해서 에이미가 행한 일을 상세히 보고 들었다. 기독교는 믿는 사람들만 교회에 모여 예배만 드리고 죽은 후에 천국에 가는 종교가 아니고, 현재 살면서 병도 고치고, 귀신도 내어쫓고, 좋은 일을 하는 종교라고 인식을 바꾸는 계기가 되었다.

그러한 지도자가 1923년 로스앤젤레스에 정착하고 앤젤레스템플교회를 헌당한 것이다. 이 교회는 대형교회로 오순절운동의 상징으로 이해되었다. 교회의 규모나 에이미의 명성을 통해 1906년부터 3년간 하루도 쉬지 않고 아주사거리의 부흥운동이 일어난 곳에서 얼마 떨어지지 않은 곳에 오순절운동을 이끄는 대형교회가 설립되었다는 것은 오순절운동의 긍정적인 미래를 상징적으로 말해 주는 것이었다.

♠ 초대교회를 본받는 교회의 탄생

1517년 마틴 루터(Martin Luther)가 종교개혁을 일으킨 것은 성경의 진리를 떠나 부패하고 교권주의에 빠진 가톨릭교회를 개혁하려고 한 것이었다. '오직 성경, 오직 은혜, 오직 믿음'만을 강조하는 종교개혁은 놀라운 성령의 역사였다. 그러나 종교개혁이 끝난 후 유럽에는 새로운 철학적 사조가 휩쓸었다.

인간의 이성을 중시하는 계몽주의와 합리주의 철학이 나타났다. 이러한 철학 사상은 인간의 이성으로 이해되거나 판단할 수 없는 것은 모두 배제시켰다. 성령의 역사는 인간의 이성을 뛰어 넘는 하나님의 역사였기 때문에 이러한 철학을 신봉하는 자들에게는 이해할 수 없는 영역이었다. 이들은 심지어 성경에 기록된 초자연적인 하나님의 역사를 믿음의 대상에서 빼버렸다.

예를 들어, 이스라엘 백성이 홍해를 건너는 사건, 예수님께서 처녀의 몸에서 탄생한 사건, 예수께서 십자가에 죽었다가 사흘 만에 부활하는 사건 등은 실제 일어난 사건이 아닌 신화라고 설명했다. 이러한 철학에 뿌리를 둔 유럽의 자유주의 신학자들은 성경의 무오설도 믿을 수 없는 것으로 치부하고 말았다. 성경에 기록된 많은 사건이 이성으로 인정할 수 없는 것들이었기 때문에 인간이 만들어 낸 것으로 간주해 버린 것이다. 인본주의 사상이 신본주의를 밀어낸 셈이다.

그런데 20세기에 등장한 오순절운동은 이러한 신학적인 풍조를 반대하면서 성경의 모든 기록은 사실일 뿐 아니라, 사도행전에 나타난 모든 기사와 이적은 지금도 일어날 수 있는 성령의 역사라고 믿고 가르치면서 강조하는 운동이다. 현대 교회를 초대교회처럼 돌아가게 할 수 있는 새로운 교회 갱신 운동이었다.

성령세례를 강조하여 방언을 말하도록 하고, 질병이 치료되고 귀신이 쫓겨나도록 하는 성령의 역동적인 역사를 강조하는 운동으로 번져나갔다. 기적은 성경의 완성으로 끝났다고 주장하는 기적 중지론자들(Cessationist)의 주장은 성서적인 것도 아니고, 기독교적인 것도 아니라고 반박했다.

예수님은 어제나 오늘이라 영원토록 동일하신 분이시기 때문에 지금도 기적을 행하신다고 믿고 가르쳤다. 예수님의 균형 잡힌 네 가지 사역(Foursquare Gospel)을 강조하며 말씀과 능력을 강조하던 에이미가 로스앤젤레스에 교회를 세웠다는 것은 사도행전의 역동적인 성령의 역사가 부흥운동으로만 끝나지 않고, 개 교회운동으로 정착했다는 중요한 의미가 있다. 모든 교회가 사도행전과 같이 댈 수 있다는 가능성을 보여 주는 좋은 예가 된 것이다.

♠ 예배에 대한 인식의 파격적인 변화

교회라고 하면 예배를 드리는 곳으로만 이해하고 있었다. 그러나 앤젤레스템플교회는 단순히 예배만 드리는 교회가 아니고, 음악, 연극, 오페라, 뮤지컬, 교육, 잡지, 방송, 구제사업 등 다양한 복합적인 종합 사역을 하는 교회였다. 교회에 대해 갖고 있던 개념을 과감하게 바꾼 것이다. 이를 위해 에이미는 앤젤레스템플교회를 전통적인 교회의 모습이 아닌, 새 시대를 준비하는 극장식으로 건축했다.

앞에서 언급한 것처럼, 그녀는 교회를 중심으로 성령충만한 지도자를 양성하기 위해서 신학대학을 세웠다. 복음을 전적으로 송출하는 복음방송국을 개원하여 선교의 새로운 패러다임을 만들어냈다. 1917년에 창간한 「브라이들 콜」 잡지를 확대해서 다양한 문서선교를 시작했다.

다양한 악기를 동원한 찬양, 연극, 오페라, 뮤지컬 등과 같은 예능 프로그램을 개발하여 교회에서 공연함으로 복음을 여러 가지 다양한 방법을 통해 전파하게 되었다. 이러한 예능 프로그램을 통한 복음 전파는 앤서니 퀸(Anthony Queen)과 같은 할리우드의 많은 유명한 배우들이 교회에 나오도록 했다. 개혁신학에 기초하여 경건하고 조용하고 차분하게 드리던 예배에서 교회의 목회 방향에 따라 다양한 방법으로 전개되는 새로운 패러다임이 시작된 것이다.

지금까지 한 번도 시도해보지 않았던 형태의 예배가 이곳에서 이루어지고 있었다. 오르간과 피아노가 교회음악의 중심에 있었는데, 타악기나 금관악기와 같은 다양한 악기가 연주되고, 성가대 중심의 예배 음악이 오페라, 뮤지컬, 칸타타 등으로 다양하게 활용되면서 하나님께 영광을 돌린다는 개념에 많은 변화가 일어났다.

오늘날 현대교회가 드리는 열린 예배가 1920년대 에이미를 통해서 앤젤레스템플교회에서 시작된 것이다. 에이미는 음악에 뛰어난 재능이 있어서 하나님을 영화롭게 하는 일이라면 무슨 일이든지 할 각오가 되어 있었다. 본인이 작곡한 찬송과 찬양곡도 1,800여 곡이 넘는다. 1931년에는 첫 오페라인 <왕을 경배하라>라는 작품을 발표했다.

목사의 설교를 통해서 복음을 전파할 때 대상은 제한될 수밖에 없다. 설교를 듣고자 교회에 나오는 사람들은 메시지를 들을 수 있지만, 교회 안에 들어오지 못하는 사람들이나 설교에 관심을 두지 않는 사람들에게는 큰 도움이 안 된다. 대상에 따라서 복음을 전달하는 방법도 달라져야 한다는 것이 현대 목회학에서 강조하는 것인데, 에이미는 20세기 초에 이러한 생각을 하고 실행하신 것이다.

특히, 음악과 연극은 문화와 언어를 뛰어넘는 세계적 공통언어이다. 악기 연주나 무대에서 움직이는 연극배우의 대사는 제대로 알아듣지 못한다 해도 메시지는 전달되기 때문에 현대 목회에서 다양하게 활용된다. 현대 목회에는 TV나 유튜브, 스마트폰, 줌(Zoom) 등이 많이 활용되지만, 20세기 초에는 방송이 메시지를 먼 지역까지 송출하는 유일한 도구였다. 에이미는 1924년에 KFSG방송국을 개국해서 복음을 전했다. 주일 예배가 생중계되어 미국 전역은 물론 북쪽의 캐나다, 남미의 모든 나라, 심지어 호주에서까지 들렸다니 방송 매체의 힘이 얼마나 대단했는지 알 수 있다. 또 에이미는 TV를 통해서 복음을 전하고 싶은 마음이 있어서 TV를 운영할 수 있는 자격증까지 모두 따 놓았다니 선견자적인 통찰력이 대단했던 분으로 평가할 수 있다.

에이미는 영혼을 구원하기 위한 길이라면 어떠한 방법이든지 시도하려고 했다. 앞으로 음악과 연극뿐 아니라, 영화, 애니메이션, 한국의 고전무용, 북과 장고와 같은 한국의 전통악기 등을 복음 전도에 활용하는 방법을 연구하여 적극적으로 활용하면 더 많은 영혼을 구할 것으로 생각된다.

♠ 세계선교를 앞세우는 교회

앤젤레스템플교회를 헌당하면서 에이미는 머릿돌에 "초교파적이고 세계적인 복음 전파를 위해 헌당한다"라는 글귀를 새겨 넣었다.

목회자가 평생 몇 개의 교회를 짓고 헌당하게 될까?

평생 목회하면서 교회 하나를 짓고 헌당한다는 것도 영광스러울 일이다. 힘써 전도하여 성도들을 모으고, 성도 한 명 한 명을 제자화해서 하나님께 헌신하는 믿음의 일꾼으로 만들어 놓은 후, 교회를 짓고 헌당하게 될 때 교회의 머릿돌에 무슨 글을 써 놓아야 할까 많이 고민하게 된다. 이 머릿돌에 써놓은 글은 목회자가 평생 하고 싶었던 것, 하나님으로부터 받은 독특한 사명에서 나온다.

세계선교의 꿈이 에이미가 하나님으로부터 받은 독특한 사명이었다. 이 머릿돌 속에는 한 영혼이라도 더 구하고자 애쓰는 에이미의 하나님을 사랑하는 마음이 고스란히 담겨있다.

앤젤레스템플교회에 있는 포스퀘어복음교회의 기초석

에이미는 본인이 직접 중국에 선교사로 파송되었다. 비록 많은 영혼을 구원하지는 못하고 귀국했지만, 중국 사람에 대한 상한 마음은 변치 않고 있었다. 병에서 나은 후에 동부에서 3년간 부흥회를 인도하면서 다양한 영혼을 주님께 인도했던 경험, 동부에서 서부까지 대륙을 횡단하면서 38번의 대형 집회를 인도하고 영혼을 구원할 때마다 주님께서 얼마나 기뻐하셨는지 느꼈던 감격, 틈틈이 선교헌금을 마련해 해외에서 선교하고 있던 선교사들을 도왔던 일들 등 선교와 관련된 수많은 사건이 주마등처럼 떠올랐다.

그녀는 하나님의 나라를 확장하는 것은 미국에 있는 사람들뿐 아니라, 세계에 흩어져 있는 모든 인종을 포함해야 한다는 생각에 앤젤레스템플교회를 세계선교에 바친다고 글을 쓰게 된 것이다. 에이미는 앤젤레스템플교회의 모든 힘을 모아 선교에 올인하게 만들었다. 교회에서는 교회 자체적으로 선교사를 파송했고, 교회의 모든 기관은 독자적으로 선교기금을 마련해서 선교사를 해외에 파송하도록 했다.

앞에서 언급한 대로 성가대도, 관현악단 등 교회의 모든 기관은 각각 선교사를 파송하고 힘써 지원하게 했다. 앤젤레스템플교회는 힘써 전도하고 선교사를 파송하는 분위기로 가득 차 있었다.

앤젤레스템플교회의 다양한 사역

♠ 새벽기도운동

교회가 헌당 예배를 드리고 얼마 지나지 않았을 때부터 새로운 현상이 나타났다. 이른 새벽 해가 뜨기 전에 에코파크를 통해 교회문으로 들어가는 소수의 사람들이 나타나기 시작했다는 것이다. 처음에는 적은 인원이 오더니 시간이 갈수록 늘어나 100여 명이 넘는 사람으로 늘어났다.

이들은 성령님의 임재하심을 간절하게 사모했고, 간절히 기다리면서 성령의 불 받기를 기도하던 사람들이었다. 이들은 다른 성도들을 만나 의미없는 대화를 나누기 위해 오는 사람들이 아니었다. 더욱이 교회를 구경하러 오는 것도 아니었다. 심지어 아침마다 예배를 인도하는 목회자의 설교를 들으러 오는 것도 아니었다.

위에서 내려오는 성령의 능력을 받을 때까지 기다리기 위해 오는 사람들이었다. 그들은 본성전의 강단 위와 아래에서 기도했고, 120명이 입실할 수 있는 120룸으로 올라가서 무릎을 꿇고 기도했다.

어떤 사람은 정오까지, 어떤 사람들은 온 종일 식음을 전폐하고 기도에 전념하기도 했다. 이들은 앤젤레스템플교회의 교인인지 아닌지는 몰라도 성령님을 만나고, 자신의 믿음 성장과 어려움에서 도움을 받고자 하나님께 간절히 기도하러 왔던 사람들이었다.

이러한 새벽기도는 교회에서 지금까지도 계속되고 있다.

♠ 성령운동

에이미 사역의 특징은 성령운동이다. 에이미는 신학대학이나 신학대학원에 진학하는 정규신학 교육을 받지 않았다. 이러한 경력이 단점이 되기도 하지만 장점이 되기도 했다. 정규 신학 교육을 받지 않았기 때문에 신학교에서 강조하는 것들이나 신학의 흐름을 이해하지 못하는 점도 있을 수 있다.

교회사의 흐름에 대한 이해의 부족이 있을 수 있고, 전반적인 기독교가 어떤 방향으로 흐르는가에 대한 이해가 부족할 수 있다. 또한, 성경 언어를 공부하지 않았기 때문에 성경이 쓰였을 때의 저자 의도나 독자들이 해야 할 태도 등에 대한 이해가 낮을 수도 있다.

그러나 신학교에서 교육을 받지 않았기 때문에 잘못된 가르침이나 특정한 신학사상의 영향을 덜 받을 수도 있다.

앤젤레스템플교회 예배

또한, 성경에서 가르치는 것을 그대로 믿고 순종할 수 있다. 비록 에이미는 신학교에 진학하여 공부하지 못했어도 책을 많이 읽고 스스로 공부해서 성경 언어까지 읽고 이해할 수 있었다.

에이미는 '기도의 여인'이었고, '성경 벌레'라는 별명을 들을 정도로 성경을 사랑하고 많이 읽었다. 고등학교 때부터 책을 많이 읽는 습관이 있었기에, 독서를 통해서 신학교에서 가르치는 책들을 거의 다 읽었을 정도였다. 이러한 점이 그녀에게는 성령님과 직접 연결되는 장점으로 작용한 것이다.

에이미의 첫 남편이었던 로버트 샘플 목사가 본인에게는 신학교요, 신학을 가르쳐준 유일한 교수였다고 자주 말하곤 했다. 샘플 목사의 신학과 신앙이 그대로 에이미에게 전수되었다고 이해하면 좋을 듯하다.

아일랜드 출신의 샘플 목사는 당시 일어나고 있던 성결운동, 신유운동, 성령운동의 영향을 많이 받았고, 성경을 많이 읽고 영혼 구원에만 매달리던 젊은 순회부흥사였다. 성경은 하나님의 말씀으로 일점일획도 틀림 없이 정확무오하며 성령님께서 40여 명의 하나님의 종들을 통해 기록하셨는데, 성령님은 지금도 성경을 기록할 당시 저자들에게 말씀하신 것과 똑같이 우리에게도 말씀하신다고 믿었다. 에이미는 또한, 그의 가르침을 그대로 믿었다.

에이미는 책을 통해서 당시 성령에 대한 여러 학자의 견해를 알고 있었다. 그들이 성경의 가르침과 다르게 가르친다고 그들의 이론을 비판하며 잡지를 통해서 반박하기도 했다. 샘플 목사가 말한 대로 성령님은 지금도 말씀하시는 분이시기 때문에 성경을 읽고 성경이 말하는 그대로 가르치면서 설교했다. 에이미가 사역하던 20세기 초는 성령론에 관한 많은 연구가 별로 없었다. 당시 미국에서 성결운동과 신유운동은 에이미 이전부터 활발하게 활동하고 있었다.

특히, 감리교를 시작하신 웨슬리 목사의 영향을 받은 성결운동은 미국의 많은 목회자들이 따르고 있던 신학운동이었다. 에이미도 성령운동을 이끌면서 성령운동의 지도자로 앞장서있던 심프슨(A. B. Simpson) 목사의 책을 많이 읽으면서 따르고 있었다.

특히, 19세기 말에 미국에서는 신유의 은사가 있다고 생각하는 사람들이 병자들을 치료하기 위한 '치료자의 집'(Healing Home)을 많이 운영하고 있었다. 치료의 집은 현대 기도원과 같으면서도 다른 면이 있다. 신유의 집에는 병으로 고생하고 있던 사람들이 입소하여 일정 기간을 머물면서 원장이나 은사가 있는 사람으로부터 성경도 배우고, 기도도 하면서 요양하는 집이었다.

많은 환자가 함께 있지 않고, 같은 병을 앓고 있는 소수의 사람끼리 모여서 하나님의 치료를 기다리는 집이었다. 그러므로, 어떤 치유의 집은 위장병을 앓고 있는 환자들만 수용되어 있었고, 다른 집은 폐병을 앓고 있는 사람들만 모여서 낫기를 기도하는 집이었다. 간혹 어떤 치유의 집에서는 특별한 강사를 초청해서 환자들을 위한 특별 집회를 인도하기도 했다.

이러한 치유의 집은 특히, 미국 동부와 북부에 많이 편중되어 있었다. 이러한 치유의 집에서 기도를 통해서 병을 나은 사람들에 대한 기록도 수없이 많이 보고되었다.

유럽에서는 찰스 다윈의 진화론이 일어났고 자유주의 신학이 기승을 부리고 있었다. 16세기 루터의 종교개혁을 통해서 성령의 역사가 크게 일어났지만, 오래가지 못했다. 17세기 유럽을 휩쓴 합리주의와 계몽주의는 인간의 이성을 성령의 계시나 영감보다 더 중요시했다. 성경을 읽으면서 인간의 이성으로 이해할 수 없는 것은 배제시키는 것이 신학계에도 침투했다.

모세가 홍해를 가르고 마른 땅으로 이스라엘 백성이 걸어간 것, 예수님께서 성령으로 잉태된 동정녀 마리아의 몸에서 탄생하신 것, 예수님이 물을 포도주로 변화시킨 것, 죽었다가 사흘 만에 부활하신 것 등 수많은 기적이 성경에 있을지라도 믿으려 하지 않았다. 이성적으로 이해가 되지 않았기 때문이었다.

이러한 진화론과 자유주의 신학 풍조의 영향력은 적지 않았다. 교회에도 이러한 신학과 사상이 침투하여 성경의 절대성과 무오성을 믿지 못하게 하고, 성경의 기록 자체를 의심하게 했다.

또한, 교육계에도 침투하여 초등학교부터 고등학교에 이르기까지 모든 학교에서는 창조론이 아닌 진화론을 가르치고 있어서 자라나는 차세대 지도자가 될 학생들에게 하나님의 창조론을 멸시하도록 했다. 또한, 신학대학에서도 고등비평이 대세를 이루면서 성경을 분석하여 그 말씀이 하나님의 말씀인지 인간의 말인지 판단하도록 가르쳤다.

이러한 고등비평의 영향으로 성경의 무오성에 대해 의심을 하는 학자들이 나타났다. 이들이 신학대학에서 가르침으로 신학을 공부하는 학생들도 자연히 성경을 의심하는 쪽으로 기울게 되었다. 신학계에 성경 자체를 의심하게 하는 새로운 암초가 형성된 것이다. 잔잔했던 신학계에 이러한 물결이 유럽에서 일어나게 되자, 미국의 신학계에서 경계하면서 긴장하게 되었다.

19세기 중엽에 뉴욕의 프린스턴신학교는 당시 보수신학의 중심에 있었다. 이 대학교에서 조직신학 교수로 있던 벤자민 워필드(Benjamin B. Warfield) 박사는 『성경의 영감과 권위』라는 책을 집필해서 유럽에서 일어나고 있던 성경의 무오설을 의심하는 새로운 신학 풍조를 반대하게 되었다.

에이미는 미국 공립학교에서 과학적인 근거도 없는 찰스 다윈의 진화론을 정론인 것처럼 가르친다고 로스앤젤레스 교육 당국의 잘못된 교육 정책을 설교와 방송을 통해서 비판하곤 했다. 그녀는 성경이 말씀 하는 대로 창조론이 맞는다고 강하게 주장하면서 모든 공립학교에서 창조론을 정설로 가르칠 것을 역설하곤 했다.

진화론에서 주장하는 지구의 나이가 몇억 년이나 되었다고 하는 것은 가설(假說)을 기초로 나온 학설이지 과학적이 아니다. 과학적이라는 말은 실험해서 증명되어진 통계를 바탕으로 하는데 몇억 년 전에 살아 본 사람은 아무도 없으므로 추정해서 나온 이론이다.

에이미는 성령론에 대해서는 고전적이요 전통적인 신앙을 고수했다. 예수님의 말씀과 사도행전에서 역사하신 성령은 지금도 역사한다고 가르치면서 실제 예배드리는 장소에서 성령님께서 역사하시도록 했다. 그녀는 성경의 내용을 설명하면서 회중들을 설득하려 하지 않았다.

성경의 이야기가 비록 3,500년 전에 기록된 것이라 할지라도 지금 우리에게 말씀하시는 것으로 실제와 같이 선포했다. 성도들로 하여금 현재 자기에게 그러한 하나님의 은혜와 기적이 일어나기를 기대하도록 했다.

그녀의 설교를 들어보자.

> 하나님은 항상 극적으로 역사하십니다. 모세 때에는 홍해를 가르셨습니다. 엘리야 때는 산꼭대기에서 그와 같은 기적을 행하셨습니다. 예수님은 십자가에서 못 박혀 죽으시고, 3일 만에 부활하셔서 승천하셨습니다.
> 이것이 기적입니다.
> 그리고 오순절에 하늘에서 기도하는 성도들에게 불을 내려 주셨습니다. 지금이 이 자리가 오순절 다락방입니다. 지금 불이 내려옵니다. 받아야 합니다.
> 당신이 갖고 문제가 굉장히 크게 보일지라도 위대하신 하나님께는 아주 작은 문제입니다. 믿음의 청사진이 성경에 있습니다. 신약성경은 우리 가 가져야 할 하나님의 믿음을 알려 주셨고, 예수님의 이름으로 기적을 행할 권세를 주셨습니다.

현재 당신이 앓고 있는 암이 몇 기든 간에 당신의 믿음과 하나님의 말씀만 있으면 치료받을 수 있습니다. 예수님께서 죽음에서 살리신 사람이 셋이 있는데, 예수님은 죽음의 어떤 단계에 있든지 상관하지 않으시고 살리셨습니다. 주님은 "생명이여 들어오라"라고 말씀만 하신 것입니다.
주님께서 어떻게 하셨는지 살펴봅시다.
예수님께서 죽음이 생명의 영역에 침입해서 죽인 사람을 살리셨습니다.

첫 번째 예는 회당장으로 있던 야이로의 딸이었습니다. 그녀는 "그냥" 죽었습니다(마 9:18-26; 막 5:21-43; 눅 8:40-56).
두 번째 예는 나인성 과부의 아들이었는데, 그는 "어느 날" 죽었습니다(눅 7:11-17).
세 번째 예는 베다니에 살고 있던 마리아와 마르다의 오빠 나사로였는데, 죽은 지 "사흘이나 지난 후"였습니다(요 11:17-45).

그런데 주님을 그들 모두를
살아나게 하셨습니다.
당신의 문제가 얼마나 크고, 당신이 지금 얼마나 절망적인가는 중요하지 않습니다. 예수님은 부활이요 빛이시기 때문입니다.
그분의 사랑과 능력을 믿기만 하면 되는 것입니다.

에이미는 성령의 역사를 두 단계로 나누어 설명했다. 불신자들이 예수를 믿어 중생하도록 하시는 성령의 역사와 믿는 성도들에게 성령으로 세례를 줌으로 능력을 받아서 복음 증거의 증인이 되도록 하시는 역사이다.

예수 그리스도는 인간을 영생으로 인도하는 유일한 길임을 확신하고 어느 예배에서나 예수를 영접하도록 초청했다. 예배는 항상 믿는 성도들을 구원으로 초청하는 것으로 마무리했다.

성령세례에 관하여 에이미는 다른 사람의 이론을 따르기를 거부했다. 성령에 대해서 성경이 가르친 말씀을 그대로 믿었고, 본인의 체험을 통해서 성경의 가르침이 맞는다는 확신이 중요했다. 20세기 초에는 성령세례란 용어가 그리 널리 사용되지 않았을 때였다.

그러나 사도행전 1장에 나타난 성령세례는 분명히 예수님께서 말씀하신 것이기 때문에 사도들뿐 아니라, 믿는 모든 성도에게 주신 말씀으로 반드시 받아야 한다고 가르쳤다. 그래서, 에이미가 인도하는 대형 집회나 예배에서 수많은 성도가 성령으로 세례를 받았고 다른 방언으로 말하는 은사를 받았다. 에이미는 방언이 성령세례를 받은 첫 증거로 믿고 가르쳤다.

14시간 연속된 성령 집회

에이미는 하나님은 좋으신 분이시기 때문에 성령으로 세례를 달라고 기도하면 누구에게나 주신다고 가르쳤다. 또한, 성령으로 세례를 받으면 성령께서 각종 다양한 은사를 주시는데, 그 은사를 하나님의 영광을 위해서 맘껏 사용하도록 했다. 그러는 가운데 기적은 자연스럽게 일어난다고 했다.

에이미는 성령세례를 받도록 특별기도를 여러 번 인도했다. 성도들이 성전의 다락방인 500룸이나, 120룸에서 철야기도를 하면서 부르짖도록 성도들을 격려했다. 때로는 성령 집회를 14시간 동안 또는 19시간 동안 쉬지 않고 연속해서 인도하기도 했다. 한 번 시작한 성령 집회가 14시간 동안 끝나지 않고 계속된 것이다.

찬양과 기도, 말씀과 간증이 섞인 장시간 동안의 성령 집회를 통해서 수많은 사람이 성령으로 세례를 받아 기쁨이 충만했고, 복음을 전하고자 하는 열심히 생겨났다. 참석한 성도들은 큰 소리로 기도하며 다양한 방언으로 기도하기도 했다. 또한, 예배 도중에 병자들을 위한 기도회도 개최되어 많은 병자가 여러 질병에서 해방되는 일이 있었다.

♠ 신유 역사

에이미가 사역할 때, 기적중지주의 이론이 신학계와 기성 교단에 널리 퍼져 있었다. 모든 기적은 성경이 완성됨으로 끝났다고 주장하는 이론이다. 지금은 성경이 하나님 나라와 예수님의 사역을 잘 말씀해 주기 때문에 기적이 필요도 없고 일어나지 않는다는 이론이다.

그러므로 오늘날 일어나는 기적은 성경적인 것도 아니고, 마귀나 사탄이 주는 것이라고 가르쳤다. 이들의 가르침은 성도들이 아예 기적을 기대하지 못하도록 한 것이다. 기적을 기대하지 않는 것이 정상적인 성도의 삶인 것으로 못 박아 놓은 것이었다. 교회에서 예배드릴 때도 이성적으로만 드리도록 유도한 것이다.

그러나 에이미는 이러한 가르침을 반대했다. 성경이 말하고 있는 바와 같이 지금도 성령님께서 역사하고 계시기 때문에 기적은 예수님 시대와 똑같이 일어난다고 확실히 믿었다. 이렇게 기적중지주의를 가르치는 사람을 바리새인으로 여기고 그들의 비성서적인 가르침을 신랄하게 비판했다. 기적은 하나님께서 행하시는데, 사랑이 풍성하신 하나님이시기 때문에 우리의 사정에 맞도록 지금도 놀라운 기적을 행함을 믿고 기다리도록 했다.

병을 고치시는 것도 하나님께서 행하시는 기적이기 때문에 병이 중하든지 어떠하든지 믿고 기도하면 하나님께서 깨끗이 치료해 주신다고 확신했다. 에이미는 병자를 위한 기도에 참으로 열심을 냈다. 예배를 인도하는 중에 병이 낫도록 선포하고 기도했을 뿐 아니라, 예배가 끝나고 병든 사람들을 위한 특별기도를 언제나 해 주었다.

1921년도 앤젤레스템플교회 공사를 시작할 때, 샌디에이고의 발보아 공원에서 신유성회가 개최되었다. 30,000여 명의 많은 군중이 모여서 하나님을 찬양하면서 예배를 드렸다. 에이미는 이렇게 많은 군중이 모인 것을 보고 놀랐다. 예배가 끝난 후 병자를 위한 기도를 드리게 되었는데, 여러 가지 질병으로 고생하고 있는 환자들이 줄을 섰다.

제일 먼저 기도 받기 위해 앞으로 나온 환자는 휠체어를 타고 나온 중년 여인이었다. 그녀는 어려서부터 하반신이 마비되어서 걷지 못하는 중증 환자였다. 에이미가 언제부터 걷지 못했느냐고 물어보니 어려서부터라고 대답했다.

에이미는 사도행전 3장에서 베드로와 요한이 성전 미문에 앉아있던 40여 세가 되는 앉은뱅이에게 "예수의 이름으로 걸으라"고 할 때, 걷게 된 것을 말하면서 "믿느냐"고 물었다. 여인이 "믿는다"고 답하자, 에이미는 그 여인에게 안수도 하지 않고, "예수 그리스도의 이름으로 명하노니 일어나라"고 명령했다. 그러자 그 여인은 휠체어의 손잡이를 잡고 부들부들 떨면서 간신히 일어섰다.

에이미는 "계속 이쪽으로 걸어 나오라"고 힘주어 말했다. 여인은 비틀거리면서 한 발자국씩 걸음을 떼었다. 옆에 있던 가족들이 붙들어 주려 하자, 에이미는 "손대지 말고 혼자 걷게 하라"고 말하면서, 계속해서 걸어 나오도록 독촉했다. 여인은 자빠질 듯하면서도 조금씩 조금씩 에이미를 향하여 걸어갔다.

어려서부터 걸어본 적이 없어 평생을 휠체어를 타고 다닐 수밖에 없었던 여인이 부흥회에 참석하여 걷는 기적을 체험한 것이다. 이러한 광경을 지켜보고 있던 가족들과 성도들 모두는 "할렐루야"를 큰 소리로 외치면서 손뼉치기도 하고, "아멘"으로 하나님께 영광을 돌리기도 했다.

성도들은 집회가 끝났어도 장소를 떠나 집에 돌아가려 하지 않았다. 이날 발보아 공원에서는 밤이 늦도록 환자들을 위한 기도가 이어졌고, 많은 환자가 하나님의 능력으로 치료받는 기적을 체험했다.

에이미의 기도를 통해서 치료받은 사람은 부지기수였다. 필자가 미국에서 공부하던 1980년대 중반에는 앤젤레스템플교회 안에 있는 창고에 병에서 나은 사람들이 두고 간 목발, 휠체어, 의족, 의수 등 수많은 신체 보조 장비들이 쌓여 있었다.

병에서 나은 사람들이 두고 간 신체 보조 장비들

그때 그러한 것을 보고도 사진을 찍어 보관해 놓지 못한 것이 지금은 후회가 된다. 아래에 있는 사진은 「LA타임즈」*(Los Angeles Times)* 신문이 에이미의 장례식을 보도하면서 그녀의 기도를 통해 병에서 나은 사람들이 두고 간 신체 보조 기구를 사진으로 올린 것이다.

♠ 전도와 선교

앤젤레스템플교회가 완성되자 에이미는 이 교회를 통해서 전 세계를 복음화 할 꿈을 꾸게 되었다. 그래서, 교회의 머릿돌에 "초교파적이고 세계적인 복음화를 위해 이 건물을 헌당한다"라는 문구를 새겨 넣었다. 에이미는 이 교회를 복음 전파와 세계선교에 효과적으로 활용했다.

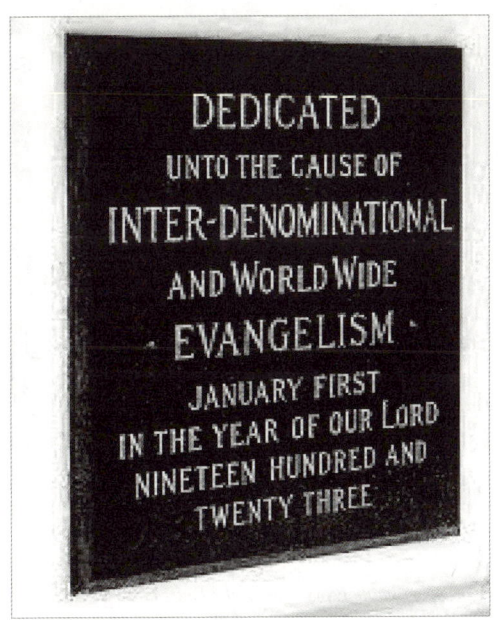

세계선교에 바친다는 머릿돌

1928년도에는 "우리의 일터는 세계이다"라고 표어를 정했고, 1929년도의 표어는 "전 세계를 포스퀘어 복음으로"라고 정해서 성도들에게 교회가 지양하는 목표가 무엇인지 확실하게 가르쳤다.

전교인들이 전도와 선교에 관심을 두고 기도하면서 헌신하도록 에이미가 지원하는 선교사들의 배너를 만들어 교회당 여러 곳에 걸어 놓았다. 배너에는 선교사들의 이름과 그들이 섬기고 있는 나라의 이름을 함께 써넣었다.

남미에서 선교사로 헌신하다 귀국하여 앤젤레스템플교회에서 선교 사역에 관한 일을 총괄했던 헤롤드 찰팡(Harold Chalfant) 목사는 필자와의 인터뷰에서 당시의 분위기를 다음과 같이 이야기했다.

> 앤젤레스템플교회의 분위기는 선교와 전도 그 자체였습니다.
> 선교와 전도를 빼놓으면 아무 것도 남지 않는 분위기였지요.
> 앤젤레스템플교회에 들어오는 사람들은 누구든지 선교사가 될 것을
> 생각해야 할 정도였습니다.
> 그러한 분위기 때문에 수백 명의 성도가 선교사가 되겠다고
> 지원서를 제출하게 된 것입니다.[46]

에이미는 교회 차원에서만 선교사를 파송한 것이 아니라 모든 성도가 선교사 파송에 열심을 내도록 했다. 앤젤레스템플교회의 주일학교, 중고등부, 청년부는 "크루세이더"(Crusader)라고 호칭되었다. 에이미는 각 크루세이더가 독자적으로 선교사를 파송하도록 독려했다. 앤젤레스템플교회에서 파송된 선교사의 종류를 보면 앤젤레스템플교회 선교사, 청년 크루

---

46 Yeol Soo Eim, *The Worldwide Expansion of the Foursquare Church*, Pasadena: Fuller Theological Seminary, 1986, 31. 미출판 박사학위 논문. 찰팡 목사는 세계선교 책임자로서 해외를 많이 다녔기 때문에 저자가 논문을 쓰는 동안 많은 도움을 주었다.

세이더 선교사, 학생회 크루세이더 선교사, 주일학교 크루세이더 선교사, 남전도회 크루세이더 선교사, 여전도회 크루세이더 선교사, 성가대 파송 선교사 등의 이름이 나온다. 이처럼 에이미는 모든 교인이 선교에 혼신의 힘을 기울이도록 교회를 이끌었기 때문에 헌당 4년째가 되었을 때 선교사 가족이 열네 개의나라에 파송되어 있었다.

에이미가 선교사를 많이 파송한 이유는 그녀가 강조한 임박한 그리스도의 재림과 깊은 연관이 있다. 주님께서 속히 오셔서 이 땅을 친히 다스리도록 할 수 있는 유일한 길은 땅끝까지 복음을 속히 전하는 길이라고 믿었기 때문이다.

또한, 에이미는 말씀을 증거하면서 성도들에게 우리를 사랑하시는 주님을 속히 보고 싶다는 말씀을 자주 언급했다. 주님께서 속히 오셔야만 우리가 주님을 빨리 만날 수 있기 때문에 있는 힘을 다하여 전도하고, 세상 방방곡곡까지 선교사를 많이 파송하자고 늘 강조했다.

1927년에 남아프리카공화국에 파송된 루이스(Lewis) 선교사는 딸이 미국에서 결혼할 때까지 24년간 한 번도 미국에 오지 않았다. 왜 안식년을 갖지도 않고, 한 곳에서만 그렇게 오래 사역했느냐고 묻는 기자의 질문에 이렇게 답했다.

> 내가 안식년을 가지려고 미국에 가 있는 동안에
> 주님께서 재림하시면
> 어떻게 주님의 얼굴을 볼 수 있겠습니까?
> 주님이 언제 오실지 모르기 때문에
> 한 영혼이라도 더 구원하려고
> 미국에 오지 않은 것입니다.[47]

---

47 Yeol Soo Eim, *The Worldwide Expansion of the Foursquare Church*, Pasadena: Fuller Theo-

이런 대답을 한 루이스 선교사는 에이미가 직접 파송한 선교사라 앤젤레스템플교회에서 에이미의 영향을 크게 받은 선교사였다.

♠ 개방적이며 다양한 예배

앤젤레스템플교회가 완성되자 에이미는 하나님이 주신 이 건물을 활용해서 예수님을 마음껏 높여드리고 싶은 심정으로 불타있었다. 순회부흥사로 다니는 동안 아쉬운 점도 많았고 하고 싶은 것들도 많았다. 아쉬운 점은 집회 때마다 구름 떼와 같이 몰려오는 많은 사람을 수용할 수 없어서 그들을 되돌려 보냈던 것이었다.

이제 큰 교회를 지었으니 그런 일은 없을 것이다. 또한, 집회를 통해서 설교만 하고 끝맺는 것이 너무나 아쉬웠다. 이제 커다란 교회당에서 다른 사람들의 방해를 받지 않고 마음대로 운영하게 되었으니 주님을 높여드리고 기쁘시게 하는 일을 누구의 눈치도 보지 않고 하게 된 것이 감격스러웠다.

에이미는 많은 교회가 주일 낮과 밤, 그리고 수요일 저녁에만 교회 문을 열어 예배드리고 다른 때는 교회 문을 닫아놓은 것에 대한 불편한 마음을 여러 번 「브라이들 콜」 잡지를 통해 발표해 왔다. 그녀는 교회가 24시간 교회의 문을 개방하여 예배하고, 기도하고, 교육하는 그러한 교회가 되어야 한다고 주장해 왔다. 이제 앤젤레스템플교회를 통해서 본인이 지향하려고 하던 교회의 모습대로 이끌어 갈 수 있게 되었다.

---

logical Seminary, 1986, 31. 미출판 박사 학위 논문, 73.

1923년 1월에 헌당한 교회의 예배 상황은 아래와 같다.

일요일	오전 9:30 주일학교
	오전 10:30, 2:30, 7:30 성인 주일 예배
월요일	오전 7:30 새신자 모임
	오후 7:30 성가대, 오케스트라 연습
화요일	오후 2:30 성령세례를 받기 위한 기도회
	오후 7:30 화요 예배
수요일	오후 2:30 신유 예배
	오후 7:30 기도회, 주일학교 교사 교육
목요일	오후 2:30 성도들의 깊은 영성을 위한 교육
	오후 7:30 침례교육과 침례식
금요일	오전 7시 ~ 오후 7시 금식기도, 다락방에서 예배
	오후 7:30 성년 집회(누구든지 참석 가능함)
토요일	오후 2:30 주일학교 예배(어린이들이 자체적으로 예배)
	오후 7:30 신유 예배

교회가 헌당된 후 6개월 만에 8,000명이 예수님을 구세주로 영접했으며, 1,500명이 본당의 침례탕에서 침례를 받았다. 많은 예배를 부사역자들이 도와주기는 했지만, 대부분의 집회에서 에이미가 설교했다.

주일이나 수요일로 날짜를 정해 예배드리지 않고 대예배실에서 일요일부터 토요일까지 매일 예배드리도록 했다. 하루에도 오전, 오후, 저녁으로 세 번씩 드리도록 했다. 한 주간에 21번의 예배가 드려지게 된 것이다. 교회당 안에 5,300명밖에 들어가지 못하자, 교회 안으로 입실하지 못한 사람들을 위해서 인접한 에코파크공원에 대형 스피커를 여러 군데 설치해 놓고 성도들이 들을 수 있도록 했다.

　에코파크공원에 편의시설을 마련해 놓고 시원한 나무 그늘에 앉아서 대형 스피커를 통해 나오는 설교의 말씀을 듣도록 한 것이다. 당시의 앤젤레스 탬플교회의 예배를 묘사한 문헌이나 신문 기사를 보면 예배 시간마다 밤낮 구분 없이 평균 5,000여 명 정도가 교회당 밖에서 예배를 드렸다고 한다.

　한 주간 평균 20여만 명의 사람들이 교회를 찾아온 셈이다. 물론 한 사람이 여러 번 반복해서 참석한다는 점을 감안한다 하더라도 엄청난 숫자가 교회로 몰려든 것이다. 1923년 당시 로스앤젤레스 인구가 76만 명인 점을 감안하면 교회의 영향력이 얼마나 컸는가를 가늠할 수 있다.

　매주 화요일과 토요일 저녁에는 특별신유 집회로 모였다. 예배는 같은 형식이었으나, 특별히 병자들을 위한 기도가 이루어졌고 신유에 대한 가르침이 주를 이루었다. 교회에서는 병으로 고통당하고 있는 사람들이 500룸에서 시행되는 치유에 대한 강의를 듣도록 권했었다.

　신유에 대한 강의는 에이미도 했지만, 주로 신학교에서 신유를 가르치고 있었던 릴리안 요만스(Lilian Yeomans) 교수가 강의했다. 그녀는 의사였다. 니코틴에 중독되어 고생하다 기도하는 중에 성령의 능력으로 치료된 후, 직업적인 의사로 돌아가지 않고, "성령의 능력으로 알코올 중독, 마약 중독, 니코틴 중독 등을 포함한 각종 질병에서 해방될 수 있다"는 글을 써서 발표하기도 했다. 여러 집회에서 병을 나은 간증도 하고 신학교에서 신유 과목을 강의했다.

　또한, 그 방에서 철야기도회를 하면서 하나님께서 고쳐주시도록 기도하게 권했다. 에이미가 주로 기도회를 인도했지만, 부사역자가 담당하기도 했다. 에이미가 한 주일에 평균 20여 회의 크고 작은 모임에서 설교를 했기 때문에 부사역자들의 도움이 많이 필요했다. 에이미는 한 번 설교를 시작하면 어떤 경우는 3-4시간을 쉬지 않고 하는 경우도 많이 있었다. 때로는 본인이 설교하던 도중에 쓰러지는 일도 발생했었다. 설교할 때마다 이번이 삶에서 마지막이라는 각오로 혼신의 힘을 기울인 것이다.

에이미가 주님을 영화롭게 해드리고, 한 영혼이라도 더 구하고자 하는 열정은 앤젤레스템플교회에서 드려지는 예배나 교육으로 만족할 수 없었다. 교회에서 행사가 없는 날이면 거의 매일 정오에 시내 여러 곳을 방문하면서 예배를 드리고 전도했다.

교도소, 종합병원, 포드자동차 공장, 20여 개의 대형 공장이나 회사를 방문하면서 예배를 인도했다. 교회가 개교된 지 1년 후인 1924년이 되었을 때, 로스앤젤레스 근교에 11개의 지교회를 세울 수 있었다. 뿐만 아니라, 교회에서 발행하는 잡지인 「브라이들 콜」(The Bridal Call)을 신문 판매대에서 구입할 수 있도록 하여 교회에 다니지 않는 시민들도 읽고 은혜를 받도록 했다.

이렇게 에이미가 예수님을 자랑하는 것을 보고 에이미의 사역을 신랄하게 비판하던 자들도 에이미는 홍보의 천재라는 말을 아끼지 않았다.

♠ 예수님을 높여드리는 찬양

에이미는 예배를 인도하면서 당시 기성교회에서 활용하지 않던 음악, 연극, 무용, 뮤지컬, 드라마, 오페라, 각종 악기 등을 파격적으로 활용했다. 당시의 기성교회는 성가대와 오르간, 피아노가 음악 예배의 전부였다.

개혁주의 신학 사상에 따라 교회는 경건해야 하므로 고요하고 조용한 성격의 음악이 지배적이었다. 경건이라는 말을 소극적, 피동적 및 조용함으로 이해한 것이다.

그러나 에이미는 달랐다. 그녀는 예수 그리스도는 우리의 왕이시기 때문에 극진히 높여드리고 기쁘게 해드려야 한다고 늘 생각해 왔고 그렇게 가르쳤다. 기도해서 병자가 나았을 때도, 회중들을 향해 누가 고쳐주었는지를 물었고, 이에 대해 회중들은 "예수님입니다"라고 답했다.

에이미는 예수님을 높여드리기 위해서 하나님께서 주신 모든 악기를 동원하여 찬양해야 한다고 주장했다. 그녀는 경건주의와 개혁신학에 기초한 조용한 음악도 좋아했지만, 예수님을 높여드리는 찬양을 좋아했다. 당시 그러한 찬양 중심의 예배곡이 많지 않았기 때문에 본인이 직접 작곡해서 부르고 성도들에게 가르치곤 했다.

현대 우리가 부르는 복음성가와 같은 음악을 많이 작사, 작곡했다. 본인이 작곡한 음악이 1,800여 곡이나 되는 것은 이러한 것을 반영한다. 성가대도 몇 개나 되었다. 강대상의 좌우에는 예배 시간마다 성가대가 서서 찬양하도록 했고, 노인들로 구성된 2개의 실버밴드도 정규 예배 시간에 함께 찬양하도록 했다.

앤젤레스템플교회의 강단은 크고도 넓었다. 강단의 용도는 설교만 하는 장소가 아니었다. 하나님을 기쁘게 해드리는 음악회, 뮤지컬, 연극 등 다양한 프로그램이 진행되도록 한 것이다. 에이미는 하나님께 영광을 돌리고 높여드리는 사역을 감당하는데 무엇이든지 활용하고 싶었다. 에이미는 항상 탬버린을 갖고 다녔다. 설교 도중에 탬버린을 치면서 찬양을 인도했고, 때로는 본인이 직접 피아노를 치면서 성도들과 함께 찬양했다.

심지어 하나님을 기쁘시게 해드리는 일이라면 새로운 것을 만들어 예배했다. 교회 내에서 뮤지컬도 공연되었고, 오페라도 상영했다. 본인이 직접 작사와 작곡도 하고 주연배우로 나와서 다른 연출자들과 함께 공연도 했다.

할리우드에서 유명한 배우들도 에이미의 전도를 받고, 예수님을 영접했다. 그들 중에는 메어리 픽포드(Mary Pickford), 진 할로(Jean Harlow) 그리고 클라라 바우(Clara Bow)도 있었다. 그들은 뮤지컬의 주인공이 되어 앤젤레스템플교회에서 공연하는 프로그램에 출연하기도 했다.

주일학교 어린이들의 공연, 젊은 중고등학교 학생들로 구성된 크루세이더 팀, 남녀전도회의 발표 및 신앙 간증, 신학 대학생들의 간증과 찬양 등 교회의 모든 구성원이 교회에서 자유롭게 교제하면서 하나님과 하나가 되는 시간을 갖도록 했다.

에이미는 하나님께서 기뻐하시고, 성도들에게 도움이 되는 일이라면 무엇이든지 할 각오로 목회했다. 특히, 에이미는 예화 설교를 많이 했다. 성도들의 이해를 돕기 위해서 '삼손과 들릴라' 이야기를 연극으로 구성하여 공연하기도 했고, 성경에 나오는 많은 이야기를 성도들이 쉽게 이해하도록 여러 가지 도구를 예배 시간에 보여주기도 했다.

사변적이거나 철학적인 설교를 지양하고, 사람들이 일상생활에서 느끼고 체험하는 얘기들을 많이 해줌으로 성도들과 공감대를 넓히려고 노력했다.

♠ 예화 설교(Illustrated Sermon)

하나님께서는 부르신 사람에게 하나님의 일을 하도록 여러 가지 은사를 주신다. 에이미는 은사를 많이 받은 사람이다. 음악적인 재능이 뛰어나 1,800편이 넘는 찬송가와 복음성가를 작곡했다. 연극 대본을 손수 쓰고 주인공이 되어서 성도들 앞에서 공연하기도 했고, 뮤지컬을 작곡해서 할리우드보다 더 멋지게 공연도 했다.

할리우드가 세속적인 것을 공연했다면, 앤젤레스템플교회의 공연은 거룩하며 하나님을 높여드리는 작품을 내놓았다. 대중을 휘어잡는 능력, 짧은 시간 내에 복음을 쉽고 간결하게 제시할 수 있는 능력, 다른 사람에게서 찾아보기 힘든 담대함과 용기, 여린 여인이라고 생각할 수 없는 배짱, 어떤 어려움이 와도 한 번 계획한 일은 과감하게 밀어붙이는 추진력, 일을 무서워하지 않는 담력, 새로운 것을 만들어내는 창의력 등 수많이 많은 은사를 받았는데, 여기서는 말씀을 청중들의 마음속에 쉽게 이해시키고 받아들일 수 있도록 하는 예화 설교를 좀 더 깊이 생각해 보자.

에이미는 예화 설교의 명수였다는 것이 당시 문헌의 증언이다.

'예화 설교'란 무엇인가?

비유 즉, 청중들이 쉽게 이해할 수 있도록 일상생활을 소재로 한 예화를 사용한 설교이다. 복음서에서 예수님도 천국 복음을 가르치실 때 사람들이 알고 있는 예화를 자주 사용하셨다. 일상생활에서 나타나는 평범한 사건을 성경 진리와 연결 지어 설교하는 방법이다. 복잡하고 어려운 신학이나 철학적인 내용을 평범한 사람들이 사용하는 언어를 사용해서 쉽게 알아듣도록 하는 것이다.

예화 설교는 현장감이 넘치는 설교이며, 성도들이 직접 설교에 참여하여 경험되어지도록 하는 것이다. 하나님을 과거의 하나님이 아닌 현재의 하나님으로 만나게 하고, 추상적이며 개념적인 것을 회피하고, 구체적으로 실감 나게 설교하는 것이다.

에이미가 예화 설교를 하는 장면을 「하퍼스 월간 잡지」(Harper's Monthly)의 사라 콤스톡(Sarah Comstock) 기자가 1927년에 앤젤레스템플교회를 방문하여 취재한 후 다음과 같이 기록했다.

> 미국에서 에이미는 자주 무대를 성공적인 쇼로 진행하는 사람으로 알려져 있다. 쇼를 제작하고 진행하는 사람으로서 그녀의 능력은 다른 사람이 따라올 수 없다. 그녀 한 사람이 극작가, 프로듀서, 감독, 배우의 역할을 어려움 없이 깔끔하게 진행해 나갔다.
> 한편의 예화 설교를 하려고 에이미는 뼈를 깎는 노력을 했을 것이다. 자신이 전하고자 계획한 메시지를 회중에게 100퍼센트 전달하기 위해서 교회 건물의 구조, 소품, 무대, 조명, 소음, 참석 성도들, 그리고 기계장치를 천재같이 활용했다.

천국과 지옥, 죄인과 성자, 사탄, 이집트의 고기 냄비, 에덴의 천사들, 황홀한 세상의 유혹 등을 배우, 의상, 연극적인 기교를 통해 눈으로 실제 보는 것처럼 완벽하게 만들어냈다. 이러한 것을 구상하려면 하루 24시간씩 며칠 동안 영리한 에이미의 머리를 100퍼센트 가동했을 것으로 추정된다.[48]

그녀가 예화 설교를 한 것 중에서 가장 많은 인기를 끌었고, 성도들의 입에 자주 오르내리던 설교가 있다.

"스톱(Stop). 당신은 체포되었습니다."

지옥 가면 안된다는 예화 설교의 장면

---

48   Blumhofer, 260에서 재인용.

어느 날 에이미는 장녀 로베타와 로스앤젤레스 근교의 언덕을 드라이브하고 있었다. 그런데 갑자기 오토바이를 탄 교통경찰이 나타나서 차를 세우도록 하더니 규정 속도를 위반했다고 벌금 딱지를 발부했다. 그 순간 목사는 이러한 사건을 설교 제목으로 사용하면 좋을 것 같다는 생각이 들어서 자기를 알아보고 당황해하며 놀란 경찰을 향해 벌금 딱지를 발부해 주신 것에 감사하다는 인사를 드렸다.

그래서, 곧바로 교회로 돌아와 이 주제에 맞는 설교를 준비하게 되었다. 몇 주일이 지난 후 주일 예배 시간에 목사님은 교통경찰을 통해서 받은 영감을 예화 설교로 메시지를 전달했다. 목사님은 경찰 복장을 하고 부릉부릉 소리를 내는 오토바이를 나고 교회의 중앙 복도를 통해 교회에 들어오셨다.

무대 옆의 경사진 곳을 통해서 무대 위에 올라간 후에 그 곳에 오토바이를 세우더니, 그 옆에 서서 모인 회중을 향해 여러분들은 인생의 잘못된 길을 가고 있다고 경고 사인을 주었다.

목사님께서 성도들을 향해서 오늘 손을 번쩍 들고 지옥으로 가는 길에서 당장 멈추어 서라고 "스톱"(Stop)이라고 큰 소리로 외쳤다. 그 순간, 경찰 사이렌 소리가 스피커를 통해 교회 전체에 울려 퍼졌다. 이러한 메시지를 전달한 후, 목사님께서는 오토바이를 타고 성전 내부의 경사로를 질주하다가 교회의 한가운데에 멈추어 섰다.

이 예화 설교를 들은 성도들은 오랫동안 만날 때마다 자주 이 얘기를 하곤 했다. 또한, 「브라이들 콜」 잡지를 통해서 많은 독자에게 전달되었다. 에이미는 다양한 주제를 이와 같은 예화 설교를 통해서 쉽게 성도들에게 전달했다.

♠ 직장 친교회

당시 로스앤젤레스 지역에는 공장이 많이 있었다. 공장에서 일하는 성도들은 주일에는 예배에 참석할 수 있었지만, 주중에는 교회 예배에 참석할 수가 없었다. 이들의 믿음이 성장할 수 있게 하도록 직장 친교회(Shop Fellowship)를 조직하여 주중에 본인이 일하는 직장에서 예배를 드리도록 했다. 현대교회의 구역조직이나 셀 조직과 같이 만들어서 직장에서 일하면서 일하는 직장 동료들과 함께 예배드리도록 한 것이다.

각 직장은 하는 일과 성격이 서로 다르므로 자기의 직장을 떠나지 않고 있는 곳에서 예배를 드리도록 했다. 넓은 로스앤젤레스 지역에 1,000여 개가 넘는 직장 친교회가 조직되었다. 대형교회에서는 교회에 수많은 성도가 모여 함께 찬양하고 기도하며 예배하는 좋은 점이 있지만, 성도 상호 간의 교제가 부족한 것이 약점이다. 에이미는 직장에서 성도들이 예배하고 친교 하도록 함으로 이러한 약점을 보완하려 했다.

또한, 직장 예배를 통해서 같은 직장에 있는 믿지 않는 동료들을 전도하도록 한 것이다. 성도는 몇만 명이 되지만, 소그룹 모임을 통해서 성도들은 서로서로 알고 이웃을 위해 기도해 주도록 한 것이다.

♠ 기도 탑(Prayer Tower) 개원

1923년 1월 교회가 개교된 지 몇 개월 되지 않았을 때, 앤젤레스템플교회 지붕에 새로운 작은 방 하나 증축되었다. 에이미는 이 방은 "망루, 기도 탑"(Watch Tower)라고 이름 짓고 집중적인 중보기도 사역을 하도록 했다. 기도탑 에는 자원 봉사자들이 돌아가면서 하루 24시간 기도하도록 했다. 한 주간에 320명의 자원 봉사자가 각각 두 시간씩 기도를 맡아서 하도록 했다.

저녁에는 남성들이, 낮에는 여성들이 중보기도를 드렸다. 그러나 이러한 숫자보다 훨씬 더 많은 자원 봉사자가 기도에 참여했다. 이 방에서는 에이미의 사역, 앤젤레스 템플 교회의 사역, 병자들을 위한 치유기도, 선교 사역, 구제 사역, 교육 사역, 성도들의 기도 제목 등을 위해 집중적으로 기도하도록 했다.

미국이나 세계 어느 곳에서든지 기도 제목을 알려오면 집중적으로 힘써 기도하도록 했다. 교회에서 멀리 떨어져 있는 성도들은 편지나, 전보, 또는 케이블을 통하여 기도를 요청했고, 본교회의 성도들은 기도 제목을 써서 카드 함에 넣으면 되도록 했다. 평소 기도를 강조해 온 에이미의 믿음이 반영된 것이다. 기도가 응답 되면 성도들은 기도가 응답 되었다는 내용을 기도탑에 알려주었다. 그러면 교회에서는 기도가 응답 되었다는 기사를 「브라이들 콜」 잡지를 통해 모두에게 알리곤 했다.

밤을 새우면서 큰 소리로 기도를 드렸기 때문에 교회 가까이에 살고 있던 사람들은 기도 소리 때문에 새벽에 곤한 잠에서 깨었다고도 불평했다고 한다. 기도 탑에 참여하여 기도하는 사람들은 "기도는 세계를 움직이는 사람들의 손을 움직인다"는 표어를 늘 기억하면서 기도드렸다.

앤젤레스템플교회 안에 두 개의 특별한 방이 있다. 예수님께서 승천하실 때 함께 지켜본 500명의 성도와 오순절 날 다락방에서 기도드린 120명의 성도를 본떠서 500룸(Room), 120룸(Room)을 만들었다. 이 다락방은 교회에서 특별한 일이 있을 때 사용되었는데, 특히, 성도들에게 신유를 가르치는데 많이 활용되었다.

몸이 아프다고 교회의 대예배에 참석하여 기도를 받을 수 있지만, 교회에서는 500룸이나, 120룸에서 가르치는 신유에 관한 내용을 배우고 기도를 받도록 권했다. 환자들이나 그들의 가족은 이 방에 와서 예수님에 대해서, 질병에 대해서, 하나님의 신유의 능력에 대해서 먼저 배우고 마음을 준비하도록 했었다.

또한, 개인적으로 기도를 더 하고 싶은 사람들은 이 방에서 밤을 새우면서 철야 기도 드리도록 허락되곤 했었다. 기도 탑과 함께 이 두 방은 늘 기도하는 사람으로 가득 차 있었다.

새벽에 120룸을 찾는 사람들은 설교나 찬송 없이 조용히 기도하도록 했다. 아침 일찍 출근하는 직장인들이 새벽에 일찍 와서 조용히 기도하고 출근하는 사람들이 많았었다. 500룸에서는 성령의 은사를 사모하는 성도들이 참석하여 기도하곤 했다. 방언, 예언, 방언을 통변하는 일이 자주 있었다.

120룸이 조용한 가운데 기도가 진행되었다면, 500룸은 은사를 사모하는 성도들의 모임이었기 때문에 기도도 큰 소리로 했고, 때로는 외마디 지르는 소리, 외치는 소리가 있었고, 간혹 우는 소리도 들리곤 했다. 1924년 한 해 동안 500룸에서 기도한 성도의 숫자는 88,536명이나 되었다. 에이미는 120룸과 500룸이 엔젤레스 템플교회사역의 능력의 원천(Power Source)이라고 칭하곤 했다.

♠ 앤젤레스템플교회의 십자군(Crusaders)

앤젤레스템플교회가 자랑하는 것 중의 하나는 교회의 모든 성도가 에이미의 목회철학과 함께한다는 것이다.

> 우리 교회의 성도들은
> 내가 분주한 것만큼 분주해야 하고,
> 내가 행복한 것만큼 행복해야 한다.

내가 일을 성취한 후에 느끼는 행복감을
그들도 누릴 수 있어야 한다.

우리 성도들이 부지런히 움직일 수 있도록 하는 것이
내가 해야 하는 가장 큰 일 중의 하나라고 했다.

에이미는 이런 말을 자주 했다. 특별히 에이미는 젊은 청소년들에게 많은 관심을 두고 있었다. 청소년들을 위해서 '앤젤레스템플교회 포스퀘어 크루세이더스'(Angelus Temple Foursquare Crusaders)를 조직했다. 크루세이더스에 가입한 청소년들은 찬양, 기도, 전도, 교회 봉사 등에 헌신하도록 했다. 1924년 초에 조직되었는데 몇 주 되지 않아, 수천 명의 젊은이가 가입했다.

에이미는 십자군의 이름을 큰 누나, 큰 형, 음악, 기도, 복음전도, 선교와 자선, 병원과 교도소, 제단, 거리, 가정의 불(Big Sister, Big Brother, Music, Prayer, Evangelistic, Mission and Charity, Hospital and Prison, Altar, Street, Home Fire) 등으로 이름을 짓고 그 이름에 맞는 일에 헌신하도록 했다.

십자군들이 부르던 주제가는 아래와 같았다.

> Oh, you win the one next to you,
> And I'll win the one next to me;
> We'll all work together, in all sorts of weather,
> And see what can be done,
> If you win the one next to you,
> And I will win the one next to me;
> We'll have them all in no time at all
> So win them, bring them, one by one.

오, 당신은 당신 옆 사람을 구원하세요

나는 내 옆에 사람을 구원할래요.

우리 모두, 항상 헌신합시다.

그리고 다음에 무엇을 할지 살펴봅시다.

당신은 옆 사람을 전도하고

나는 내 옆 사람을 전도하면

우리는 모두 그들을 예수님께 인도하네.

한 명씩 전도하고, 주님께 인도하세.

크루세이더스의 활동은 아주 활발했다. 매주 마다 모여서 기도하면서 하나님께서 원하시는 일이 무엇인지 토론하고 새로운 행사를 진행했다. 학교나 집 주위에서 믿지 않은 친구들을 전도하여 교회에 데리고 나오고 함께 교회의 다양한 행사에 참여하여 천국의 기쁨과 행복을 맛보도록 했다.

또한, 회원들이 헌금하여 독자적으로 선교사를 파송하기도 했다. 앤젤레스 템플의 선교사 명단을 보면 다양한 십자군들의 파송을 받고 해외에 나간 선교사가 많이 있다.

♠ 어린이 주일학교

에이미는 교회가 개교하고 곧바로 어린이 주일학교를 시작했다. 주일 오후에 어린이 주일학교가 모이도록 했는데, 기도, 설교, 간증, 구원 초청 등을 모두 어린이들이 자체적으로 하도록 했다. 처음에는 에이미의 자녀들이 어린이 주일학교를 인도하도록 해서, 딸인 로베타(Roberta)를 담임목사로, 아들인 랄프(Rolf)가 전도사의 사명을 맡았다.

어린이 주일학교 크루세이더

로베타는 엄마가 하는 것처럼, 예화 설교를 하고, 탬버린을 가지고 찬양을 인도하며 예배 마지막에 어린이들이 예수를 구주로 받아들이면 강당 앞으로 나오도록 구원 초청도 했다. 어린이 주일학교가 시작할 때는 137명으로 시작했는데, 두 달 만에 1,200명이 등록하는 놀라운 성장을 하게 되었다.

어린이 주일학교가 성장하자 주일학교의 다양한 반이 편성되었는데, 그 이름은 "장미 봉오리, 예쁜 꼬마들, 어둠을 밝게 비추는 불빛, 십자가의 군병, 주니어 십자군"(the Rose Buds, Dainty Dots, the Lamp Lighters, the Soldiers of the Cross, and the Junior Crusaders)이라고 칭했다.

미국 내에서 주일학교에 대한 정보를 전하는 전문 잡지인 「썬데이 타임즈」(Sunday School Times)는 다음과 같이 전했다.

> 앤젤레스템플교회의 주일학교 성장은
> 미국 전체 주일학교의 평균 성장을 훨씬 능가했다.

주일학교의 어린이들은 교회에서 행사가 끝나면 교회 주변의 거리에 나가 집단으로 행진하곤 했다.

이들은 포스퀘어의 깃발을 들고 행진하면서 이렇게 노래했다.

우리는 맥퍼슨의 소년과 소녀라네.

그리고 에이미가 머물고 있던 목사관 앞에서 행진을 끝나고 해산하곤 했다.

♠ 라이프신학대학(LIFE Bible College) 설립

앞에서 언급한 것처럼 에이미의 부르심은 미국에 있는 모든 교회가 초대교회처럼 기사와 이적이 나타나는 성령충만한 교회가 되도록 하고, 전 세계를 복음화하는 것이었다. 이렇게 전도하고 선교하는 길만이 예수님의 재림을 단축할 수 있는 길이라고 믿었다. 이렇게 전 세계를 복음화시키려면 자기와 같은 믿음을 갖고 복음을 위해 목숨을 버릴 각오를 한 성령충만한 부흥사가 필요하다고 생각했다.

당시에도 하나님의 종들을 훈련 시키는 신학대학교나 신학대학원이 많이 있었다. 기성 교단에서 자기의 교단에서 필요한 목회 후보생들을 열심히 길러내고 있었다. 유명한 신학자들도 많이 있었고 신학적으로 뛰어난 교수와 훌륭한 기관도 많았다. 그렇지만, 에이미는 당시의 신학대학교나 신학대학원에 대해 부정적인 생각을 하고 있었다.

그러한 신학훈련기관은 성령충만하고 전도열에 불타는 하나님 나라의 일꾼을 배출해 낼 수 없다고 결론 내렸기 때문이었다.

에이미는 「브라이들 콜」 잡지에 실은 "신학교에 무슨 문제가 있습니까?"라는 글에서 당시 신학교의 믿음 없는 가르침을 아래와 같이 신랄하게 비판하고 있다.

> 이런 글에서 여러 가지 어려움과 문제의 근원이 사실은 여기에 있습니다. - 냉랭하고, 활기도 없고, 부흥도 없고, 예수의 보혈도 없는 타락한 오늘날의 신학대학교입니다. 그들은 "영적인 것"은 다 빼버리고, 그 자리에 "물질적인 것"으로 가득 채워 놓았습니다. 그들은 "가슴으로" 체험하는 것들은 중요시하지 않고, "머리"로 배운 것만을 탁월한 자리에 높이 올려놓았습니다. 그들은 성경을 하나님의 완벽한 말씀으로 믿는 믿음을 없애 버리고, 고등비평으로 그 자리를 대체해 놓았습니다.
> 고등비평은 성경의 어떤 부분은 믿도록 하고 다른 부분은 믿지 못하고 거부하게 합니다. 성경의 어떤 부분은 인정하고 다른 부분은 강하게 의심하거나 도전하도록 만듭니다.
> 우리 구주 예수 그리스도를 역사상 살았던 인물 중에서 단지 "착한 사람" "위대한 스승" 또는 "누구와도 비길 수 없이 위대하게 본을 보인 인물"로 만들어 놓고 있습니다. 예수 그리스도의 신성과 몸으로 부활하신 사실에 대해서는 문자 그대로 믿지 않습니다. 그들은 참으로 복음의 핵심을 모두 제거해 놓고, 그 자리에 생명력이 없는 껍데기만 남겨놓았습니다.[49]

49　Aimee S. McPherson, "What's the Matter with the Seminary?" *The Bridal Call*, July, 1928, 13-14.

라이프신학대학(LIFE Bible College) 옛 전경, 앤젤레스성전 옆

이처럼 기존 신학교의 교육 방향과 가르침에 비판적이었던 에이미는 1923년 2월에 '복음전도훈련원'(The Evangelistic and Mission Training Institute)이라고 불리는 신학교를 세웠다.

신학교를 설립한 목적은 신학자를 양성하려는 것이 아니라, 성령충만하고, 복음 정신으로 가득 차 전도와 선교에 생명을 바칠 수 있는 하나님의 종을 양성하려는 것이었다.[50]

당시 신학교와 신학대학원에서 성행하던 기적중지주의 이론(Cessationism), 고등비평, 신신학(新神學), 성경의 무오성을 믿지 못하는 신학 등에 대항하여 맞서 싸우며, 성경의 모든 말씀은 한 치의 오류도 없으며, 기록된 모든 약속이 실제 이루어질 수 있도록 헌신할 영적인 지도자를 양성하려는 것이다. 그리고 선교와 전도에 대한 비전이 강했기 때문에 에이미는 하나님으로부터 받은 사명인 전 세계를 복음화하는 사역에 함께 헌신할 신학생을 모집하기 위해 주님의 부르심에 순종할 만한 사람들을 찾으러

---

50 Aimee S. McPherson, "L.I.F.E.," *The Bridal Call*, January 1928, 29-30.

밖으로 나가겠다고 선언하기도 했다.

처음에는 2년제로 만들어서 성경 과목, 성서 언어인 헬라어와 히브리어, 치유, 전도, 선교, 성령의 사역 등을 집중적으로 가르쳤다. 개교 2년째에는 2,000여 명이 등록할 정도로 젊은 사명자들이 몰려들었다.

성경 과목은 우리가 사용하는 『톰슨 관주 주석성경』(Thompson Chain Reference Bible)의 저자 프랭크 톰슨(Frank C. Thompson) 목사가 가르쳤다.[51] 신유 과목은 로스앤젤레스에서 개업 의사로 일하면서 성령세례를 받은 릴리안 요만스(Lilian Yeomans)교수가 강의했다. 그녀는 의사로서 생활하면서 니코틴에 중독된 환자였다. 중독에서 벗어나기 위해서 노력하던 요만스는 20세기 초에 유명한 신유 부흥사였던 요한 알렉산더 도위(John Alexander Dowie)의 집회에서 기도 받고 치료 되었다.

중독에서 치료된 요멘스는 직업적인 의사로 돌아가지 않고, 믿음으로 살려고 노력하면서 오순절 집회에 다니면서 본인이 어떻게 니코틴 중독에서 치료되었는지 간증하곤 했다. 또 시간을 내서 하나님의 치유에 대한 글을 쓰기도 하고, 신유를 가르치면서 병자들이 낫도록 기도했었다.

1920년대 중반에 에이미를 만나고부터는 신학교에서 신유 과목을 강의하게 되었다.

대부분의 신학교 교수진은 교회에서 실제 목회하면서 성령세례를 받은 목사들이 맡아 가르쳤다.

---

51 현재 우리가 사용하고 있는 『톰슨 관주 주석성경』의 저자인 프랭크 톰슨(Frank Thompson) 목사는 미국 동부에 있는 뉴욕에서 감리교 목사로 헌신하고 있었다. 그는 1921년 뉴욕의 로체스터(Rochester)에서 에이미가 부흥회를 인도할 때 처음 만났다. 에이미의 설교에 감동받아, 그녀의 집회에서 주님을 영접한 새 신자들을 자기가 시무하는 교회에 초청하여 신앙의 기초훈련을 받도록 교회를 제공할 정도로 에이미의 사역을 도왔다. 1923년 에즈베리 감리교회(Asbury Methodist Church)에서 은퇴한 후 로스앤젤레스로 옮겼다. 1924년부터 라이프 신학교에서 강의하기 시작했고, 에이미는 톰슨 목사에게 "명예 학장"의 직함을 주어 헌신하도록 했다.

강의하는 에이미

에이미는 교수를 선발함에 있어 교단 구분 없이 성령충만하면 채용했다. 에이미는 미국 내에서나 해외에서 말씀을 증거할 부흥사와 목사를 양성하는 것이 꿈이었기 때문에 교수들은 목회나 부흥회에서 성령세례를 체험이 있는 분 중에서만 선발했다. 성령 체험이 없는 분은 절대 채용하지 않았다.

학생들도 화요일부터 금요일까지 오전에만 공부하고, 나머지 시간엔 성경 공부 및 기도와 전도에 전념하도록 했다. 금요일 저녁엔 학생들이 자기 차례로 앤젤레스템플교회의 강단에서 설교를 해보도록 했는데, 에이미가 뒤에서 듣고 있다가 여러 가지로 충고하고 권면도 하곤 했다.

1925년에는 "학생선교운동"(Student Missionary Movement)이라는 조직을 신학교에 만들었다. 학생들에게 세계 복음화의 긴급성을 알려줘서 학생들이 자기의 생명을 하나님 나라가 임하도록 하는데 산 제물로 바칠 수 있게 하려고 만든 것이다. 학생선교운동의 주제가는 사명을 불러일으키면서 선교사로 가겠다는 결심을 촉구하는 내용이었다.

> 우리는 가겠네,
> 우리는 가겠네.
> 지구 끝이라도.
> 한 영혼이 얼마나 귀한가를 알았기에.
> 잃어버린 영혼을 사랑하는
> 긍휼히 여기는 마음으로.
>
> 우리는 가겠네.
> 우리는 가겠네.
> 나무에 달려 돌아가신 예수님을 전하려고
> 부름을 받고, 응답합니다.
> 오! 주님!
> 제가 여기 있습니다.
> 저를 보내소서.[52]

에이미는 "학생선교운동" 단체에 가입한 학생들이 선교사들이 선교지에서 겪는 것과 같은 실제적인 경험을 쌓도록 했다. 학기 중에 학생들은 시골 농장에 가서 일도 하고, 감옥, 병원, 정신병원, 그리고 상점이나 공장에 가서 일하는 훈련을 쌓도록 했다. 방학 중에는 학생들 12명을 한 조(組)로 짜서 천막을 사주고 방학이 끝날 때까지 교회가 없는 곳에 가서 천막을 치고 부흥회를 인도하도록 했다.

---

52 Aimee S. McPherson, "The Missionary of Tomorrow," *The Bridal Call*, October 1927, 16.

에이미가 사역을 시작할 때 아무런 배경도 없이 천막 하나만으로 나가서 복음을 증거 했던 것과 같이 개척정신을 함양하며 영혼 구원에 애착심을 갖게 하려고 그렇게 한 것이었다.

이들은 3개월의 여름방학 동안 천막을 치고 부흥회를 인도하다 새 학기에 시작되어 학교에 돌아오게 되면 그 곳에 포스퀘어복음교회가 세워졌다. 이러한 훈련을 통해서 학생들은 에이미의 비전과 개척정신, 투쟁정신, 그리고 영혼을 사랑하는 심정을 공유하게 되었다. 신학교가 시작된 지 4년이 된, 1929년이 되었을 때, 200여 명의 학생이 본인이 선교사로 가려는 나라의 언어를 배우고 있었다.[53]

1924년 9월에 캘리포니아 교육국의 승인을 받아 정부가 인정하는 정식 신학대학이 되었고, 그해 10월에 앤젤레스템플교회 옆에 6층으로 된 신학교 건물을 증축했다. 신학교의 이름은 '복음전도훈련원'(The Evangelistic and Mission Training Institute)에서 '라이프성서대학'(L.I.F.E. Bible College)으로 변경되었다. L.I.F.E.라는 말은 '포스퀘어 복음을 전파하는 국제적인 등대'(Lighthouse of International Foursquare Evangelism)의 첫 글자를 따서 만든 것이다.

'라이프성서대학'은 수많은 목회자, 부흥사, 학자, 저술가, 교수, 선교사, 기독교 기관의 사역자 등을 많이 배출했다. 이 대학은 하나님 나라를 건설할 목회자들만을 배출한다는 설립자의 비전에 따라 신학 전공 외에 다른 과목은 증설하지 않으면서 80여 년을 이어왔다.

필자가 1980년도 이 대학에 유학 가서 신학을 공부할 때도 신학 과목 중심이었는데, 정통 보수 오순절 신학을 가르치는 신학대학으로 유명했기 때문에 미국 전역뿐 아니라, 해외에서도 많은 학생이 와서 공부하고

53　Aimee S. McPherson, "The Foursquare Gospel in the Foreign Field," *The Bridal Call*, January 1929, 26.

있었다. 필자가 공부할 때 한국에서도 교파를 초월하여 여러분의 목회 지망생들이 함께 공부했었다.

그러다가 포스퀘어복음교회가 전 세계 170여 나라에 선교 되고, 여러 나라에서 포스퀘어교회가 성장하고 선교활동이 폭넓게 펼쳐지면서 인문대학으로 발전하려는 조짐이 보이기 시작했다.

2,000년대가 되면서 신학대학 캠퍼스를 로스앤젤레스다운타운 옆에 있는 앤젤레스템플교회에서 로스앤젤레스 동쪽에 있는 산 디마스(San Dimas) 시로 이전하면서 대학부지도 대폭 확장되었다.

교명을 '라이프성서대학'(L.I.F.E. Bible College)에서 '라이프퍼시픽대학교'(LIFE Pacific University)로 개명했다. 또한, 대학원을 증설하여 학부과정과 대학원 과정을 함께 운영하게 되었다.

2020년 5월 4일에는 미국 포스퀘어복음교단이 목회자와 선교사 양성을 목적으로 설립하여 동부의 버지니아주에서 성공적으로 운영되던 2년제 '이그나이트초급대학'(Ignite Junior College)과 통합하여 종합대학교의 면모로 갖추게 되었고, 교명을 '라이프퍼시픽대학교'(LIFE Pacific University)로 개명했다.

산 디마스에 있는 '라이프퍼시픽대학교'(LIFE Pacific University) 본부 캠퍼스

드디어 1923년에 에이미에 의하여 포스퀘어복음교단의 목회자 양성을 목적으로 설립된 신학교가 거의 100년이 되어서 종합대학교로 승격된 것이다. '라이프퍼시픽대학교'는 캠퍼스를 동부와 서부에 두고 있으며 본부는 서부의 산디마스시에 있고, 동부는 버지니아주의 크리스천버그(Christiansburg, Virginia)에 있다.

♠ 복음방송국 KFSG 개국

에이미는 세계 복음화를 이루기 위해서 그녀가 할 수 있는 모든 방법을 활용했다. 교회에서 설교, 전국을 순회하면서 인도하는 부흥회, 젊은이들을 말씀과 성령으로 훈련 시키는 신학교, 선교사 파송, 개 교회 개척, 잡지를 발행하고 책을 집필하는 것, 등등. 그러나 이러한 방법으로 전도하는데는 한계가 있다는 사실을 깨달았다.

1923년 앤젤레스템플교회가 헌당 될 당시 에이미는 로스앤젤레스로부터 100마일 이내에 라디오 수신기를 가진 사람들이 20만 명이 있는데 로스앤젤레스에는 라디오 방송국이 두 개밖에 없다는 사실을 알게 되었다.[54] 에이미는 방송을 통해서 말씀을 증거 하면 더 많은 사람을 전도할 수 있을 것이라는 결론을 내렸다. 바로 직원들에게 복음방송을 설립할 방법을 연구하도록 지시했다. 그리스도의 복음만을 전적으로 전하는 방송국을 미국 서부에 개국하기로 하고, 앤젤레스 템플 교회 안에 설치할 것을 계획하고 기도하면서 철저히 준비했다.

---

54 Foursquare Publications, *Aimee: Life Story of Aimee Semple McPherson* (Los Angeles: Foursquare Publications, 1979), 127.

드디어 1924년 2월에 미국에서 3번째이며 로스앤젤레스에서 최초의 기독교복음방송국을 개국하게 되었다. 복음만을 전적으로 전하는 방송국이기 때문에 KFSG(Kall Four Square Gospel)로 호칭부호를 정하고 새로운 차원의 신기술을 활용하여 복음 전파에 나서게 된 것이다.

당시 기성 교단이나 어떤 기독교 단체에서도 생각할 수 없었던 것을 해낸 것이다. 방송이라고 하면 정보를 전달해 주며, 청취자들이 일하면서 지루하지 않도록 음악을 보내주던지, 오락 중심으로 운영된다고 생각하고 있을 때였다.

복음 전파는 교회에서 예배 시간에 설교하고, 부흥회를 통해서 특별한 은사를 받은 사람들이 전한다고 생각하고 있었다. 방송을 복음 전파에 활용한다고 생각하는 사람은 많지 않았다. 그런데 에이미가 대형교회를 건축한 다음에 새롭게 복음방송국을 개국하게 된 것이다.

개 교회가 단독으로 소유한 방송국으로는 미국에서 처음 있는 일이었다. 북쪽으로는 캐나다의 밴쿠버까지, 동쪽으로는 미국의 뉴욕까지, 그리고 남쪽으로는 라틴 아메리카와 남미의 모든 나라, 심지어 호주에서까지 전파를 수신할 수 있게 되었다. 다시 말하면 이런 지역에 사는 사람들에게도 복음을 전할 수 있게 된 것이다. 전도란 개 교회가 위치한 지역을 중심으로 전도 활동해야 한다는 당시의 통념을 깨뜨린 것이다.

에이미는 하나님의 역사를 감당하는 일이라면 다른 사람들이 활용하지 않는 것이라도 하나님께서 좋아하시면 반드시 해야 한다고 생각하고 있었다. 에이미는 다른 목회자들보다 한 세대를 앞서가는 선견자적인 능력이 있었다.

1917년에 창간된 잡지인 「브라이들 콜」, 캔자스 지역에 본부를 둔 기독교 잡지인 「말씀과 사역」, 기독교 서점 개원과 더불어 언론 매체를 통한 선교가 본격적으로 시작된 셈이다.

앤젤레스템플교회에서 에이미가 하는 모든 설교는 생방송으로 전국에 중계되었다. 또 에이미가 로스앤젤레스에 있을 때는 매일 아침 7시에 "동트는 햇빛의 시간"(Sunshine Hour)이라는 프로그램을 생방송으로 진행했다. 에이미의 목소리가 한 주간 동안 쉬지 않고 방송을 통해서 흘러나오게 되자, 그녀의 목소리는 미국에서 가장 친근한 목소리 중 하나가 되었다.

방송국에서는 매일 저녁 자정에 교회의 오르간 연주자인 에스더 프리크(Esther Fricke)가 연주하는 찬양과 고전 음악이 전국에 울려 퍼지도록 했다. 예수님을 영접한 성도들의 간증은 유사한 상황에 있는 불신자들이 예수님을 영접하는 기회를 제공하게 되었다. 심지어 갱단에 소속되었다 회심한 사람의 간증, 도박에 중독되었다가 예수를 믿고 헤어 나온 사람들의 간증은 극장, 나이트클럽, 댄스홀 등에서 일하던 사람들에게 큰 도전이 되기도 했다.

1925년 6월 29일 이른 새벽 에이미는 급히 울리는 전화를 받고 잠에서 깨어났다. 전화를 한 사람은 앤젤레스템플교회에서 충성스럽게 신앙생

KFSG 복음방송국 안테나

활을 하던 사람이었는데, 얼마 전에 로스앤젤레스 북쪽으로 140킬로미터 떨어진 산타 바버라(Santa Barbara)로 이사 간 형제로부터 온 급한 전화였다. 전화로 그는 지금 산타 바버라에 무서운 지진이 일어나고 있다고 떨면서 전화를 한 것이었다.

에이미는 전화로 무엇인가 부서지는 큰 소리를 들을 수 있었다. 캘리포니아 지역은 환태평양 지진대 '불의 고리'에 자리를 잡고 있으므로 지진이 자주 발생했다. 대형 건물과 주택이 많이 파괴되어 이재민이 많이 발생했다. 전화를 끊은 에이미는 로스앤젤레스에서 가장 큰 신문사인 「LA타임즈」(Los Angeles Times)에 전화를 걸어서 산타 바버라에 지금 큰 지진이 일어나고 있다는 소식을 알렸다.

그리고는 목사관 옆에 있는 문을 통해 방송국으로 급히 올라갔다. 방송을 진행하고 있던 직원을 옆으로 밀치고, 자신이 누구인지 밝혔다. 그리고는 본인이 직접 방송국의 마이크를 잡고 조금 전 산타 바버라에 무서운 지진이 일어났다는 재난 방송을 내보냈다. 지금 방송을 듣고 있는 사람들은 옷이나, 담요, 캔에 들어있는 음식이나 요리가 되어있는 음식 등 무엇이든지 손에 잡히는 것을 갖고 앤젤레스템플교회로 급히 나오도록 했다.

또한, 트럭을 갖고 계신 분들은 차에 기름을 채워서 속히 교회로 나와 비상용품들을 산타 바버라로 싣고 가도록 방송했다.

현재 방송을 듣고 있는 모든 애청자가 비상 상황에서 무엇이든지 할 수 있는 일을 하도록 이렇게 방송을 한 것이다.

> 아무 것도 가져올 것이 없는 사람은 본인을 드리면 되니
> 속히 교회로 오십시오.

많은 성도가 재난 지역에 필요할 것으로 생각되는 물품을 갖고 교회로 나왔다.

「LA타임즈」(Los Angeles Times)가 지진이 산타 바버라의 거리를 강타했다는 호외 특별판를 발행하기 전에 앤젤레스템플교회에서 비상용품을 실은 트럭 1진과 2진이 재난 지역을 향해 달려가고 있었다. 적십자사에서 지진으로 피해 입은 지역을 도와주어야 한다는 회의를 시작할 즈음에 앤젤레스템플교회 출발한 여러 대의 트럭이 재난 지역에서 집을 잃고 어려움에 부닥친 주민들을 돕기 위해 수집해 놓은 옷과 음식 등을 실고 산타 바버라에게 도착해 있었다.[55]

새로운 매체인 방송을 통해 복음을 전파하고 청취자들을 행복하게 해주겠다고 시작한 방송의 위력을 보여 주는 순간이었다. 앤젤레스템플교회의 에이미와 성도들을 통해서 모금한 구제헌금과 음식, 담요, 의사, 치과의사, 어린이와 노인들을 위한 간호 인력 등을 지진으로 피해를 본 지역에 보내서 많은 도움을 주었다.

그런데 에이미는 방송을 통한 복음 전파에 만족하지 않았다. 제2차 세계대전이 한창일 때는 인도, 미얀마, 베트남을 방문하여 말씀을 전하고 그 곳에서 헌신하고 있던 선교사들을 격려했다. 세계의 정치지도자들을 만나 전쟁의 종식에 관한 대화도 나누었다.

그러면서 과학 문명의 발달이 소리만 전달해 주는 방송에서 화면을 보여주는 TV 방송 쪽으로 발전하고 있다는 정보를 입수했다. 에이미는 앤젤레스템플교회 직원들에게 TV 방송을 어떻게 개원하는지 알아보도록 지시했다. TV 방송국을 개원하려면 자격증이 있어야 한다는 정부의 방침에 따라서 에이미가 TV 개원에 필요한 자격증을 취득하는데 모든 훈련을 받은 후 자격증을 따놓았다.

---

55 Edith L. Blumhofer. *Aimee Semple McPherson: Everybody's Sister* (Grand Rapids, MI: Eerdmans, 1993), 260-269.

1944년 갑작스러운 죽음으로 모든 계획이 수포로 돌아갔지만, 만약 돌아가시지 않았다면 그녀는 미국에서 TV로 복음을 전하는 최초의 목사가 되었을 것이다.

♠ 기독교 서점 개원

1927년에 포스퀘어복음교회 직영 서점으로 앤젤레스템플교회가 운영하는 '포스퀘어서점'(Ye Foursquare Book Shoppe)을 개원했다. 미국에서 여성에게 투표권을 주기 시작할 때 1920년이었다. 그때까지 여성의 인권을 제대로 대우해 주지 않았다. 물론 여성들에게 교육의 기회도 많이 주어지지 않았다.

많은 여성이 학교 교육을 제대로 받지 못했기 때문에 글을 읽고 쓰기도 쉽지 않았다. 물론 책을 읽는 사람도 많지는 않았다. 그러나 에이미는 교회에서 성경을 읽도록 권장하면서 강조했다. 교회에서 성경공부반을 운영하면서 여성들도 적극적으로 참여하도록 권장했다. 가능하면 신앙 성장에 도움을 주는 책을 많이 읽도록 권장했다. 그러나 당시 로스앤젤레스 시내에도 서점이 많지 않았기 때문에 성도들이 읽을 책을 찾기란 쉽지 않았다. 에이미는 교회 안에 상설 서점을 개원함으로써 누구든지 와서 책을 읽고 믿음이 성숙해지길 바란 것이다.

이 서점에 본인이 저술한 『디스 이즈 댓』(This is That) 등 여러 권의 책을 포함하여 믿음 성장에 도움이 될만한 책들을 갖다 놓고 성도들이 읽을 수 있도록 했다. 에이미는 성도들의 믿음이 성장해야 한다는 일념하에서 최선을 다 했다.

♠ 할리우드의 영화배우 전도

에이미는 앤젤레스템플교회의 강단을 설교만을 하기 위한 강단(Pulpit)이라기보다는 다양한 문화 행사를 할 수 있는 연극 무대(Stage)로 만들었다. 이 무대에서 설교도 했지만, 예화 설교 많이 했다. 예화 설교를 하려면 무대에 많은 사람이 올라가서 움직여야 하고 간혹 자전거, 오토바이, 등 소품뿐 아니라, 고양이, 강아지와 같은 동물도 데리고 올라가야 했다.

에이미는 이곳에서 본인이 작곡한 찬송가와 복음성가를 성가대원과 관현악팀과 함께 부르기도 했고, 뮤지컬, 드라마, 오라트리오 등도 공연하기도 했다. 또한, 본인이 직접 연극 대본을 써서 주연배우로 성도들 앞에서 배우로 공연하기도 했다.

교회에서 이러한 공연을 하는 횟수가 많아지고, 사회적인 관심이 집중되자, 세속적인 소설이나 연극 대본을 집필하는 할리우드의 작가들이 교회를 자주 방문하여 공연을 관람하곤 했다.

이들은 에이미는 연극 대본을 쓰는 능력과 연기력이 뛰어나다고 하면서, 그녀를 할리우드의 최고의 배우들과 우호적으로 비교하곤 했다. 작가들만 에이미를 좋게 평가한 것이 아니라, 할리우드의 배우들도 마찬가지였다. 당시의 유명한 코미디언인 찰리 채플린(Charlie Chaplain)은 에이미에게 다음과 같이 칭찬했다.

> 나는 당신의 설교를 듣기 위해 당신의 교회에 여러 번 다녀왔습니다……. 당신은 두려움과 염려 때문에 극장에 가지 못하는 드라마에 굶주린 교회의 성도들에게 그들의 믿음에서 거리낌 없이 받아들일 수 있는 극장을 만들어 제공한 것입니다…. 좋든 싫든 당신은

뛰어난 연극배우입니다.[56]

자연히 할리우드의 배우들은 에이미가 시무하고 있는 교회를 방문하는 기회도 많아지게 되었고, 에이미와 친분을 싸면서 교회에 정규적으로 출석하는 배우들이 많아졌다.

할리우드의 배우로 일하고 있었던 헨리 포드(Henry Ford), 베베 루스(Babe Ruth), 더글라스 페어뱅크스(Douglas Fairbanks), 메어리 픽포드(Mary Pickford), 아멜리아 이어핫(Amelia Earhart) 그리고 찰스 린버그(Charles Lindbergh) 등은 앤젤레스템플교회의 정규적인 예배에 참석했다.

할리우드의 영화나 세속적인 연극들이 작가들이 써놓은 대본만을 외워서 공연하는데 반해, 에이미는 어느 시대나 공감할 수 있고, 기독교의 근본이 되는 복음적인 것을 주제로 공연했다. 할리우드의 영화나 공연이 사람들의 감정을 짧은 시간 동안 만족하게 해 주었다면, 에이미의 공연은 관람자들의 인생을 변화시키는 공연이었다.

할리우드의 연예 접대 문화를 좋아하지 않는 기독교인들에게 에이미는 연예계의 문화라는 형식을 빌려 그리스도의 복음을 아무런 저항 없이 받아들이도록 한 것이었다.

에이미가 할리우드의 영화배우나 영화 제작자 및 연출자들과 자주 접촉하면서 전도하는 데는 앤서니 퀸(Anthony Quinn)의 역할을 빼놓을 수 없다. 그는 젊은 시절을 에이미의 교회에서 성장했다. 십 대 때에 신실한 가톨릭 신자였던 앤서니는 할머님께서 아프시다는 소식을 듣고, 할머니 댁을 방문했다. 그런데 그 곳에 앤젤레스템플교회에서 온 목사와 성도들이 할머니 주위에 모여 앉아 할머니의 병이 낫도록 기도하고 있었다.

---

56 Blumford, *Aimee Semple McPherson: Everybody's Sister*, p. 230.

가톨릭교회를 다니던 앤서니는 가톨릭교회 외에 다른 종교는 모두 마귀라고 생각하고 있었기 때문에 마귀 무리가 와서 집안을 망친다고 생각하고 모두 나가라고 소리쳤다.

그러나 할머니께서 만류하시기 때문에 화내는 것을 중지하고는 곧장 늘 다니시던 가톨릭교회의 안셀모(Anselmo) 신부를 찾아가 자초지종을 말씀드렸다. 앤서니의 말을 다 들은 안셀모 신부는 하나님께 가는 길이 가톨릭교회 말고도 여러 가지 길이 있다고 말씀하시면서 기독교도 그중 하나라고 말씀해 주셨다.

그 후 할머니의 병은 많이 호전되었다. 어느 날 친구가 찾아와서 앤서니에게 연주하고 있던 색소폰을 갖고 앤젤레스템플교회를 방문하자는 것이었다. 할머니께서도 나를 위해 기도해 주신 분들에게 감사도 해야 하니 함께 가자고 해서 교회를 방문했다.

그가 처음 교회를 방문했을 때 에이미는 교회에 없었지만, 그는 아주 좋은 인상을 받았다. 그때 받은 인상을 "좀 시끄럽기는 했지만 따뜻했고, 형식에 꽉 매여있지 않아서 즐거웠다"(warm, noise, informality and joy)고 표현했다. 조용한 가톨릭교회의 예배 분위기와는 아주 달랐음을 말한 것이다. 그리고 얼마 후 에이미가 설교하는 것을 처음으로 듣고는 마치 전기 충격을 받은 것 같다고 하면서 "엄청나게 감동적"(Tremendously moving)이었다고 말했다. 1930년에 에이미와 처음으로 개인적인 만남을 갖고 나서는 "자석처럼 끌리는 사람"이라고도 했다.

앤서니는 교회의 성가대에서 활동했고, 색소폰을 연주했기 때문에 관현악단에서도 활동했다. 때로는 에이미의 설교를 스페인어로 통역도 했으며, 가끔 에이미가 연출한 연극에 참여하여 재능을 선보이기도 했다.

그는 앤젤레스템플교회의 강단을 "설교하는 강단이 아니라, 연극을 하는 무대"(Not a pulpit, but a stage)라고 말하기도 했다. 그는 후에 할리우드의 유명한 배우가 되었으며, 함께 일하던 많은 동료 배우들을 에이미에게 소개해 주고 교회에 데리고 와서 함께 예배를 드리곤 했다.

♠ 구제보급소(Commissary)

1927년에는 앤젤레스템플교회 안에 구제사업을 담당하는 구제부를 창설하고 이를 실행할 구제보급소(Commissary)를 개소했다. 대형교회이다 보니 다양한 성도들이 교회를 찾아왔다. 경제적인 여유가 있고 편안한 생활을 하는 사람들이 있는가 하면, 가난에 쪼들리고 병들고 연약하여 외부의 도움이 없이는 생활을 영위해 나가기 어려운 사람들도 많았다.

특별히 로스앤젤레스는 아열대성 기후였기 때문에 겨울에는 동부처럼 폭설이 내리지 않고 포근했고, 일 년 내내 비도 많이 오지 않아 살기에 아주 좋은 날씨였다. 또한, 공업지대로 공장이 많아서 일자리가 많이 있었고 공장에서 일할 노동력이 많이 모자랄 때였다. 일 년 내내 비도 많이 내리지 않고 구름 끼는 날도 많지 않았기 때문에 햇볕이 강했다.

자연히 과일 재배에 적합해서 귤, 포도, 사과, 배, 딸기 등의 유실수 재배가 한창이었다. 이러한 농장에서는 일손을 구하기 쉽지 않았다. 자연

무료 급식을 기다리는 시민들

히 멕시코를 중심으로 남미의 여러 나라에서 이민을 온 자들이 필요한 노동력을 공급했다. 해외에서 온 사람들은 정상적인 과정을 통해 이민해 온 사람들이 있는가 하면, 불법으로 온 사람들도 많았다. 이들의 도움 없이는 농장에서 농작물을 제때 추수하여 출하할 수 없었기 때문이었다. 이민해 온 사람들은 가진 것은 거의 없었다. 자연히 대형교회인 앤젤레스템플교회를 찾게 되었고, 교회를 통해서 필요한 많은 것들을 얻을 수 있었다.

1928년에는 로스앤젤레스시에 홍수로 인한 물난리가 나서 많은 이재민이 발생했다. 로스앤젤레스시는 여름에도 비가 많이 오지 않는 지역이라 배수시설이 다른 도시처럼 발달되지 못했다. 비가 조금만 많이 오면 시 전체가 홍수로 고통을 겪게 된다. 그러나 이때도 교회는 민첩하게 대처하여 이재민들에게 필요한 식량과 담요 등 필요한 물품을 제공해 주었다.

여기저기에서 도움이 필요한 일들이 많이 발생하고, 또 교회에 도움이 필요한 사람들이 계속 몰려오고, 이들을 돕다 보니 교회에서는 구제를 전문으로 감당할 기구의 필요성이 대두되게 되었다. 앤젤레스템플교회에서는 이렇게 도움이 필요한 사람들에게 그리스도의 사랑을 실천하는 차원에서 교회 창립 4년 만에 구제부를 창설하고 구제보급소를 개소하게 된 것이다.

생활에 필요한 각종 물품을 사다 놓기도 하고, 성도들이 가정에서 사용하지 않는 물건들을 기증받기도 했다. 기본적인 음식물부터 덮고 자는 침구류, 주방 기구, 심지어 크고 작은 가구까지 다양한 물품을 준비하고 있었다. 사람들이 와서 필요한 것을 가져갈 수 있게 하고, 또한, 나누어 주는 사역도 함께 했다.

예수 그리스도를 믿는 성도들뿐 아니라, 믿지 않는 사람들도 도움을 받도록 개방했다. 수많은 사람이 구제보급소를 통해서 삶에 많은 도움을 받도록 한 것이다. 의료진과 간호사들도 늘 대비하고 있어서 위급한 경우에는 보내서 돕도록 했다.

그런데 구제부를 창설하고 2년이 지난 1929년 경제대공황이 미국을 강타했다. 특히, 로스앤젤레스는 대도시였고 롱비치라는 중요한 항구가 인접해 있었기 때문에 다른 지역보다 타격이 심했다. 기업은 생존을 위해 직원들을 해고하는 구조 조정을 하지 않을 수 없었다. 수많은 사람이 오랫동안 다니면서 평생 다닐 것으로 생각했던 직장에서 갑자기 해고되었다.

어느 날 갑자기 수입이 끊어지던지 줄어들자 가정이 어려움을 겪게 되었고, 실업자가 속출하게 되었다. 수입이 불안정하게 되고, 일자리가 줄어들든지 사라지게 되자 시민들의 삶은 비참해졌다. 매일매일 거리에 나와 음식을 구걸하는 사람들의 숫자가 늘어났다. 당시 앤젤레스템플교회의 구제보급소에서 무료로 주는 식사를 하기 위해 서서 기다리던 사람들의 줄은 교회를 몇 바퀴 돌 정도였다.

로스앤젤레스시 당국에서도 이들을 구제하기 위해서 최선의 노력을 다했다. 그러나 배가 고파서 고통을 호소하는 시민들의 다양한 욕구를 충족시키기란 역부족이었다. 시민들은 시청과 관공서를 찾아가서 음식과 일할 수 있는 직장을 달라고 아우성치는 소리가 하루도 끊이지 않았다. 천사의 도시라고 불렸던 로스앤젤레스시가 악마의 도시로 변해가고 있었다.

다행히 앤젤레스템플교회에서는 몇 년 전부터 구제 활동을 펴고 있었기 때문에 구제보급소의 역할이 더욱더 활발해지게 되었다. 에이미는 성도들에게 경제 공황이 속히 풀려나도록 기도를 부탁했다. 성도들에게 집에서 여유 있는 물품이나 사용하지 않은 가구들, 또한, 음식물을 교회에 가져오도록 광고했다.

수많은 성도가 자원하여 구제보급소에 각종 물품을 가져왔다. 교회에서는 필요한 자들에게 여러 가지 물품을 나누어 주었다. 그리스도의 사랑을 온 시민들에게 제공하여 전도할 좋은 기회였다.

또한, 로스앤젤레스시에서 초등학교 학생들에게 점심을 무료로 제공해 주었는데, 경제 공황이 발생한 후 시의 재정이 악화하자 무료 급식을 중지할 수밖에 없었다. 이때 교회에서는 정부에서 중지한 점심을 초등학생들에게 무료로 제공해 주었다. 특히, 초등학교 학생의 부모들은 젊은 맞벌이 부부가 대부분이었기 때문에 교회에서 자녀들에게 점심을 무료로 제공해 줌으로 공장이나 직장에서 자녀들의 끼니는 걱정하지 않고 일에 매진할 수 있었다.

통계에 의하면 경제대공황 때 앤젤레스 템플 교회 구제보급소를 통해서 150만여 명이 넘는 시민들이 혜택을 받았다고 한다. 「LA타임즈」*(Los Angeles Times)* 신문에 의하면 로스앤젤레스시에서 구제한 사람보다 더 많은 시민이 앤젤레스템플교회의 구제보급소를 통해 혜택을 받았다고 한다.

에이미는 예수님께서는 우리를 구원하시기 위해서 하늘의 영광도 버리시고 이 땅에 인간으로 오셔서 물과 피를 다 쏟으시고 돌아가셨는데, 우리도 헐벗고 굶주린 사람들을 먹이고 입히는 것이 당연하다고 하시면서 구제사업을 격려했다. 몇 년에 걸쳐서 시민들을 돌보았기 때문에 앤젤레스템플교회는 재정적으로 많은 어려움을 겪게 되었다. 뒤에서 언급하겠지만, 대경제공황으로 인하여 교회는 엄청난 부채를 지게 되었다.

1933년에 롱비치에 강력한 지진이 발생해서 개인의 집이나 공장이 무너지고 공공건물이 파괴되는 사태가 발생했다. 이때도 교회의 구제보급소는 이재민들과 롱비치시 당국에 음식, 담요, 의사, 치과의사, 어린이와 노인들을 위한 간호 인력, 주일학교 교사, 사회봉사 요원 등을 제공했다. 교인들로 구성된 의료팀을 만들어 지진으로 어려움을 겪는 롱비치에 응급 의료 클리닉을 개설하여 부상당했거나 의학적인 도움이 필요한 사람들을 치료해 주기도 했다.

또한, 전기가 이재민들에게 어려움 없이 공급될 수 있도록 교회에서는 전기회사에 현금을 주고 필요한 수리를 해 주도록 부탁했었다. 특별헌금을 하도록 성도들에게 부탁하여 적지 않은 돈을 지진으로 피해당한 롱비치 시에 기탁하기도 했다.

에이미는 교회의 구제부를 통해서 정부의 시책에도 많은 협조를 했다. 그 당시도 마약 문제가 심각했었다. 마약 퇴치에 재정적인 면이나 재활 문제를 도왔다. 또한, 전쟁으로 많은 젊은이가 전쟁터에 나가 싸우다 전사하기도 하고 부상하기도 했다. 교회는 국가와 자유를 지키기 위해서 몸을 바친 젊은이들을 위해 여러모로 도왔다.

구제부는 음식을 먹이는 것뿐 아니라, 재난 시에 돕는 것, 이주민들이 어려움 없이 속히 정착하도록 돕는 일, 국가와 사회에 헌신하신 분들에 대한 예우 등도 맡아서 돕는 일을 했다.

♠ 선교 사역

에이미는 결혼하고 얼마 되지 않은 1910년에 남편 샘플 목사와 함께 홍콩으로 선교사로 떠났다. 비록 남편의 갑작스러운 죽음으로 많은 열매는 맺지 못하고 돌아왔지만, 선교사로서의 그녀의 경험은 선교에 대한 사명감과 열정을 불타도록 했다. 교단이나 교회의 배경이 없이 순회선교사로서 대륙횡단을 하면서 천막 성회를 인도할 때도 선교사를 인도에 파송했었다. 1919년 로스앤젤레스에서 집회를 인도할 때 성회에 참석한 성도들에게 선교의 필요성을 강조하고 선교헌금 할 것을 부탁했다. 여기에서 나온 선교헌금으로 다섯 명의 선교사 가족을 해외에 파송했다. 앤더슨(Thomas Anderson) 목사를 남미의 볼리비아에, 베이커(Baker) 목사 부부와 제임스(James) 목사 부부를 중국에, 다른 두 선교사를 아프리카에 파송했다.

홍콩에 가서 예수를 알지 못하던 백성에게 복음을 전하라는 하나님의 명령을 남편의 죽음으로 제대로 실현하지 못한 것에 대해 아쉬움이 에이미의 마음에 남아있었다. 미국의 여러 곳을 방문하여 예수를 알지 못하던 사람들의 영혼을 구원하고, 병으로 신음하던 많은 환자를 치료했지만, 해외에 있는 영혼을 구해야 한다는 미련이 남아있었다.

그래서, 본인이 직접 해외에 가서 집회를 인도할 결심을 하게 되었다. 1922년에는 직접 호주를 방문하여 복음을 전할 기회를 얻게 되었다. 호주에 가는 길에 뉴질랜드에 들러서도 복음을 전했다. 호주의 대도시인 멜버른과 시드니에 있는 체육관에서 집회를 인도했고, 또 천막을 빌려서 신유성회를 인도했다.

수많은 영혼이 예수를 구주로 영접하게 되었고, 믿다 낙담하여 쉬고 있던 많은 성도들이 새롭게 결심하는 역사도 일어났다. 호주에 새로운 성령의 불을 던지는 놀라운 역사를 했낸 것이다. 호주에 오래 머물지는 못했지만, 선교사로서의 역사를 있는 힘을 다해서 해낸 것이다.

그녀의 선교에 대한 열정은 식을 줄을 몰랐다. 앤젤레스템플교회를 통해서 선교사를 파송했을 뿐 아니라, 에이미가 이끌고 있던 단체인 에코파크공원전도협회, 교회의 주일학교, 청소년부서, 남전도회, 여전도회, 성가대, 관현악단 등과 같은 다양한 부서를 통해서도 각각 선교사를 파송하고 그런 단체들이 자발적으로 선교사들에게 생활비를 보내도록 했다. 예수 그리스도를 믿으면 당연히 선교 사역에 매진해야 한다는 사실을 전 교인에게 주지시켰다.

1923년 1월 1일 헌당 된 앤젤레스템플교회의 머릿돌에는 "초교파적이고 세계적인 복음 전파를 위해 이 교회를 헌당한다"라는 선언문이 새겨져 있다. 교회를 건축하면서 처음부터 세계선교가 에이미의 꿈이었다. 에이미는 앤젤레스템플교회가 좀 안정이 되자 직접 선교지를 찾아가서 선교사들을 격려하고 집회를 인도했었다.

남미의 파나마에는 1924년에는 에드워드(Arthur Edwards) 가족이 선교사로 파송되었다. 그는 시에틀에서 은행장으로 있었는데, 기도 중 방언을 말하는데 입에서 "발보아, 발보아"라는 말이 뛰어나왔다. 에드워드는 무슨 말인지 알 수 없었다. 은행에 출근하여 직원들에게 "발보아"가 무엇인지 알아보니 "발보아"는 파나마에 있는 도시라는 것이었다.

그는 하나님께서 자기를 파나마의 발보아로 선교사로 떠나라는 것으로 받아들이고 은행을 사직하고 남미의 파나마로 떠났다. 파나마의 발보아에 가서 병원 선교를 하기 위해 병원을 방문해서 환자들에게 복음을 전하면서 기도해 주었다.

한 환자를 만났는데, 그는 포스퀘어교회에서 발행하는 「브라이들 콜」 잡지고 갖고 있었다. 그러면서 본인이 기도하는 중에 성령님께서 이 잡지를 발행하는 교회의 선교사가 와서 자기를 위해 기도해 줄 것이라고 말씀해 주셨다고 말했다. 에드워드 선교사는 그를 위해 간절히 기도해 주었고, 그는 낫게 되었다.

에드워드 선교사는 방송을 통해서 복음을 증거하여 교회를 성장시켰다. 그는 에이미를 초청하여 들판에 천막을 치고 부흥회를 개최했다. 에이미의 말씀과 기도를 통해서 많은 주민이 은혜를 받고 병에서 치료되었다. 선교사의 기도와 헌신을 통해 파나마 포스퀘어교회는 기적적인 성장을 하게 되었다. 현재 파나마의 포스퀘어복음교회는 가장 큰 교단인데, 두 번째 교단의 세 배의 교세로 성장을 했다.[57]

에이미는 파나마뿐 아니라, 남미의 여러 나라를 방문하며 복음을 증거했다. 아시아의 인도, 미얀마, 베트남도 방문하여 말씀을 전했다. 특히, 미얀마에서는 불교의 중들이 공부하는 승려학교에서 예수 그리스도의 보혈에 대해 특강을 하기도 했다.

---

57 릴런 에드워드(Leland Edwards), 포스퀘어국제본부 해외 총무, 파나마의 최초 선교사 아더 에드워드(Arthur Edwards)의 장남. 필자와의 인터뷰, 2009년 7월 12일.

포스퀘어복음교회
(Foursquare Gospel Church)

♠ 기독교의 제3의 세력인 오순절교회

교회나 교단이 새롭게 태어나는 것은 인간이 할 수 있는 일이 아니다. 하나님의 깊으신 뜻에 기초하여 탄생하게 된다.

뉴욕에 있는 유니온신학교(Union Theological Seminary) 총장이셨던 헨리 밴 두산(Henry Van Dusan) 박사는 오순절운동을 **기독교의 제3의 세력**이라고 보았다.[58]

예수님께서 승천하시고 시작된 초대교회는 사도들을 통해서 팔레스타인의 예루살렘에서 시작되었다. 선교사 바울이 일어나서 예루살렘을 중심으로 성장하던 교회를 지중해 주변을 돌며 전도하여 소아시아, 마케도니아, 아가야 지역을 복음화하고 마침내 로마제국에 교회를 세웠다. 바울이 로마에 전파한 복음은 300여 년 만에 로마제국을 기독교 국가로 만들었다.

사도들이 죽고 난 후 그들의 제자였던 속 사도들이 교회를 이끌 때는 예수 그리스도를 어떠하신 분으로 이해하는가가 교회의 가장 큰 문제였

58　헨리 밴 두산(Henry P. Van Dusen), "기독교의 세 번째 세력(The Third Force in Christendom)," 잡지 *LIFE*. June 1958.113~124.

다. 믿는 제자들 가운데서도 어떤 사람들은 예수님을 100퍼센트 인간이라고 하고, 다른 사람들은 100퍼센트 신이라고 하기도 했다. 다른 사람들은 예수님은 50퍼센트 신, 50퍼센트 인간이라고도 했다. 교회사를 보면 수많은 종교회의가 열렸었는데, 교회사 500년까지는 예수 그리스도를 하나님이 아닌 인간으로 보는 자들을 이단으로 여기고, 이들을 정죄하는 모임이 주류를 이루었다.

주후 300년경에 완성된 사도신경(Apostles' Creed)을 보면, 기독교 초창기에는 무엇을 많이 강조했는가를 알 수 있다.

사도신경을 보자.

> 하나님을 지칭하는 문장은 한 문장이고,
> 성령님을 지칭하는 표현은 세 단어에 불과하다.
> 반면, 예수님을 설명하는 표현은 10문장이나 된다.[59]

또한, 교회가 서방교회와 동방교회로 나누어지면 세속적인 견해와 사상이 교회에 깊숙이 침투했다. 성령의 역사와 말씀의 진리가 분명하고 풍성했던 초대교회가 시간이 갈수록 세속화되어갔고 하나님의 진리에서 멀어져만 간 것이다.

드디어 중세가 되었을 때, 교회는 이름만 교회지, 교회의 본질, 속성, 교리는 성경과 많이 멀어져 있었다. 심지어 예수 그리스도의 보혈로 인하여 인간이 죄에서 구원받아 하나님의 자녀가 된다는 이신득의(以信得義) 교리

---

59 사도신경에서 ① 하나님에 대한 표현 - "하나님 아버지를 내가 믿사오며" ② 아들 성자 예수에 대한 표현 - "외아들 예수 그리스도", "성령으로 잉태하심", "동정녀로부터 탄생", "빌라도에게 고난받으심", "십자가에 못박혀 죽으심", "장사 지내심", "사흘 만에 부활하심", "하늘에 오르심", "하나님 우편에 앉아계심", "심판주로 다시오심" ③ 성령에 대한 표현 - "성령을 믿사오며"

도 믿지 않고, 면죄부만 사면 지옥에서 연옥으로, 또 연옥에서 천국으로 옮긴다는 사상만을 전하는 완전히 타락한 세속적인 교회가 되었다. 성 베드로 성당을 짓는 데 필요한 자금을 모금하기 위해서 면죄부를 판 것이었다. 가톨릭교회는 예수님의 보혈과 전혀 관계가 없는 짓을 한 것이다. 즉, 예수님의 보혈은 아무런 영향력도 없는 것을 가르치며 행했다. 이러한 교회가 중세 로마 가톨릭교회였다.

이 교회가 헨리 밴 두산 박사가 말하는 기독교의 세 자매 교회 중에서 첫째인 셈이다.

그러나 1517년 10월 가톨릭교회의 신부였던 마틴 루터는 본인이 속해 있던 가톨릭교회가 예수의 보혈이 아닌 면죄부를 팔아서 구원을 얻게 하는 비성서적인 일을 서슴지 않고 행하는 것에 대해서 분노를 느끼며 반기를 들었다. 특히, 교황청을 중심으로 예수 그리스도의 보혈이 빠진 면죄부를 사기만 하면 어떠한 죄도 용서받을 수 있다고 가르치는 교훈을 받아들일 수 없었다.

예수님께서 십자가에서 인류의 죄를 사하시기 위해 피 흘려 돌아가심을 믿는 믿음만으로 구원을 얻는 기독교의 핵심 진리를 제쳐놓고 행위를 구원의 조건으로 가르치는 것을 용납할 수 없었다. 정치에 깊숙이 개입한 교황청이 중심이 된 가톨릭교회는 영적인 특권의식과 성물 판매, 성직자들의 타락으로 인해 경건한 자들이 착취당하고 교회의 영적인 권위가 와해 되는 잘못을 저지르고 있었다.

성인 대축일 전야인 1517년 10월 31일에 루터는 비텐베르크의 성당 정문에 95개 조의 반박문을 붙이게 되었다.

이처럼 루터를 중심으로 중세에 일어난 개혁운동을 종교개혁(Reformation)이라고 칭하는데 칼뱅(Calvin), 츠빙글리(Zwingli), 낙스(Knox) 등이 종교개혁을 이끈 믿음의 거장들이다. 이들은 '오직 성경, 오직 믿음, 오직 은혜'만을 강조했다. 종교개혁을 시발점으로 시작된 개혁신앙을 기독교, 또는 개신교라고 칭한다.

이러한 교회가 헨리 밴 두산 박사가 말하는 기독교의 세 자매 교회 중에서 두 번째에 해당한다.

기독교의 세 자매 중 세 번째 교회는 20세기 초에 일어난 오순절 성령운동이다. 앞에서 언급한 대로 예수님께서 부활하신 후 40일 동안 제자들과 함께 계시다가 승천하시기 직전 마지막으로 제자들에게 부탁하신 말씀이 있다.

> 예루살렘을 떠나지 말고 내게서 들은바 아버지께서 약속하신 것을 기다리라. 요한은 물로 세례를 베풀었으나 너희는 몇 날이 못 되어 **성령으로 세례를 받으리라**(행 1:4-5).

예수님은 제자들에게 "성령으로 세례를 받으라"고 명령하셨다. 그런데 이러한 명령을 받은 사람들은 예수님의 제자들을 포함하여 예수를 따르던 120명이었다.

그런데 사도 바울은 고린도전서 12:3에서 "성령으로 아니하고는 누구든지 예수를 주시라 할 수 없느니라"라고 가르치고 있다.

그렇다면, 사도행전 1:5에서 예수님께서 "성령으로 세례 받으라"는 말씀은 120명이 다시 중생하라는 말씀이란 말인가? 아니다.

히브리서 9:22는 "피 흘림이 없은즉 사함이 없다"라고 말씀하고 있다.

피 흘리고 돌아가신 예수님은 사흘 만에 부활하셔서 예루살렘에서 유대인들이 두려워 방문을 걸어 잠그고 숨어있던 제자들을 만나서 "숨을 내쉬며 이르시되 성령을 받으라"고 하셨다(요 20:22).

이때, 즉 예수님께서 흘리신 보혈로 제자들은 구원받은 것이다. 그 후 예수님은 보혈로 구원받은 제자들과 함께 40일 동안을 더 계시다가 승천하시기 직전에 사도행전 1:5에서 "성령으로 세례를 받으라"고 말씀하신 것이다.

성령으로 구원받은 제자들에게 "성령으로 세례를 받아야 함"을 말씀하신 것이다. 성령의 세례를 받으면 "권능"(Power)이 임하게 된다(행 1:8). 이 능력은 예수 그리스도의 증인이 되는데 꼭 필요한 능력이다.

20세기 초에 시작된 오순절 성령운동은 사도행전 1:5의 "성령세례"를 강조하는 운동이다. 120명의 제자가 예수님께서 명령하신 "성령을 받은 날"이 '오순절'이었다. 여기에서 "오순절운동"이란 용어가 유래된 것이다.

오순절운동이 개신교와 다른 점은 성령세례를 주장하면서 방언을 말하고, 병을 고치며, 기사와 이적을 보편화시킴으로 예수님께서 가르치면서 행하신 초대교회와 같이 행한다는 것이다. 개신교 내에서 "기적 중지론"이 대두되었다. 성경에 기록된 병 고침을 포함한 모든 기사와 이적은 성경이 완성됨으로 끝났다고 주장하는 이론인데 교회와 성도들에게 많은 영향을 끼치고 있었다.

기사와 이적을 인정하지 않는 그룹이 많이 확산하여 초대교회 예수님께서 행하셨던 것과는 다른 것을 가르치는 교회가 된 것이다. 그러나 20세기에 등장한 오순절운동은 초대교회와 같이 병 고침을 포함한 모든 기사와 이적이 성령의 능력으로 지금도 일어난다고 믿고 주장하는 그룹이다. 예수를 구세주로 받아들이고 믿어 영생을 얻을 때 역사한 성령을 제1단계의 은총이라고 하고, 예수를 믿은 후에 "성령으로 세례"를 받도록 하신 성령을 제2단계의 은총이라고 한다.

이러한 오순절운동을 헨리 밴 두산 박사는 기독교의 세 자매 교회 중 막내라고 칭한 것이다.

이러한 신학적인 분석이 뉴욕의 유니온신학교 총장에 의하여 언급된 것은 대단한 의미를 부여한다. 유니온신학교는 장로교회가 설립한 명문 대학이다. 이런 대학교의 총장께서 오순절운동을 전체 기독교의 제3의 세력으로 인정했다는 것이다.

21세기에 들어선 오늘날 오순절운동이 기독교의 다른 어떠한 단체보다 빨리 성장하기 때문에 세계적인 인정을 받지만, 밴 두산 박사가 총장으로 재직하던 1950년대는 그렇지 못했다. 20세기 초 오순절 성령운동이 시작될 때는 작은 집단에 불과했지만, 100여 년이 지난 오늘날 오순절 교단의 교회 숫자와 성도의 숫자는 개신교회를 훨씬 능가하게 되었다.[60]

오순절운동의 초창기인 1920년대 에이미가 로스앤젤레스에 세운 앤젤레스템플교회는 대형교회로 오순절운동의 상징으로 이해되었다. 교회의 규모나 에이미의 명성을 통해서 1906년부터 3년간 하루도 쉬지 않고 아주사거리의 부흥운동이 일어난 곳에서 얼마 떨어지지 않은 곳에 오순절운동을 이끄는 대형교회가 설립되었다는 것은 이 운동의 긍정적인 미래를 상징적으로 말해 주는 것이었다.

♠ 포스퀘어복음교회(Foursquare Gospel Church)

에이미도 1916년부터 천막 집회에서 오순절적인 복음을 전하여 예수 그리스도가 주인되는 하나님 나라를 전파했고, 많은 사람이 예수를 구주로 영접했으며, 질병으로 고통을 받던 수많은 사람이 성령의 능력으로 치료받았

---

60 International Bulletin of Missionary Research 홈페이지. 2022년도 통계에 의하면 전 세계 인류의 32.3퍼센트가 기독교인인데, 그중에서 개신교는 5억 9천 정도, 오순절/은사 주의자는 6억 5천 정도로 추정했다. international bulletin of missionary research에서 검색 2022년 7월 5일 검색.

다. 6년 동안 순회부흥사로 사역하면서 집회에서 선포한 메시지와 집회를 통해 나타난 열매를 통해 에이미의 사역에는 독특성이 있음이 입증되었다.

이제 로스앤젤레스에 앤젤레스템플교회라는 초대형교회가 세워짐으로 에이미가 해오던 사역 전체를 지휘하고 통제할 수 있는 구심점이 생겨났다. 그녀의 가르침을 따르는 추종 세력이 있고, 그녀의 가르침에는 독특한 점이 있고, 에이미의 가르침을 따를 후배를 양성해 내는 신학교가 설립되었다. 자체 방송국이 있고, 메시지를 전달하며 에이미의 사역을 알리는 잡지가 있다는 것은 교단이 형성될 수 있는 모든 필요조건이 충족되었다는 것을 의미했다. 드디어 포스퀘어복음교회(Foursquare Gospel Church)라는 이름의 교단이 탄생한 것이다.

그 탄생과정을 자세히 살펴보자.

♠ 사중복음

에이미는 앤젤레스템플교회의 건축이 한창 진행 중이던 1922년 7월 캘리포니아주의 북쪽에 있는 오클랜드(Oakland)라는 도시에서 천막 성회를 인도하게 되었다. 이 부흥성회는 본인이 창시할 포스퀘어복음교회(Foursquare Gospel Church)의 모교회가 될 앤젤레스템플교회를 헌당하기 전 마지막으로 인도한 부흥회였다.

에이미는 오클랜드 집회에서 **에스겔 1:4-10을 본문으로 "에스겔의 비전"(The Vision of Ezekiel)**이란 제목으로 말씀을 증거 했다. 오클랜드 성회를 인도하기 위해서 준비하던 중 성령님은 에이미를 에스겔 1장으로 인도했다.

에스겔은 유다가 신흥 강대국인 바벨론에 망하고, 포로로 잡혀 온 유대인들이 그발 강가에서 힘들고 어려운 생활을 할 때, 제사장이었던 에스겔에게 주신 계시의 말씀이다.

절망에 빠진 동족들에게 희망과 소망을 주는 말씀인데, 에스겔 자신도 포로 중의 한 사람으로 무리 속에 살고 있었다. 하나님은 에스겔을 이스라엘 족속의 파수꾼으로 세워놓으셨다.

하나님을 대신하여 그들에게 하나님의 뜻을 알려주고 그들의 죄악을 깨우쳐주어 하나님의 백성으로 살도록 하는 것이 그의 임무였다. 에스겔은 하나님의 뜻을 전해 주는 사람이 되기 위해 먼저 하나님을 자세히 알아야 할 필요가 있었다. 에스겔 1장에서 에스겔은 성부, 성자, 성령을 개인적으로 만나는 놀라운 체험을 했다.

그런데 성자 예수님의 모습이 "네 생물의 형상"으로 나타났다(겔 1:4). 에이미는 에스겔이 본 네 생물을 예수 그리스도께서 마리아의 몸을 통해서 인간의 몸으로 태어나기 전에 나타난 "신의 현현"(顯現, Theopany, Preincarnate Appearance)으로 받아들였다. 성자 예수님께서 에스겔의 비전에 나타나신 것이다. 그 얼굴들의 모양이다.

> 넷의 앞은 사람의 얼굴이요,
> 넷의 오른쪽은 사자의 얼굴이요,
> 넷의 왼쪽은 소의 얼굴이요,
> 넷의 뒤는 독수리의 얼굴이니(에스겔 1:10).

에스겔의 환상을 도형화한 포스퀘어 상징

생물은 하나인데 보는 방향에 따라 네 가지 다른 모습을 하고 있는 생물을 묘사한 것이었다. 가나안 땅에 정착한 이스라엘 백성은 원래 이집트에서 400년이 넘도록 노예로 살았다. 하나님은 그들을 이집트에서 꺼내어 가나안에서 독립 국가를 이루게 하셨다. 앞으로 하나님을 세계만방에 선전할 그릇으로 사용할 계획이셨다.

이들은 이러한 하나님께 그 능력을 찬양하고, 감사하며, 예배드리는 삶을 살아야 했지만 그렇지 못했다. 하나님의 말씀에 순종하지 않고 우상을 숭배하며 범죄 하여 전쟁에서 참패했다. 바벨론에 포로로 끌려왔다. 유대인들은 모두 마음이 상해 있었다. 또 전쟁으로 인하여 가족과 친지, 나라를 잃었다.

아쉬움과 서운한 감정이 이들을 사로잡고 있었다. 이렇게 어려운 상황에 빠져있는데도 자기의 잘못을 회개하기보다는 조상들을 원망하며, 정치지도자들을 원망하고 서로를 미워하고 있었다. 하나님은 이러한 유대인들에게 에스겔을 통하여 소망의 말씀을 주고 계신 것이었다. 에스겔이 환상을 통해서 본 네 생물, 즉 사람, 사자, 소, 독수리는 상징적인 의미를 지니고 있었다.

에이미는 성령의 조명하심을 통해 이 네 가지 생물의 얼굴은 예수 그리스도 한 분을 말하는 것인데,[61] 예수님께서 하시는 서로 다른 네 가지 사역을 상징적으로 표현한다고 믿게 되었다.

---

61 에이미가 이렇게 주석한 것은 구약성서 신학자들에 의해서도 인정받고 있다. 독일의 구약학자인 카일과 딜리치 (Keil and Delitzsch)는 구약성경 주석에서 에스겔이 본 네 가지 생물은 예수님께서 성육신(成肉身)하기 전 구약에 나타나신 신의 현현으로 해석하고 있다. Keil, D. F. and F. Delitzsch, *Commentary on the Old Testament* Vol. IX. (Grand Rapids: Eerdmans, 1982), 20-46.

- 사람의 얼굴에서 인간의 죄를 사하시기 위해 인류의 모든 죄를 짊어지시고 나무 십자가에 달려 돌아가신 구세주(Savior)의 모습을 보게 되었다.
- 사자는 동물의 왕으로 엄청난 힘을 자랑하는 동물이다. 힘을 상징하는 사자의 모습에서 믿는 자에게 능력을 주셔서 복음을 힘있게 증거하도록 권능을 베풀어 주시는 성령세례를 주시는 예수 그리스도(Baptizer with the Holy Spirit)로 이해했다.
- 소는 무거운 짐을 묵묵히 옮기는 동물이다. 인간이 앓고 있는 질병은 사람 혼자서 감당하기 어렵고 힘든 무거운 짐이다. 질병은 사람을 연약하게 하고 무능하게 하며 마침내 죽음에 이르도록 한다. 예수 그리스도는 십자가상에서 채찍에 맞음으로 모든 질병을 짊어지고 가셨다(사 53:5). 소의 모습에서 에이미는 예수 그리스도는 위대한 치료자(Divine Healer)임을 깨달았다.
- 독수리는 창공을 날면서도 구만리 앞을 보는 짐승이다. 독수리의 모습에서 다시 오셔서 만물을 심판하시고 왕의 왕으로 다스리실 재림주 예수 그리스도의 모습을 보게 되었다.(Second Coming King).[62]

에이미는 에스겔이 본 환상에 나타난 생물은 예수 그리스도의 4대 사역을 가르치는 것이라는 영감을 받았다. 그래서, 오클랜드 집회에서 예수 그리스도의 이러한 네 가지의 사역을 "사중복음"이라고 칭하고 처음으로 **Foursquare Gospel**(포스퀘어복음, 사중복음)[63]이라는 용어를 사용했다. 그녀

---

[62] Foursquare Publications, *Aimee: Life Story of Aimee Semple McPherson* (Los Angeles: Foursquare Publications, 1979), 111-112. Raymon Cox (레이몬 콕스), 1969:4-6.
[63] Foursquare Gospel은 Christian & Missionary Alliance의 창시자이신 심슨(A. B. Simpson) 목사가 쓴 『사중복음』(*Fourfold Gospel*)과 다르다. 심슨 목사는 『사중복음』(*Fourfold Gospel*)을 구원, 성결, 신유, 재림으로 본 것에 반해, 에이미는 구원, 성령세례, 신유, 재림으로 보았다.

는 이 복음이야말로 진짜라고 했다.

"온전한 복음"(whole gospel)이요
"완벽한 복음"(perfect gospel)이며
"완성된 복음"(complete gospel)이라고 믿었다.

정사각형은 네모가 반듯하므로 완벽하고 온전하며 균형이 잡힌 것이다. 이러한 온전한 모습이 성경의 여러 군데 나타난다. 에이미는 정사각형의 형태로 된 것으로 번제단(출 27:10), 분향할 제단(출 30:1, 2), 제사장의 판결 흉패(출 28:15-30), 제사장들이 머물 거룩한 방(겔 40:47), 그리고 새 예루살렘(계 21:16)을 예로 들었다.

에이미는 이 사중복음(四重福音)으로 라이프신학교를 세운 후 신학생들에게 직접 가르치기도 했다. 이때부터 에이미는 "오순절"(Pentecostal)이나 "순복음"(Full Gospel)이라는 용어 대신 "포스퀘어 복음"(Foursquare Gospel)이라는 용어를 더 즐겨 사용했다.

에이미가 받은 사중복음이 발전되어 오늘날에는 구세주는 십자가, 성령으로 세례 주시는 분은 비둘기, 병을 치료하시는 대 의사를 컵, 그리고 다시 오실 재림 왕은 왕관으로 표시하고 있다. 아래 그림은 현재 포스퀘어복음교회가 사용하는 교단의 로고이다.

포스퀘어복음교회 로고

♠ 포스퀘어복음전도협회(Foursquare Gospel Association)

에이미는 오클랜드 집회에서 예수님의 4대 사역을 밝혀준 에스겔의 말씀에서 포스퀘어 복음을 계시받고 이것이야말로 우리가 반드시 전해야 하는 메시지임을 알았다.

에이미는 1922년 오클랜드 성회 후에 '포스퀘어복음전도협회'라는 단체를 조직했다. 이 단체를 조직한 목적은 교단을 창설하려는 것이 아니라, 에이미가 받은 예수님의 완벽한 4대 사역인 "포스퀘어 사중복음"을 펼치려는 본인의 꿈과 비전을 공유할 목회자와 평신도들을 하나로 묶어서 세계 복음화를 이루고자 함이었다.

「브라이들 콜」에 새롭게 탄생할 '포스퀘어복음전도협회'가 어떤 단체인가 설명하는 글을 상세하게 쓰자 목회자와 평신도 지도자 천여 명이 넘는 사람들이 협회에 가입해서 함께 복음을 전하겠다고 서명했다. 전국에서 참여하겠다는 믿음의 식구들이 속출하게 되었다.

에이미는 본인이 받은 포스퀘어 복음이 무엇인지 전국에 있는 믿음의 가족들에게 알려야 함을 느꼈다. 그녀는 본인이 성령을 통해서 영감 받은 것을 잡지에 체계적으로 오랫동안 연재했다. 교회에서 설교를 통해서 포스퀘어 복음을 강조하고, 잡지를 통해서 계속 알림으로 포스퀘어 복음이 무엇인지 인식하도록 도왔다.

원래 예수님의 네 가지 사역을 언급하는 "사중복음"은 19세기 성결운동(Holiness Movement)을 이끌었던 심슨(A.B. Simpson) 목사에 의하여 처음 언급되었다.[64] 심슨 목사는 예수님의 사역을 사중복음(Fourfold Gospel)이라 칭하고 "구세주, 성결케 해 주시는 분, 치료하시는 의사, 다시 오실 재림

---

64 심슨(A.B.Simpson) 목사가 창설한 교단이 기독교선교연맹(C&MA, Christian Missionary & Alliance)이다. 몇 년 전에 한국에도 선교되어 '얼라이언스한국총회'라는 교단으로 전국적인 조직망을 갖고 활발히 선교활동을 하고 있다.

주"로 가르쳤다.

　현재 한국의 기독교성결교회나 예수교성결교회의 교리와 같은 것이다. 또한, 심슨 목사가 시작하신 교단인 CM&A(Christian Missionary & Alliance)의 한국총회가 '얼라이언스한국총회'라는 이름으로 한국에서 선교활동을 하고 있다. 그런데 에이미는 심슨 목사가 주장하는 예수님의 두 번째 사역을 "성결케 해 주시는 분(Sanctifier)"에서 "성령으로 세례를 주시는 분(Baptizer with the Holy Spirit)"으로 바꾸어놓았다. 성결케 해주시는 예수님과 성령으로 세례를 주시는 예수님은 완전히 다른 사역이다.

　에이미는 성령의 사역을 두 단계로 받아들였다. 성령은 불신자들에게 역사하셔서 예수를 구세주로 받아들이도록 역사하신다. 신학적인 용어로 이러한 과정을 "칭의, 개심, 회심, 거듭남"(Conversion)이라고 말한다. 예수님께서 십자가에서 흘리신 보혈로 내 죄가 용서함 받았음을 믿을 때 사람은 지옥 백성에서 천국 백성으로 다시 태어난다. 오순절운동이 일어나기 전까지 대부분 기성교회는 성령의 역사를 회심의 역사를 주관하는 것으로만 이해했다.

　그러나 에이미는 당시 대부분의 오순절 지도자들과 같이 예수님은 성령을 통해 회심한 자들에게 "성령으로 세례를 주신다"고 믿었다. 사도행전 1장에서 예수 믿고 구원받은 제자들을 포함한 120명의 성도에게 예수께서는 예루살렘을 떠나지 말고 약속된 성령으로 세례받을 것을 명령하셨다(행 1:5). 예수님의 명령을 받은 제자들은 마가 다락방에서 10일간 열심히 기도한 끝에 오순절에 성령으로 세례를 받게 되었다. 이들은 배우지 않은 언어인 다른 방언을 말함으로 성령세례 받았음을 증명한 것이다.

　근대 오순절주의자들은 초대교회 사도들과 마찬가지로 모든 성도도 성령으로 세례를 받아야 한다고 믿고 가르친다. 사도들이 성령세례 받고, 방언을 말한 것처럼, 지금도 성령의 인도함을 따라 다른 방언을 말해야 한다고 주장한다. 성령으로 세례를 주시는 목적은 예수 믿은 자들에게 복음을 힘차게 증거 하도록 능력을 주시려는 것이다. 성령으로 세례를 받을 때, 능력이 나타난다(행 1:8). 그 능력으로 땅끝까지 나가 복음을 증거 해야 한다는 것이다.

심슨 목사의 신학에서 한 단계 더 발전된 신학을 주장한 에이미에 대해 풀러신학대학교(Fuller Theological Seminary) 역사신학 교수인 맬 로백 박사는 "예수님이 구세주시요, 성령으로 세례 주시는 분이요, 병을 치료하시는 위대한 의사요, 다시 오실, 재림 왕"이라는 표현은 에이미에 의하여 처음으로 사용되었으며, 모든 오순절교회에서 받아드리는 오순절운동의 상징적인 교리가 되었다고 말한다.

에이미가 사용한 이 용어는 그녀에 의하여 '처음으로 오순절화 되었으며(pentecostalized) 대중화(popularized)되었다'고 북미 대륙의 오순절과 은사주의운동의 역사를 기록한 사전인 『오순절 은사주의운동 사전』(Dictionary of Pentecostal and Charismatic Movements)에 기록했다.[65]

♠ 국제 포스퀘어복음교회 창설

로스앤젤레스에 앤젤레스템플교회를 건축함으로 에이미의 사역이 한 장소를 중심으로 일어나게 되자 그녀의 사역이 새로운 차원으로 들어서게 되었다. 교회를 건축하고 몇 년 후 에이미는 국제 포스퀘어복음교회(International Church of the Foursquare Gospel)라는 교단을 창설했다. 교단 창설에는 몇 가지 이유가 있었다.

---

65 Cecil M. Robeck, Jr. "International Church of the Foursquare Gospel," *Dictionary of Pentecostal and Charismatic Movements,* edited by Stanley M. Burgess and Gary B. McGree (Grand Rapids: Zondervan, 1988), 461-463.

13. 포스퀘어복음교회(Foursquare Gospel Church)

● 사중복음(Foursquare Gospel)을 적극적으로 전파하기 위해서

　오클랜드에서 포스퀘어 사중 복음을 받은 에이미는 포스퀘어복음협회를 조직하여 조직적으로 포스퀘어 복음을 전하려고 했다. 이 조직은 에이미 개인이 중심이 된 친교 조직과 같았다. 조직에는 교회를 담임하고 있던 목회자들보다는 부흥회에 가서 집회하는 동안 알았던 성도들이 많이 참여해서 기도와 물질로 도와주었다.
　또한, 앤젤레스템플교회의 성도들도 대부분 참여했다. 얼마 동안 운영해 보면서 에이미는 미국 교회 전체를 사도행전의 초대교회와 같이 개혁하려면 평신도 중심으로 하기보다는 목회자들을 중심으로 일을 해야겠다는 것을 깨달았다. 에이미가 집회하기 위해서 다른 도시에 가서 많은 목사님과 대화를 나누면서 평신도 중심보다는 목회자 중심으로 운영하는 것이 지혜로울 것 같다는 말을 많이 들었다.
　결국, 1927년 12월 31일 국제 포스퀘어복음교회(International Church of the Foursquare Gospel)라는 교단을 조직하게 되었다. 1,000여 명의 목회자가 교단의 조직에 서명하게 되었다. 교회가 회원이 되므로 평신도보다는 목회자들이 가입하게 된 것이다.
　로스앤젤레스의 앤젤레스템플교회가 중심이 되었지만, 조직이 형성되고 목사이신 임원들이 일을 맡아서 감당함으로 에이미의 짐이 가벼워지게 되었다. 지금까지의 설교와 방송, 잡지를 통해서 전달된 포스퀘어 복음을 목회자인 일꾼들이 더 연구해서 주일학교 교과서도 만들고, 청소년들이나 성인들이 공부할 자료도 만들 수 있게 되었다.
　포스퀘어의 사중복음인 예수님은 구세주시며, 성령으로 세례를 주시는 분이시고, 어떤 병이라도 치료해 주시는 위대한 의사이시며, 다시 오셔서 다스리실 왕이심을 좀 더 깊고 쉽게 설명할 수 있었다. 특히, 1926년의 납치 사건의 여파로 많이 지쳐 있었던 에이미는 교단이 창설됨으로 본인이

하고 싶었던 사역을 하나님의 종들과 나누어 갖게 된 것에 감사하게 되었다.

기성 교단으로부터의 공격, 또한, 오순절운동을 이끄는 다른 단체로부터의 오해와 공격이 온다 해도 방어할 수 있는 장벽이 쳐진 것이었다. 외부적으로는 방어하는 것같이 되지만, 내부적으로는 포스퀘어 복음을 좀 더 깊이 연구하여 미국과 세계의 교회를 초대교회와 같이 만들 수 있다는 새로운 확신이 생기게 되었다.

1920년대 성령의 역사를 강조하던 오순절 지도자들은 심슨(A.B.Simpson) 목사가 주장한 사중복음(Fourfold Gospel)을 따랐다. 심슨 목사가 가르친 대로 예수님을 구세주, 성결하게 해 주시는 분, 병을 치료하는 의사, 다시 오실 재림 왕으로 가르치면서 "성령으로 세례 주시는 분"을 첨가했다.

그런데 에이미가 성령님의 사역을 "성결케 해 주시는 분"에서 "성령으로 세례를 주심으로 능력을 주시는 분"으로 바꾸어서 가르침으로, 오순절운동을 이끌던 지도자들이 에이미의 이론을 따르게 되었다. 현재 오순절 교단은 거의 모두 예수님의 네 가지 사역을 공통으로 가르친다. 이러한 통일된 가르침의 시작은 에이미였다. 그래서, 풀러신학교 교수인 멜 로백 박사는 에이미가 오순절운동을 이론화하고 대중화한 최초의 지도자라고 칭하게 된 것이다.[66]

• 성장해 가는 포스퀘어복음교회를 감독할 필요성

에이미가 앤젤레스템플교회를 설립하자 그 소문은 미국 전역에 퍼져 나가게 되었다. 로스앤젤레스 지역에 사는 많은 사람은 교회의 예배에 정

---

[66] Cecil M. Robeck, Jr. "International Church of the Foursquare Gospel," *Dictionary of Pentecostal and Charismatic Movements*, edited by Stanley M. Burgess and Gary B. McGree (Grand Rapids: Zondervan, 1988), 461-463.

규적으로 참석하게 되면서 성도의 숫자가 증가하게 되었다. 여러 도시를 방문하여 집회를 인도하면서 은혜를 끼치던 유명한 부흥사가 자기가 사는 도시에 와서 대형교회를 건축하고 담임목사가 되자, 많은 목회자는 에이미가 이끄는 앤젤레스템플교회와 관계를 맺고 싶었다.

특별히 목회자들은 성령의 능력을 덧입은 에이미의 역동적인 설교와 병자를 치료하는 신유의 능력을 배우고 싶었다. 당시에 앤젤레스템플교회가 이 지역에서 가장 큰 교회였고 다양한 프로그램과 음악이 독특했기 때문에 본인의 교회가 앤젤레스템플교회의 지 교회라고 부르는 목회자들이 계속 늘어나게 된 것이다.

교회가 건립되고 2년이 지났을 때 캘리포니아 남부 지역에 있는 32개 교회가 앤젤레스템플교회와 공식적인 관계를 맺게 되었고 미국 전역에서 50여 개의 교회가 앤젤레스템플교회를 자기들의 모교회라 칭하게 되었다. 이렇게 관계를 갖고 싶어하는 교회는 시간이 갈수록 더욱더 늘어갔다.

라이프신학교의 학생들이 방학을 이용하여 천막을 설치하고 3개월 동안 부흥회를 인도하다 개학하게 되어 학교에 복교하게 되자, 학생들이 부흥회를 인도했던 장소에 새로운 포스퀘어교회가 탄생되었다. 또한, 신학교를 졸업한 졸업생들이 여기저기에 교회를 개척하고 앤젤레스템플교회가 모교회라고 칭하게 되었다. 졸업생들의 숫자가 늘어나고, 그들이 새로운 교회를 개척하려 하자, 그들은 어느 도시의 어느 장소에 허락해야 하는가 하는 문제가 대두되었다.

이렇게 기하급수적으로 늘어나는 교회를 에이미 혼자서 관리하고 감독한다는 것은 실제 불가능했다. 개척교회와 협력교회를 관리하고 감독해야 할 기구의 필요성이 점점 더 대두되었다.

• 다양한 사역에 대한 효율적인 후원

목회자를 구분할 때 두 가지 은사를 중심으로 나눈다.

첫째, 부흥사 적인 은사가 있는 목회자(Evangelist)
둘째, 담임목사의 은사를 갖고 있는 목회자(Pastor)[67]

에이미는 부흥사로서 탁월한 은사를 지닌 하나님의 종이었다. 부흥사의 은사가 있는 하나님의 종은 아무리 회중이 많다고 해도 짧은 시간 내에 그 많은 사람을 휘어잡아 본인이 원하는 방향으로 쉽게 끌고 나는데 탁월한 은사를 발휘한다. 에이미는 아는 사람도 없고 아무런 기초가 없는 로스앤젤레스에 와서도 성경과 성령님만을 의지하여 넓은 대지를 마련했고, 그 곳에 대형교회인 아름다운 앤젤레스템플교회를 건축했다.

30대의 젊은 여성으로서 5,300명이 들어갈 수 있는 앤젤레스템플교회를 빚 한 푼 없이 건축했다. 이러한 사역은 부흥사의 은사가 있는 에이미 외에는 누구도 쉽게 할 수 없는 사역이었다.

교회를 짧은 기간에 급성장하게 하는 사역과 세워진 교회를 잘 관리하고 성도들의 믿음이 성장하도록 양육하는 사역은 서로 다른 사역이다. 성도들은 아주 다양하다. 배운 것이 많은 자와 배우지 못한 자, 재정적으로 여유가 있는 성도들과 가난하고 어려운 성도들, 교회에서 가까운 곳에 사

---

[67] 탐 매티우(Tom Mathew), DMN 711 목회의 정체성(Ministerial Identity), 1996년 6월. 목회학 박사과정 수업을 하면서 매티우 교수님은 목회자를 '부흥사의 은사가 있는 목회자'와 '담임목사의 은사가 있는 목회자'로 구분했다. 부흥사의 은사가 있는 목회자는 제한된 시간 내에 불신자들을 예수님을 영접하도록 해야 하기 때문에 일을 만드는데 탁월하지만, 성도들을 양육하고 보살피는데는 비교적 약하다. 반면 담임목사의 은사가 있는 목회자는 성도들이 믿음으로 성장하도록 하는 것을 전문으로 하기 때문에 양육, 교육과 훈련, 목회상담, 목회돌봄 등, 성도들을 꾸준히 돌보는데 뛰어난 은사가 있다고 했다.

는 성도들과 교회에서 먼 곳에 사는 성도들. 이들의 욕구 또한, 아주 다양하다. 각계각층의 성도들이 믿음 안에서 잘 자라도록 하는 것도 목회자의 책임이다.

앤젤레스템플교회의 여러 기관에 종사하는 직원만 하더라도 200여 명은 넘었을 것이다. 시간이 흐를수록 더욱더 성장해 갈 사역을 위해서는 감독해야 할 교단의 필요성이 절실했다.

부흥사의 은사가 있는 하나님의 종들이 한 장소에 머물면서 담임 목회를 하는데는 많은 어려운 점도 있다. 담임 목회의 은사가 있는 하나님의 종은 단시간 내에 교회를 성장시키거나 새로운 일을 많이 만들어 내지는 못하지만, 성도들을 잘 관리하고 양육하고 훈련하는데는 탁월하다.

에이미는 한곳에 정착해서 교회에 정규적으로 출석하는 성도들에게 부흥회를 인도하는 것과 같이할 수는 없었다. 에이미의 사역이 교회, 신학교, 방송국, 잡지, 구제부 등 여럿이 있었기 때문에 직원들만 하더라도 수없이 많았다. 이들을 효과적으로 관리하고 교회가 성장하도록 이끄는 데 한 사람의 능력으로는 역부족이었다. 목회의 은사가 아니라 관리하고 행정에 뛰어난 은사가 있는 하나님의 종이 절대적으로 필요했었다. 교단과 같은 조직의 필요성이 대두된 것이다.

• 해외 선교사역에 대한 감독과 후원

앞에서 언급한 것처럼 에이미는 선교에 많은 관심을 두고 많은 선교사를 파송했다. 시간이 갈수록 선교사의 숫자는 늘어만 갔다.[68] 또 선교사로

---

68 에이미는 순회부흥사로 사역할 때부터 선교사를 파송했다. 포스퀘어복음교회가 성장함에 따라서 잡지의 이름이 조금씩 변하였다. 그러나 에이미의 신앙과 신학은 변하지 않았다. 에이미가 사역을 시작한 이후 파송한 선교사의 숫자는 아주 많다. 이들에 대한 정보는 필자가 박사학위 논문으로 기록한 "포스퀘어복음교회의 세계적인 확장"(*The*

파송받기 위해 준비하고 있는 예비 선교사들도 꽤 많았다. 선교사 발굴, 파송, 후원, 및 선교지에서 발생하는 여러 가지 어려움을 해결해 주어야 하는 일 등 선교를 전문적으로 감독하고 지휘한 필요성이 대두되었다. 개 교회 차원의 선교사 관리를 떠난 더 높은 차원의 선교사 관리가 필요했다. 즉, 교단의 필요성이 대두된 것이다.

해외 선교는 미국 내에서 개 교회 성도들을 양육하며 제자훈련 시키는 것과 다른 차원이다. 선교사는 인종과 문화와 종교가 다른 문화권에 가서 그들의 언어를 습득하고, 전도하여 함께 일할 일꾼을 세우고, 교회를 세우고, 그 교회를 통하여 다른 교회를 개척하는 일이다. 이러한 과정은 믿음과 많은 인내와 재정적인 지원이 절대적으로 필요하다. 선교사들이 선교지에서 사역할 때 가장 경계해야 할 것이 풍토병이다.

필자가 1923년부터 1983년까지 포스퀘어복음교단의 선교 역사를 박사 논문으로 쓰기 위해서 파송된 132명의 선교사와 인터뷰하면서 알아낸 것은 30여 명이 넘는 선교사들이 선교지에 파송된 후 2년 내 풍토병으로 사망한 것이다.

서로 다른 문화권에서 사역하는 선교사들을 관리 후원하려면 독특한 선교 정책은 필수이다.

Worldwide Expansion of the Foursquare Church)에 상세히 기록되어 있기 때문에 논문을 참고하기 바란다. 필자가 논문을 준비하면서 132명의 선교사와 포스퀘어복음교회 행정을 맡았던 분들과 인터뷰를 했다. 녹음한 카세트테이프를 CD로 변환해서 포스퀘어복음교회와 관련된 신학기관인 대학원대학교 도서관, 미국 포스퀘어국제본부, 미국 LIFE Pacific University 도서관, The King's University 도서관에 보냈기 때문에 그 곳에서 볼 수 있다. 필자가 박사학위 논문을 준비하던 기간인 1983~1984년도에 인터뷰를 한 대부분의 선교사는 포스퀘어 복음을 전 세계에 전파한 하나님의 나라의 일꾼들인데, 많은 분이 천국에 가셨다. 이들에게 감사드린다.

정책을 세워놓고 어느 지역에 어떠한 선교사를 파송해야 하는가?
선교사는 어떻게 관리하고, 선교사의 자녀에 대한 교육은 어떻게 해야 하는가?
선교사의 재정적인 지원은 어떻게 해야 하는가?

선교사가 새로운 프로젝트로 제출한 것은 어떠한 기준에 의해서 평가하고 후원하는가 등에 관한 것들은 개 교회에서 단독으로 할 수 없는 일이다. 에이미는 선교사를 아프리카, 아시아, 남미의 여러 나라에 파송해 놓았다. 선교사를 파송해 놓고 관리와 후원을 제대로 하지 않은 것은 마치 아기를 낳아 놓기만 하고 제대로 돌보지 않는 것과 같은 것이다. 해외선교는 선교 전문가가 맡아서 철저하게 관리해야 한다.

교단이 구성된 후, 헤롤드 찰팡(Harold Chalfant) 목사가 포스퀘어복음교단의 해외선교 책임자가 되었다. 그는 일 년에 6개월 이상을 선교지를 방문해서 선교사와 함께 생활하면서 선교 상황도 살피고, 선교사들의 고충도 들어주면서 본부와 연락해서 선교사들을 실질적으로 도왔다. 이렇게 선교지의 다양한 요구와 어려움을 청취하고 후원한 결과 남미에서는 쵸코 인디언들(Choco Indian)에게 그들의 언어로 성경을 번역해 주는 놀라운 열매가 맺히기도 했다.

딕 스카트(Dick Scott) 선교사는 남미의 파나마(Panama)에 파송되었다. 그는 파나마에 파송된 후 초코 인디언들에게 복음을 전할 결심을 하게 되었다. 그 곳에는 스페인어로 된 성경은 있었지만 초코 인디언들의 언어로 번역된 성경이 없는 것을 알았다. 그런데 알고 보니 본인이 선교하려는 초코 인디언들은 말은 있지만, 문자가 없었기 때문이었다.

이들은 정글 깊숙이 살고 있었는데, 도시로 유학 나와서 학교 교육을 받은 극소수의 젊은이들만 스페인어를 배워서 구사할 수 있지만, 연세가 많은 어르신 들이나 산골이나 정글 속에 사는 사람들, 또한, 농촌에 사는 사람들은 글이 없어서 배우지 못해 문맹자들이 대부분이었다. 스카트 선교사는 기도 중에 이들에게 성서를 번역해 주어야겠다는 결심을 하게 되었다.

선교지에 파송된 후 일 년 동안을 정글에 들어가서 그들과 함께 생활하면서 그들의 말을 배웠다. 말을 배우면서 성경을 번역하는데 언어적인 면에서 실질적인 도움을 줄 수 있는 젊은 언어정보원(Informant) 한 명을 찾아냈다. 초코 인디언들은 위생 상태가 아주 열악해서 평균 수명이 42세에 불과했다. 그는 언어정보원으로부터 그들의 말을 배우면서 이들에게 문자를 만들어 주었다. 없는 문자를 만들어 주면서 그들에게 문자를 읽고 쓰는 방법도 가르쳐주었다. 그들의 언어로 번역한 성경을 읽고 쓰는 법을 가르치는 힘들고 어려운 작업을 오랫동안 했다.

결국, 스카트 선교사는 성서 번역을 시작한 지 23년이 지난 후 초코 인디언의 엠베라 초코 언어(Embera Language of Choco Indian)로 완벽한 신약성경 번역을 끝낼 수 있었다. 그러는 과정에서 언어정보원은 3명이나 죽었다. 한동안 도움을 주던 언어정보원이 사망하면 다른 언어정보원을 발굴하여 훈련 시켜야 한다. 그러한 기간이 꽤 오래 걸렸다고 회상했다.

스카트 선교사는 미국에 돌아온 후에 교단의 신학교인 라이프대학교의 총장이 되어서 자기와 같이 성서를 번역할 선교사를 많이 배출해 냈다.[69]

• 에이미와 교회를 보호해야 할 필요성

1926년도는 에이미에게 참으로 많은 시련이 있었던 해였다. 납치 사건으로 엄청난 곤욕을 치렀다. 납치당한 것이 사실이고, 증거도 많은데 검

---

[69] 라이프신학대학 총장, 딕 스카트 (Dick Scott), 필자와의 인터뷰, 2013년 9월 10일. 전 세계 포스퀘어복음교회에 속한 대학 총장들의 모임에서 나눈 스카트 선교사의 체험담.

찰청에서는 다른 죄목을 씌워서 에이미를 부도덕한 사람으로 매도하려 했다. 정치가들의 부정과 부패를 고발하지 못하도록 입막음하려고 했다.

납치 사건 이후부터는 앤젤레스템플교회의 지도자들과 성도들, 또한, 에이미를 사랑하고 후원했던 미국 전역에 흩어진 많은 목회자와 성도들과 미국 기독교계의 지도자들은 목사를 보호하고, 교회를 보호해야 할 기관의 필요성이 많이 대두되었다.

반면에 에이미가 교회에서 전권을 갖고 교회를 운영하는 것에 반기를 드는 목회자들도 있었다. 다른 단체에서 이적해온 목회자들이 대부분을 차지하고 있었지만, 교회의 규모가 커가고 다양한 사역이 이루어지고 있었기 때문에 교회에 서운한 마음을 갖고있는 사람들이 없을 수는 없었다. 소외되고 제대로 돌봄을 받지 못한 이들 한두 명이 생기기 시작해서 그룹을 형성하면 문제가 커지게 된다.

존 리치(John F. Richey)는 켄터키주(Kentucky)의 시골에서 태어나서 그 곳에서 성장하다 에이미가 근처에서 부흥성회를 인도할 때 은혜를 받은 사람 중 한 명이다. 그는 십 대 때 로스앤젤레스로 와서 앤젤레스템플교회에 출석하면서 성령세례를 받았다. 은혜가 충만해진 리치는 성가대로 헌신하면서 기도 탑에서 주일 오전 4시~6시에 중보기도 사역을 할 정도로 열정적이었다. 라이프신학교에서 공부하면서 하나님의 역사를 감당할 꿈과 비전을 키웠다. 신학교를 졸업한 후 1928년 5월에 아이오와(Iowa)주의 데 모인스(Des Moins)시에 와서 교회를 개척했다.

1930년에는 미국 중부에 신학교가 있어야 미국 중부와 동부에 교회를 개척할 수 있는 주의 종들을 배출할 수 있다고 에이미에게 건의하여 허락받았다. 1930년 가을 라이프 신학교의 분교형식으로 미드웨스트훈련학교(Midwest Training School)를 개교하게 되었다. 신학교는 3년제 야간 신학교가 시작했는데 63명의 학생이 입학했다.

에이미는 리치 목사의 요청을 받아들여 여러모로 도와주었다. 그 곳을 두 번 방문하여 부흥회를 개최하여 줌으로 교회 성장을 도왔다. 몇 년 되지 않아 교회가 32개로 성장했고, 리치 목사는 지역감독이 되었다. 열심을 내어 성도들이 기도하고 전도하고 헌금도 하여 교회 건물을 지은 교회도 탄생했다. 포스퀘어복음교회 교단 정관에 개 교회가 교회당을 건축해도 등록은 교단 유지재단에 하게 되어있었다.

그러나 리치 목사와 일부 목회자들은 교단에 등록하기를 거부하고 교단을 탈퇴하는 일이 일어났다. 1932년 8월 아이오와주와 미네소타주에 있는 32개의 교회는 공식적으로 포스퀘어복음교단과 결별함을 언론을 통해서 발표하고, 포스퀘어복음교단의 부총회장으로 있던 헤리어트 요르단(Harriet Jordan) 목사에게 통고했다. 이러한 일이 일어날 경우 교단 차원에서 해결해 주어야 한다.

에이미의 고뇌, 갈등 그리고 별세

　세상에 실수가 없는 완벽한 사람은 없다. 인간은 누구든지 실수할 수 있다는 사실을 알고 성서적인 인물이나 역사적인 인물을 이해해야 하고 그들의 삶으로부터 배워야 한다. 아브라함도 믿음의 조상이지만, 아내를 누이라고 속이는 실수를 했다. 모세, 다윗 그리고 위대한 선교사 바울도 살인자였다. 이스라엘의 솔로몬은 위대한 왕이었다.
　그러나 그는 통치 말년에 하나님의 말씀을 순종하지 않고 이방신을 섬기며, 이방 여인을 아내로 맞이하는 많은 실수를 했다. 그러한 잘못으로 인하여 이스라엘은 남쪽과 북쪽으로 나누어지게 되었다
　20세기 초에 성령의 역사를 강조하면서 수많은 영혼을 구원하고 병으로 고생하고 있던 많은 사람을 치료하여 신유의 종으로 크게 쓰임 받은 에이미도 하나님께 귀하게 쓰임 받은 종이다. 에이미는 54세라는 비교적 젊은 나이에 사역을 마치고 천국으로 떠났다.
　26세에 연약한 여인이었으나 성령의 능력을 받아 순회부흥사로 6년간 전국을 다니면서 부흥성회를 인도했다. 33세의 젊은 나이에 5,300석의 미국에서 가장 큰 앤젤레스템플교회를 건축했다. 신학교를 세우고 오순절 교단인 포스퀘어복음교회를 창설했다. 그러나 그녀도 사람이기 때문에 여러 가지 어려움과 고뇌를 겪어야 했다.

♠ 납치 사건

1926년 5월 18일(화), 에이미는 캘리포니아주의 로스앤젤레스 서쪽에 있는 베니스 해변(Venice Beach)의 북쪽에 있는 오션파크 해변(Ocean Park Beach)에서 비서와 함께 수영을 즐기던 중 실종되는 사건이 발생했다. 멕시코에서 납치범들로부터 탈출하여 텍사스주의 시골 마을에 나타날 때까지 35일 동안 미국 사회는 로스앤젤레스에 있는 가장 큰 교회의 담임목사요, 유명한 여자 신유 부흥사인 에이미의 실종사건으로 큰 혼돈에 빠져 있었다.

각 도시의 중요한 언론들은 그녀의 실종사건을 가장 중요한 뉴스로 매일 대서특필했다. 로스앤젤레스경찰청(LAPD)은 특별수사본부를 설치하여 실종된 에이미를 수색하는 작업에 나섰다. 수영하던 해변을 샅샅이 뒤졌지만 찾을 수 없었고, 며칠이 지나도 어떤 단서도 찾을 수 없게 되자 교회 측에서는 살해되었든지 납치되었다고 여기고 에이미에 대한 정보를 제공해 주는 사람에게는 25,000달러(오늘날의 돈으로 계산하면 수천만 달러가 넘음)를 주겠다는 현상금을 걸었다.

그 후 로스앤젤레스경찰청에는 에이미를 목격했다는 제보가 수없이 신고되었다. 목격했다는 장소도 캘리포니아주뿐 아니라, 뉴욕, 샌프란시스코 등 전국에 흩어져 있었다. 심지어 하루에 16개의 다른 도시에서 동시에 목격되었다는 제보도 있었다.

또 에이미를 데리고 있으니 몸값을 내라는 편지가 여러 곳에서 날아오기 시작했다. 어떤 편지에는 25,000불을 내면 에이미를 돌려주겠다는 내용도 있었고, 6월 19일에는 샌프란시스코 우체국 소인이 찍혀 있는 편지가 도착했는데 "에이미를 데리고 있으니 50만 불을 지급하지 않으면 백인 노예로 팔아넘기겠다"고 협박하기도 했다. 그러나 교회 측에서는 이러한 제보나 협박을 믿지 않고 에이미 찾기를 포기하고 그녀가 사망했다고 여겨 6월 20일에는 시신 없이 장례식을 치렀다.

그런데 장례식을 치르고 3일이 지난날, 그러니까 실종된 후 35일이 지난 후인 6월 23일(수), 애리조나주 더글러스 남쪽으로 국경을 넘은 멕시코의 소노라시(Sonora)의 아구아 프리에타(Agua Prieta)에서 에이미가 나타났다는 소문이 들려왔다.

이곳에 살고 있던 곤살레스(Gonzales) 부부는 오후에 자기 집 뒷마당에 누군가 쓰러져있는 것을 발견했는데 움직이지도 않고 말도 하지 못했기 때문에 죽었다고 생각해서 방안으로 데려와 담요로 덮어 놓았다. 발견 당시 에이미는 발과 발목 등 몸의 여러 곳에 선인장 가시가 많이 박혀 있었고 몸의 여러 곳에 상처도 나 있었다.

얼마쯤 지났을 때, 깨어난 에이미는 공포에 질려 벌벌 떨면서 여기가 어디냐고 물었다. 곤살레스 부부가 물과 음식을 주었지만 모두 거절했다. 곤살레스 부부는 경찰에 신고했고, 에이미는 급히 애리조나주의 더글러스병원으로 후송되었다. 현지 경찰은 에이미가 나타났다는 소식을 앤젤레스템플교회에 연락했다. 교회에서는 이러한 제보가 종종 있었기 때문에 믿지 않았다. 경찰은 에이미의 어머니인 미니에게 전화를 걸어서 에이미와 연결해 주었다. 전화를 받은 미니는 전화하고 있는 여인이 자기 딸이라고 믿지 않았다.

그러자 잠시 후에 에이미는 모녀끼리만 알고 있는 어떤 일을 말하자 그제야 어머니 미니는 자기와 통화하고 있는 여자가 자기 딸임을 인정하게 되었다. 미니를 비롯한 교회의 간부들은 속히 애리조나에 있는 더글러스병원으로 가서 에이미를 확인했고, 응급 치료를 받고 열차 편으로 로스앤젤레스의 교회로 돌아오게 되었다.

에이미가 로스앤젤레스 기차역에 도착하여 교회로 가는 길에 마중 나온 군중의 숫자가 50,000여 명이 넘었다고「LA타임즈」*(Los Angeles Times)* 는 전했다. 이 숫자는 1919년 미국의 우드로우 윌슨(Woodrow Wilson)대통령이 로스앤젤레스를 방문했을 때의 군중보다 더 많은 숫자였다고 신문은 비교했다.

에이미는 살아 돌아온 후에 당시의 상황을 이렇게 진술했다.

화요일 오후 비서와 함께 오션파크 해변에서 수영을 즐기고 있었다. 비서는 교회에 연락할 일이 있어서 전화 걸러 갔고, 에이미는 혼자서 일광욕을 즐기고 있었다. 그때 젊은 부부가 와서 아기가 갑자기 아픈데 오셔서 기도해 달라고 부탁했단다. 이러한 일은 전에도 종종 있었던 일이기 때문에 아무런 의심도 하지 않고 혼자서 수영복을 입은 채로 그들을 따라 주차장으로 갔다.

아기가 차의 뒤쪽에 있다고 해서 열려 있던 뒷문으로 들어갔는데 갑자기 문이 닫히면서 얼굴에 무슨 천이 씌워지면서 알코올 냄새를 맡았는데 정신을 잃었다고 얘기했다. 얼마의 시간이 지난 후에 정신이 들어보니 주변 사람들이 스페인어를 말하는데, 멕시코에 있는 어느 오두막의 판잣집 같았다. 입고 있던 수영복은 없고, 드레스를 입고 있었다.

스티브(Steve)와 로즈(Rose)라는 사람과 이름을 알 수 없는 다른 남자가 늘 지키고 있었고 가끔 필립(Felipe)이라는 남성이 방문하기도 했다. 로즈라는 여인은 전직 간호사였는지 자기를 전문 간호사와 같이 돌보아 주었다고 말했다. 에이미가 그들의 말을 고분고분 듣지 않자 담뱃불로 손등을 지졌고 구타하면서 고문도 했다고 증언했다. 손과 발을 묶어 놓았지만, 그래도 어느 정도 자유를 주고, 음식과 음료를 공급해 주었다고 했다.

그러다 6월 23일 본인을 감시하고 있던 여인이 심부름을 간 사이 통조림통 뚜껑으로 손을 묶어 놓았던 끈을 끊고 창문을 뛰어넘어 미국이 북쪽에 있을 것으로 생각해서 무조건 북쪽으로 산을 넘어 선인장밭이 있는 곳을 지나 달려왔다고 증언했다. 작은 통나무집이 있어서 그 집에 들어간 후에는 어떻게 되었는지 기억이 없다고 말했다. 얼마 지난 후에 정신을 차려 보니 본인이 방안에서 이불을 덮고 있었다고 말했다.

에이미는 앤젤레스 성전에 돌아온 후 자신을 유괴하였던 사람들을 검찰에 고소했다. 그러나 경찰은 유괴범들을 잡을 수가 없었다. 경찰은 그녀의 말대로 그녀가 발견된 장소부터 시작해서, 사막에 남겨진 그녀의 발자국을 단서로 유괴범이 있을 만한 곳을 샅샅이 뒤져 보았으나 그 근처에는 그녀가 잡혀 있었다는 통나무집도 찾을 수 없었다.

반면 로스앤젤레스경찰청(LAPD)과 검찰청에서는 에이미의 증언을 신뢰하지 않았다. 대신 캘리포니아 북쪽에 있는 카멜(Carmel)이란 도시의 한 방갈로에서 앤젤레스템플교회에서 운영하는 라디오 방송국인 KFSG에서 엔지니어로 일하다 1925년 12월에 사직한 유부남인 케네스 오미스톤(Kenneth Ormiston)과 함께 동거했다고 주장하면서, 에이미가 거짓말을 한다고 했다.

로스앤젤레스지방검찰청 검사였던 아사 케예스(Asa Keyes)는 에이미는 납치된 것이 아니고 오미스톤과 함께 동거했다는 사실로 기소했다. 담당 검사는 카멜에서 이들이 머물렀다고 생각되던 집에 가끔 갔다는 신문 배달원, 우유 배달부, 그리고 우편물을 배달했다는 우체부 등 몇 사람을 증인으로 세워 에이미와 오미스톤이 함께 있었다는 사실을 입증하려고 했다.

그런데 증인들이 방갈로에서 에이미와 오미스톤이 함께 있었던 것을 목격했다는 시간이 불과 몇 초에 불과해서 법정에서 증인으로 인정받지 못하게 되었다. 또한, 에이미가 한 달 동안 머물렀다고 지명한 그 집에서 에이미의 지문이 하나도 나오지 않게 되자 검사들의 기소가 힘을 잃게 되었다. 검찰 측 증인이라고 나섰던 사람들은 자신들이 주장하는 내용을 자주 번복했다.

반면 에이미는 자기가 실종되면서 겪었던 일들을 시종여일하게 증언하였다. 검찰 측 증인들이 말을 바꿀 때마다 상황은 에이미에게 유리하게 작용되었고, 그녀의 실종사건과 관련하여 제출된 여러 건의 고소 사건들이 하나, 둘씩 취하되어갔다. 담당 검사 케예스는 교회 측에 범인들이 500,000불을 요구한 협박 편지를 검찰청에 제출해 주기를 요구했고, 교회에서는 그 편지의 원본을 제출했다.

그런데 얼마 후에 이 편지의 원본이 검찰청 안에서 분실되는 사건이 발생했다. 그것도 검찰청사 내의 담당 검사의 책상 서랍에 보관되었던 중요한 서류 몇 개가 협박 편지와 함께 분실된 것이다. 날아가는 새도 떨어뜨리는 권력이 있다고 하는 로스앤젤레스검찰청 담당 검사가 근무하던 사무실에서 일어난 것이다.

다수의 시민은 분실되었다는 검찰청의 발표를 믿지 않았다. 그 후 어떤 연유에 의해서인지는 몰라도 그녀를 괴롭게 하였던 담당 검사 케예스는 감옥에 갇히게 되었고, 에이미는 변호했던 변호사는 나중에 시체로 발견되었다. 결국, 1927년 1월 18일(화) 로스앤젤레스지방법원은 검사의 기소를 기각하고 에이미에게 무죄를 선고하게 되었다. 에이미가 증언한 납치 당했다는 것이 사실임이 확증되는 순간이었다.

그러면 로스앤젤레스경찰청(LAPD)과 검찰청은 무엇 때문에 에이미가 납치된 것이 아니고, 퇴직한 전직 방송국 직원과 애정행각을 벌렸다고 기소하려고 했을까?

왜 이들은 납치되었다는 에이미의 증언을 믿지 못하고 에이미에게 죄를 덮어씌우려고 했던 것일까?

앤젤레스템플교회가 개교되고 난 후 얼마의 시간이 흐르고부터 에이미는 로스앤젤레스시 당국자들의 눈에는 가시와 같은 인물이 되었다. 앤젤레스템플교회가 설립될 1923년경에는 로스앤젤레스시는 초대형교회가 시내에 건립되고, 전국적으로 유명한 신유 부흥사가 와 있다는 사실에 기뻐하면서 들떠있었다.

에이미의 집회에 참석하기 위해서 매일 수많은 사람이 로스앤젤레스 시로 몰려들었다. 또한, 앤젤레스템플교회가 관광 명소가 되면서 이곳에 관광 오는 사람들도 수없이 늘어났다. 교회가 설립된 후에는 교회와 관련되는 사업도 늘어나게 되어서 로스앤젤레스는 경제적인 면에서나 인기면에서 계속 상승세를 타고 있었다.

1929년 경제대공황이 미국에서 시작해서 유럽 전역을 휩쓸었고, 급기야는 전 세계를 어렵고 암울하게 만들었다. 당시 신문을 보면 경제대공황이 시작되기 전인 1920년대 중반기에 미국의 정치 지도자들과 행정 관료들, 그리고 경제를 이끌었던 지도자들 사이에 서로 얽히고 설킨 뇌물, 부정과 부패가 극심했다고 보도되어 있다. 새로운 공장이 계속 늘어나고, 인구는 계속 유입되고, 경제가 일어나는 시기였기 때문에 뇌물 사건이 수없이 많았다고 당시 신문은 보도했다.

특히, 로스앤젤레스시는 1934년에 국제 올림픽을 유치하려는 계획을 세우고 준비하고 있었다. 국제적인 행사를 준비하려면 엄청난 경비가 필요하다. 이렇게 경비를 모금하는 과정에서 업자들과 공무원들 사이에 뇌물이 오간 것이었다. 부정과 부패는 계속 커져만 갔다고 신문은 전했다.

그러나 에이미는 하나님의 나라를 세우는 하나님의 종으로서 부정과 부패를 저지르는 사람들을 눈감아 주지 못하고 부정과 부패를 들추어 내고 비판했었다.

교회에서는 설교를 통해서, 또한, KFSG 방송국에서는 설교와 간증을 통해서, 교회에서 발행되는 잡지를 통해서 이들의 부정과 부패를 낱낱이 비난하면서 시민들에게 고발하고 있었던 것이었다. 에이미는 한 주간에 20여 번이 넘도록 설교했는데, 그러한 설교는 방송국을 통해서 생중계 되곤 했었다. 방송국의 전파는 미국의 동부는 물론 남미까지, 심지어 멀리 호주에서까지 청취할 수 있었다. 로스앤젤레스시의 고위 관리에게 에이미의 고발은 견디기 힘든 고문과도 같은 것이었다.

시장, 시의회 의장, 검찰청장, 경찰국장 등 로스앤젤레스시의 고위층에 있는 지도자 대부분은 그녀의 설교가 은혜롭고 좋으면서도 듣기에 거북

한 메시지였다. 에이미의 실종사건은 에이미가 겉으로는 의롭고 거룩한 척하지만, 실제로는 많은 죄를 짓고 있는 정직하지 못한 위선자라는 사실을 거짓말하고 있다는 죄로 포장하고 덮어씌워 온 세상에 알릴 좋은 기회였던 것이었다.

담당 검사 케예스는 에이미의 납치 사건을 수사하면서 에이미가 말한 납치당했다는 증언은 세밀하게 조사도 하지 않고 대충대충 했다고 한다. 대신 카멜이란 도시의 방갈로에서 오미스톤과 애정 행각을 벌였다는 사건만 집중적으로 조사해서 언론에 계속 퍼뜨렸다. 대부분 언론은 사실에 근거하여 검증된 내용을 보도하는 것이 아니라, 독자들이 흥미로워하는 사건을 집중적으로 보도하는 경향이 강했었다. 검찰이나 경찰서에서 주는 정보를 중심으로 보도하기 때문에 에이미를 부정한 여인으로 매도하고 있었다.

에이미가 납치범들의 판잣집에서 도망나와서 멕시코 국경 지역의 아구아 프리에타(Agua Prieta)의 시골집에 도착했을 때, 그 지역의 경찰서장이 주민의 신고를 받고 처음으로 에이미를 찾아와서 대화를 나누었다. 시골 경찰서의 서장이 에이미를 만나서 얘기한 내용은 초동수사로서 가장 중요한 단서인 것을 담당 검사가 알고 있으면서도 공개하지 않았다.

아구아 프리에타 경찰서장 에르네스토 부비옹(Ernesto Boubion)이 방문했을 때, 집 안에 있던 여인은 자기의 손목을 꼭 잡고 격렬하게 떨면서 자기가 어디에 와 있느냐고 물었다고 말했다. 그러면서 자기를 미국 경찰에 데려다 달라고 요청했고, 자기는 두 여자와 한 남자에게 납치당해서 판잣집에 감금되어 있으면서 매로 맞고 고문을 당했다고 말했다고 증언했다.

로스앤젤레스시는 이렇게 하여 에이미 사역의 행동 범위를 좁혀놓고, 그녀가 정부나 행정기관에서 하려는 것을 방해하지 못하도록 하려고 했던 것이 아니냐고 학자들을 말한다. 로스앤젤레스 지방법원으로부터 검사의 기소가 기각되어 에이미의 증언이 사실임을 인정받음으로 법적으로는 문제가 없게 되었지만, 이 사건을 계기로 에이미와 교회는 많은 어려움에 부닥치는 계기가 되었다.

법정으로부터 무죄가 선고되는 날, 「뉴욕 타임즈」(New York Times), 「워싱턴 포스트」(Washington Post), 「LA타임즈」(Los Angeles Times) 등과 같은 미국의 주요 신문은 에이미의 사건을 새로운 각도로 편집해서 보도하기 시작했다. 독자들의 입맛에 맞는 방향으로 만들어 가고 있었다. 납치 사건이 나기 전까지는 대부분 언론이 에이미와 교회를 긍정적으로 보도했는데, 이 납치 사건을 계기로 이러한 허니문이 깨지기 시작한 것이다.

에이미가 한쪽으로는 거룩한 척하면서 다른 쪽으로는 애정 행각을 벌리고 있는 부정하고 위선적인 여인임을 부각했다. 에이미를 알고 있는 사람들과 교회를 다니는 성도들은 에이미의 순수성과 진실성을 인정했지만, 일반 대중들은 그렇지 않았다. 에이미는 사실의 여부를 떠나서 납치 사건을 계기로 미국의 언론으로부터 부정직한 여인이라는 인상을 받게 되었고, 미국의 언론은 교회에서 하는 수많은 사역을 부정적인 안경을 쓰고 보고 보도하게 되었다. 에이미의 납치 사건은 그 후에 몇 편의 영화화 되기도 했다.

♠ 납치 사건으로 인한 충격

1926년의 납치 사건은 법적으로는 무죄를 선고 받았지만, 개인, 가정, 교회, 사역에 엄청난 부정적인 영향을 미치게 되었다. 법원에서 무죄선고를 받던 날, 미국의 주요 언론들은 에이미가 부정한 여인이라는 기사를 게재한 신문을 쌓아놓고 판매했다. 언론은 거의 매일 에이미에 대한 특집도 실으면서 인기 있고, 놀라운 일을 행한 에이미를 부정적인 여인으로 몰아갔던 것이다.

1927년 2월 중순 쯤, 에이미는 뉴욕시를 방문했다. 그러나 그녀에 대한 언론은 전과 같지 않았다. 「뉴욕 타임즈」(New York Times)는 "에이미가 뉴욕시의 죄악들을 씻어 내기 위해서 이곳에 왔다"라고 보도했다. 전에는 에이미가 왔을 때는 "기적을 행하는 여인, 믿음만으로 병자를 고치는 신유 부흥사"라는 표현을 썼었는데, 이번에는 "국가 배심원에 의해 음모 혐의로 기소되었다가 법원으로부터 무죄 선고를 받은 로스앤젤레스의 여자 부흥사"라고 소개했다.

뉴욕에 있는 동안 나이트클럽, 댄스홀 등을 찾아다니면서 복음을 증거한 것과 같은 것은 전혀 보도하지 않았다. 부정적인 영향력은 섬기는 교회, 단체, 지역사회에도 미쳤다.

♠ 재정적인 어려움

1926년 납치 사건으로 목사는 교회로 돌아왔고 재판에서 무죄가 선고되었지만, 검찰과 경찰에서는 증거도 없으면서 에이미가 부정직한 여인으로 매도하여 언론에 알렸다. 언론은 사실에 근거하여 독자에게 보도하기보다는 독자들이 원하는 것을 보도하는 경향이 있다. 에이미는 거룩한 척하지만, 부정직하고 부정한 여인으로 몰아갔다. 교회 성도들도 처음에는 믿지 않았지만, 오랫동안 계속되는 가운데 피로감이 더해 갔다. 성도의 수가 줄어들고 헌금도 줄어들게 되었다.

더욱이 1926년 납치 사건으로 교회 재정이 줄어들었는데, 1929년 경제 공황으로 교회에서 지나치게 많은 지출을 했다. 시민들에게 무료 급식뿐 아니라, 시에서 책임지고 초등학생들에게 지급하던 무료 점심을 할 수 없게 되자, 시에서는 앤젤레스템플교회에 부탁해서 교회가 그 일까지 맡게 되었다.

에이미는 하나님께서 우리에게 원하시는 것은 힘들고 어려워도 서로 감당해야 한다고 주장하면서 시민들을 돕는 일에 앞장섰다. 경제 공황 동안 무료 급식이 거의 10여 년간 계속되었다고 한다. 결국, 교회가 빚을 지게 되었다. 앤젤레스템플교회가 65,000불의 부채를 짊어지게 된 것이다. 헌금은 줄어들고, 쓰임새는 많아지는 현상이 나타난 것이다. 게다가 채권자들은 빚을 갚지 않으면 교회의 건물을 사용하지 못하게 하겠다고 협박까지 했다.

에이미와 교회가 빚을 갚는데 무려 10여 년의 세월이 걸렸다. 빚을 다 청산했던 1939년에는 교회는 너무나 기쁘고 감사해서 그동안 축복해 주신 하나님의 사랑에 감사하고, 기도와 사랑으로 감싸준 성도들에게 감사를 표하는 의미에서 성전 앞에는 빚을 청산했다고 축하하는 현수막이 걸었다고 한다.

♠ 육체적, 정신적 탈진

에이미가 납치 사건 이후 발생한 일들을 통해서 생긴 많은 환난을 혼자서 감당하면서 정신적으로나 육체적으로 너무나 지쳐 있었다. 1930년이 되었을 때 그녀는 몸과 마음이 완전히 탈진해 있었다. 어쩔 수 없이 의사를 찾는 횟수가 많아지게 되었다. 의사의 진단과 보살핌 속에서 조금씩 나아지기는 했지만, 절대적인 휴식이 필요한 때였다. 의사는 교회의 일을 중지하고 쉬지 않으면 건강이 더 악화될 것이라는 엄한 경고까지 하게 되었다. 교회에서 멀리 떨어진 곳에서 요양하며 앞으로의 계획을 세우는 것이 지혜로울 것이라는 권면도 했다.

에이미의 사정을 잘 알고 있던 성도 중 한 분이 매 왈드론(Mae Waldron)씨 부부였다. 부부가 의사였는데 이들은 말리브 해변의 오션 파크(Ocean

Park)에 별장을 소유하고 있었다. 매 왈드론(Mae Waldron)씨 부부는 자기의 별장에서 에이미가 쉬면서 휴식을 취할 수 있도록 장소를 제공했다. 가족과 극소수의 직원들에게만 알리고 에이미는 이곳에서 쉬면서 책도 보고, 글도 쓰고, 새로운 계획도 구상하게 되었다.

목사님이 보이지 않자 에이미가 교회를 사임했다는 소문이 돌기 시작했다. 목사님이 별장에서 휴식을 취하고 있는 동안 24명으로 구성된 교회의 운영위원회에서는 에이미가 해외로 여행을 다니면서 몸을 회복하고 오도록 장기 휴가를 주기로 했다. 유럽과 아시아로 여행하면서 그곳의 국가 지도자들과 만나서 세계 평화를 위해서 담소도 나누고, 교회의 지도자들과도 세계선교에 대해서 협의도 했다.

해외여행에서 집에 돌아온 에이미는 오랫동안 교회의 일을 하지 않아서 일이 산더미 같이 쌓여있었다. 낮에는 일에 파묻혀서 시간 가는 줄도 몰랐는데, 저녁이 되면 다시 외로움이 찾아왔다. 에이미는 그때의 외로움을 목사관에서 사용하고 있던 일기장에 아래와 같이 써놓았다.

> 내가 중국에 가서 선교사로 활동하다 남편 로버트가 갑자기 죽은 후부터 딸 로베타가 태어날 때까지 그 짧은 기간 동안 나는 혼자 있었다. 지금 내가 다시 내 평생에 두 번째로 나 혼자 있게 되었구나. 사람들로 북적이던 이 집을 함께 사용할 가족이 한 명도 없네.
> 교회에서 예배가 끝났을 때나 하루의 일을 마치고 나면 내 사랑하는 성도들이 그 자녀들과 손에 손을 잡고 사랑스런 말로 속삭이면서 집을 향하여 가고 있는 것이 유리창 너머로 보인다. 내 아들 랄프와 며느리도, 딸 로베타와 사위도 손을 잡고 함께 집으로 가고 있구나. 너무나 아름답고 사랑스럽다. 나만 혼자 이 큰 방에서 그들이 행복하

게 떠나는 것을 물끄러미 바라보고 있구나.[70]

이처럼 로베타와 랄프가 자주 찾아와 함께 이야기를 나눔으로 지루함을 모르고 지냈었는데, 이들이 모두 결혼하여 가정을 이루고 난 후 외로움과 적적함을 많이 느끼게 된 것이다. 누군가 자기를 보호해 주고 함께 해 주기를 간절히 바라고 있었다. 급기야 외로움을 이기지 못한 에이미는 1931년 9월 13일 교회 성가대의 바리톤 가수로 있던 데이비드 후톤(David Hutton)과 세 번째 결혼식을 올리게 되었다.

자녀들이 모두 결혼하고 나니 너무나 외롭고 쓸쓸해서 자기의 마음을 알아주고 사랑해 줄 사람의 손길을 찾고 있던 에이미는 데이비드 후톤을 만나면 모든 것을 해결해 줄 것으로 생각한 것이다.

그러나 이 결혼은 오래가지 못하고 1934년의 이혼으로 종지부를 찍고 말았다. 그리고 이 결혼으로 에이미는 다시 한번 어려움을 겪게 되었다. 가까이에 있던 성도, 목회자들이 떠나는 일이 일어난 것이다.

♠ 교회 지도자들과의 갈등

담임목사로서 절대적인 권한을 행사하던 에이미가 납치 사건 이후 건강도 좋지 않고 교회 일에 약간 소홀해지자, 함께 사역하던 교회의 일꾼들마저 담임목사를 무시하는 현상이 나타나기 시작했다. 설교사역을 도와주었던 레바 크로포드(Rheba Crawford) 목사에게 교회에서 에이미가 없을 동안 설교하는 일을 맡겼다.

---

[70] Foursquare Publications, *Aimee: Life Story of Aimee Semple McPherson* (Los Angeles: Foursquare Publications, 1979), 233.

그녀는 라이프신학교를 나오고 에이미로부터 안수받은 목회자였다. 에이미가 휴가에서 돌아왔더니 에이미가 설교하는 주일 예배 시간에 그녀가 참석하지 않았다. 또한, 몇 주간을 교회에 무단으로 결근한 것이다. 이유를 알아보았더니 교회에는 한 명의 스타가 필요하지 두 명의 스타는 필요 없다는 것이었다.

에이미는 우리 교회의 스타는 예수님뿐이지 우리는 모두 주님을 섬기고 시키는 일을 하는 종들이라고 하면서 그녀를 해고했다. 그랬더니 그녀를 따르는 교회의 다른 직원들이 그녀와 힘을 합쳐서 소송을 제기했다.

에이미는 그녀를 해고해서 내보낸 후 그 자리에 헤리어트 요르단(Harriet Jordan) 목사를 행정과 재정 담당을 감당하는 매니저로 임명했다. 일을 참 잘했고 직원들과 성도들의 사랑을 받고 신임을 받았다. 그녀도 직원들과 성도들을 중심으로 자기를 따르는 그룹을 형성했다.

어느 순간에 요르단 목사도 교만해져서 에이미의 권위에 도전하게 되는 것이 아닌가. 있을 수 없는 일이 벌어진 것이다. 그도 얼마 후에 해고 당하게 되었다.

교회에서 해고를 당한 직원들은 이들 외에도 많았었다. 기관이 많으니 어려움과 오해를 참고 이겨내지 못하고 일단 해고당하면 교회나 에이미를 상대로 고소하곤 했다. 에이미는 14년 동안에 45건의 고소를 당했었다. 대부분 화해로 끝나기는 했지만, 에이미는 이러한 일을 당할수록 건강은 계속 악화되어 갔다. 대형교회를 담임하고 있는 목사로서 인사문제로 인한 고통이 심했던 것이다.

그 후에 본인의 개인 사업을 하다가 교회에 채용되어 일하고 있던 가일즈 나이츠(Giles Knights)를 에이미는 오랫동안 지켜보았다. 그에게 청년 사역을 맡겼는데 믿음으로 잘 이끌고 있었다. 믿음도 좋고 성실해서 잘했다.

에이미는 그를 교회의 행정과 재정을 담당하는 책임자로 임명했다. 나이츠 목사는 충성 되며 충직한 일꾼이었다. 그는 밖으로 나타내려 하지 않고 조용히 일을 처리하는 타입이었다. 사업을 경영한 경험이 있었기 때문에 재정문제도 정확했고, 직원들과의 관계도 원만했다.

그가 책임을 맡고부터는 교회 내에서 문제가 발생하지 않았다. 오히려 문제가 있는 직원들을 개인적으로 만나서 타이르면서 전 직원이 화기애애한 분위기에서 일하도록 했다. 에이미는 그를 온전히 신뢰했다.

교회의 행정, 재정, 관리를 맡아서 일하고 있던 그에게 한 가지 일을 더 맡겼다. 에이미는 자기를 만나러 오는 사람은 누구라도 나이츠 목사를 통해서만 오도록 했다. 심지어 목사님이 거하는 숙소도 나이트 목사에게만 알려주었다. 의사의 충고대로 쉬면서 건강도 되찾고 영적인 능력도 회복하려는 의도였다.

나이츠 목사는 에이미의 말을 충분히 이해하고 받아들이면서 심하다 할 정도로 담임목사를 보호하면서 교회의 일을 해 나갔다. 어떤 사람이 찾아와서 에이미를 만나겠다고 하면 단호하게 거절했다. 그 결과 에이미는 성도들이나 다른 사람들의 방해를 받지 않고 한적한 곳에서 어느 정도 안식을 취하며 건강을 회복하고 영적으로 새로운 힘을 얻을 수 있게 되었다.

"인사(人事)가 만사(萬事)"라는 말처럼 대형교회를 인도하는데 목회자라고 해도 담임목사와 마음이 일치되는 목회자를 만나기 쉽지 않았지만, 나이츠 목사는 하나님께서 준비해 주신 동역자였다. 후에 아들 랄프 맥퍼슨 목사는 어머님이 안식을 취할 수 있도록 배려해 준 나이츠 목사에게 감사한다고 표현했다.

♠ 가족과의 갈등

에이미는 사랑하는 남편 로버트 샘플을 홍콩에서 사별함으로 잃었다. 둘째 남편 헤롤드 맥퍼슨과 결혼한 후 아들을 낳은 후 하나님의 부르심에 순종하여 미국 전역을 누비면서 부흥회를 인도하느라 가정에서 함께 생활할 수 없었다. 그는 처음부터 에이미가 하나님의 일에 전적으로 헌신하는 것을 좋아하지 않았다. 비록 부흥회 초창기 얼마 동안 동부에서 집회할 때 운전을 해 주는 등 도와주었지만, 자원하는 마음으로 한 것이 아니었다. 마지못해 남편이었기 때문에 아내의 일을 도와준 것이었다. 결국 결혼 9년만에 이혼당했다.

그러나 친정어머니의 희생적인 사랑과 헌신으로 순회부흥사로서 6년을 다닐 때도 집회를 성공적으로 끝낼 수 있었다. 집회의 조직관리, 재정관리, 행정 등을 모두 맡아서 성실하게 해 주셨다. 심지어 앤젤레스템플교회를 건축한 후에도 어머니와 공동으로 등기할 수 있었다. 친정어머니 미니는 목회의 파트너요 참모였었다.

그런데 어느 날 보험회사에서 일하는 직원 가이 허드슨(Guy Edward Hudson)과 사귀면서 재혼하시겠다고 하시더니 그와 결혼하고 에이미의 곁을 떠났다. 어머니께서 실무 일을 꼼꼼하게 챙겨 주셨었기 때문에 에이미는 기도와 사역에만 열심이었는데, 이제 사역과 삶에서 오른팔을 잃게 된 것이다.

딸 로베타는 에이미가 사랑했던 샘플 목사를 생각나게 하는 유일한 혈육이었다. 신학교를 졸업하고 앤젤레스템플교회 주일학교 담임목사를 맡아서 학생을 1,000명 이상으로 성장시키는 등 열매도 많고 리더십도 있어서 교회에서는 에이미의 후계자가 될 것으로 인정까지 받았었다.

빚을 갚느라고 10년간 힘들었다가 1939년 교회가 지고 있던 엄청난 빚을 모두 갚게 되었을 때, 에이미는 신실했던 가일즈 나이츠(Giles Knights) 목사를 교회뿐 아니라 에코파크전도협회(Echo Park Evangelistic Association)의 중요한 요직에 앉혀서 행정, 관리, 재정을 담당하도록 했다. 심지어 에이미를 만나러 오는 사람들도 나이츠 목사를 통해서만 올 수 있도록 전권을 들려주었다.

그런데 로베타는 그렇게 중요한 일을 자기와 협의하지 않고 어머니 혼자서 결정한 것에 대한 반기를 들었다. 이를 계기로 로베타는 어머니와 결별하게 되었다. 에이미의 장례식에 참석할 때까지 한 동안 교회에 나타나지 않았다. 에이미는 사랑하던 딸뿐 아니라, 교회의 후계자까지 잃게 되는 아픔을 겪게 되었다.

아들 랄프 맥퍼슨 목사는 헤롤드 맥퍼슨 사이에서 낳은 아들이다. 라이프 신학교를 졸업하고, 기계를 만지는데 소질을 보여서 라디오를 전문으로 가르치는 기술학교에서 공부했었기 때문에 교회에서는 중요한 일을 맡기는 하겠지만, 주로 라디오 방송국의 책임을 맡아서 관리할 것이라고 기대하고 있었다.

처음에는 주일학교 전도사를 맡아서 누나를 도와주면서 헌신하다가 성인이 되어서는 어머니의 사역을 옆에서 많이 도와주었다. 신실하고 충직한 성격이라 언젠가 앤젤레스템플교회를 맡아서 이끌 것이라고 장로님들은 기대하고 있었다. 1944년 정월에 교회에서는 에이미 부재 시에 교회를 맡아 관리할 사람으로 임명되었다. 어머니께서 일찍 돌아가셨기 때문에 앤젤레스템플교회의 후계자가 되었고 포스퀘어복음교회의 부총회장으로 헌신하게 되었다.

♠ 신경쇠약

에이미는 납치 사건 이후 부채를 상환하고 교회의 얽히고 설킨 일로 인하여 심히 지쳐 있었다. 1931년도에도 신경성 질병으로 고생하기도 했다. 증상이 너무나 심해서 교회의 설교도 제대로 하지 못할 정도까지 되자, 성도들은 목사님께서 죽을지도 모른다는 생각을 했을 정도였다. 1934년에는 남미의 선교지를 방문하여 선교사들을 격려하고 선교지의 주민들에게 신유성회를 인도하기도 했다. 선교지에서 사역하는 동안 멕시코에 머물고 있을 때 열대성 감기(tropical fever)에 걸려 고생도 했다.

멕시코에서 사역하다가 본부 교회에서 들려오는 충격적인 이야기를 듣고, 시멘트 바닥에 넘어져서 머리도 상하고, 뼈가 골절 되는 어려움을 당하기도 했다. 목회 사역을 도와주어야 할 어머니와 딸이 도와주지 못하고 목사의 마음을 아프게 해 드리기 때문에 에이미의 몸은 회복되다가도 다시 연약해지기를 반복했다.

특히, 딸 로베타와 아들 아들 랄프 맥퍼슨 목사가 자주 집에 와서 교회 일도 상의하고 집안일도 얘기하는 가운데 위로 받고 힘을 얻었었는데 이들이 결혼하고 떠나고부터는 외로움과 쓸쓸한 고독에 힘들어했다. 어쩔 수 없이 병원 의사를 찾아가서 신경쇠약과 관련된 약을 처방받아 수시로 들곤 했다. 특히, 저녁에 설교하고 난 후에는 잠이 오지 않아서 특별한 수면제를 처방 받아 드는 날이 많았었다.

♠ 천국으로 이사하다

1944년 9월 26일부터 캘리포니아 북부의 오클랜드에서 새로운 포스퀘어교회가 개척되어 기념부흥회를 개최하게 되었다. 22년 전인 1922년 앤젤레스템플교회의 건축이 한창 진행일 때 에이미는 오클랜드를 방문하여 집회하던 중에 포스퀘어 복음에 대한 계시를 받았다.

그때 시립체육관에서 개최된 집회를 위해 기도하면서 말씀을 준비하던 중 하나님께서는 에스겔 1:1-10의 말씀을 주시면서 "에스겔의 비전"이라는 제목의 설교를 하도록 하셨다. 말씀이 예수 그리스도의 사역을 완벽하게 표현하는 말씀임을 깨닫고, 이 복음을 "포스퀘어 복음"(Foursquare Gospel)이라고 선포하게 되었다. 그러면서 본인은 이러한 예수님의 완벽한 복음을 선포하도록 부름을 받았음을 깨닫고 처음으로 "포스퀘어 복음"(Foursquare Gospel)이란 용어를 사용하게 되었다.

• 오클랜드 개척교회 기념부흥회

오클랜드에 새로 설립되는 교회는 에이미를 강사로 모시고 한 주간 동안 부흥성회를 열기로 하고 시에서 운영하는 체육관을 임대했다. 에이미는 감격스러운 마음으로 초청에 응하여 아들 랄프 맥퍼슨 목사와 비서로 일하는 엔젤라 시드(Angela Sid)와 더불어, 부흥회 때 에이미를 도와 설교했던 찰스 왈켐 목사, 성가대에서 테너를 맡아 찬양으로 영광 돌리는 노만 넬슨(Norman Nelson), 교회의 홍보담당이신 고버 오웬스(Gover R. Owens) 목사와 함께 비행기로 오클랜드 공항에 도착했다.

월요일에 리밍톤 호텔(Leamington Hotel)에 도착한 일행은 저녁 식사를 끝내고 집회가 열리는 체육관까지 두 마리의 말이 끄는 마차를 타고 갔다. 체육관은 엄청난 군중이 모여있었다. 에이미의 명성은 널리 알려져 있었고, 특히, 에이미가 담임으로 있는 앤젤레스템플교회와 같은 교단에 속한 교회가 개척된다는 소문에 수많은 군중이 몰려온 것이다.

또한, 병으로 고생하던 많은 환자도 신유 부흥사가 오셨다는 말에 낫기 위해서 기도로 준비하고 온 것이었다. 에이미는 10,000여 명의 성도에게 "할렐루야"로 인사하면서 22년 전에 이 장소에서 집회를 인도할 때 성령님께서 포스퀘어 복음(Foursquare Gospel)을 주신 것을 회고하면서 포스퀘어가 무엇을 의미하는지 얘기했다.

곧이어 "내 인생 이야기"(The Story of My Life)란 제목으로 하나님의 말씀을 선포했다.

캐나다의 농촌에서 우유나 짜서 심부름이나 하던 어린 소녀를 하나님께서 구원해 주시고, 능력을 주셔서 하나님의 강단에서 생명의 복음을 증거 하는 부흥사가 되게 한 본인의 간증을 재미있게 전해 주셨다. 또한, 찬양과 특송 등으로 진행된 부흥회는 은혜의 도가니였다. 성령이 역사하셨기 때문에 은혜가 넘쳤고, 찬양과 기도 소리가 체육관에 크게 울려 퍼지는 축제의 분위기였다.

설교가 끝나고 병든 사람들을 위한 기도가 이어졌다. 함께 앤젤레스템플교회에서 오신 일행과 더불어 참석하신 목회자들이 병자 한 사람 한 사람을 위해 진심을 다해 정성껏 기도해 드렸다.

에이미는 이번 부흥회에서 네 번 설교할 계획이었다. 첫날에는 "내 인생 이야기"(The Story of My Life), 둘째 날에는 "승리의 날"(V-Day), 세 번째 날에는 "위대한 하나님의 치유"(Great Divine Healing), 그리고 마지막 날에는 "높은 전압"(High Voltage)의 설교를 하려고 준비하고 있었다.

● 에이미의 임종

집회를 끝내고 에이미 일행은 같은 호텔에 투숙했다. 호텔에 도착한 일행은 로비에서 간단히 차를 마시고, 랄프 맥퍼슨 목사는 어머니를 방으로 모셔다 드렸다. 어머니께 안녕히 주무시라는 인사를 한 다음 자기 방에 와서 잠이 들었다. 다음 날 아침 식사 시간이 되어서 일행은 호텔 식당에 미리 와서 에이미가 내려오기를 기다렸다.

오랫동안 기다려도 에이미가 나타나지 않자 아들 랄프 맥퍼슨 목사는 어머니가 머물고 있는 방으로 전화를 걸었다. 전화를 받지 않자, 랄프 맥퍼슨 목사는 어머니 방문을 두드렸다. 여러 번 두드려도 대답이 없자, 호텔 측의 비상열쇠로 문을 열었다. 방에 들어갔을 때, 에이미는 의식을 잃은 채 깊은 숨을 몰아쉬면서 바닥에 쓰러져 있었고, 방안의 이불이나 다른 집기들이 흐트러져 있었다.

이때가 아침 10시 경이었다. 위기감을 느낀 랄프 맥퍼슨 목사는 911에 전화 걸면서 동료들과 호텔 직원들을 불러 함께 인공호흡을 했다. 소방서 원들이 급히 와서 상태를 확인하고 인공호흡 등 비상조치를 취했는데도 의식은 돌아오지 않았다. 에이미는 병원으로 급히 후송되었고, 오클랜드 시의 소방서 흡입기 팀과 두 명의 의사는 그녀를 소생시키려고 온갖 노력을 다했지만, 멈춘 심장은 다시 뛰지 않았다.

결국, 의사는 에이미가 사망했다고 선언하게 되었다. 그때가 1944년 9월 27일 오전 11시 15분이었다.

이렇게 53세를 일기로 하나님의 종, 에이미 샘플 맥퍼슨(Aimee S. McPherson)은 주님 품으로 떠났다.

여성 목회자요, 신유 부흥사며 초대형교회를 담임하던 목사가 갑자기 돌아가셨다는 소식은 언론을 타고 미국 전역에 급속히 퍼져나갔다. 미국 내의 수많은 방송은 그녀의 죽음을 시간마다 보도했다. 「뉴욕 타임즈」(New York Times), 「LA타임즈」(Los Angeles Times), 월스트리트 저널(Wall Street Journal) 등을 비롯한 미국의 모든 신문은 그녀의 죽음을 1면 머리기사로 다루었다. 그녀의 일대기를 특집으로 기사화한 신문과 방송, TV도 많았다.

그녀의 사인에 대해서는 온갖 소문이 자자했다. 과로사, 자살, 독살 등 많은 소문이 퍼져나갔다. 그러나 「LA타임즈」(Los Angeles Times)는 "에이미는 기적의 여인이고, 정의와 사랑을 부르짖는 하나님의 종이고, 수많은 영혼을 천국으로 인도했을 뿐 아니라, 병으로 고생하던 많은 환자를 치료하신 분이기 때문에 자살했을 리가 없다"고 기록했다.

분명히 누군가에 의해서 살해되었을 것인데, 그녀를 죽인 사람은 정치가나 사탄을 숭배하며 사탄을 따르던 사람들이었을 것이라고까지 기사를 썼다. 왜냐하면, 에이미는 성경을 가르치면서 정치가들의 부정과 부패, 뇌물을 신랄하게 비판했기 때문에 정치가들의 미움을 많이 사고 있었기 때문이라고 했다.

미국의 모든 교회가 성경적인 신앙, 초대교회와 같은 성령충만하고 사랑이 충만한 교회가 되어야 한다고 부르짖었기 때문에 그렇지 못한 종교인들의 미움을 샀을 것이라고도 기록했다.

에이미의 정확한 사인을 밝혀내기 위해 오클랜드 경찰청과 검찰청에서 조사를 시작했다. 아들 랄프 맥퍼슨 목사의 응급 전화를 받고 현장에 도착한 소방서원들은 호텔 방에 도착했을 때, 에이미는 의식을 잃고 쓰러져 있었고, 방 안에서 흩어져 있는 약이 몇 개 발견되었고, 에이미의 핸드백에서 20여 개의 수면제가 있는 약병이 발견되었다고 말했다.

검찰청에서는 정확한 사인을 밝히기 위해 시체를 부검하기로 했다. 부검은 화요일 오후 6시에 하기로 계획되었지만, 아들 랄프 맥퍼슨 목사의 어머니의 법률 업무를 담당하고 있는 요셉 페이너(Joseph Fainer) 변호사가 부검에 입회할 수 있도록 연기해 달라는 요청에 따라서 수요일 오전 9시 30분에 오클랜드 법의학자인 외과 의사 쉬멜(Dr. E. F. Schmerl)에 의해 이루어졌다. 그리고 시체를 부검한 후 법의학자는 심장마비가 사망의 원인이라고 밝혀냈다.

에이미가 사망한 후에 밝혀진 사실은 에이미가 로스앤젤레스에 있는 본인의 주치의인 로만 리트 박사(Dr. Norman Leet)에게 그날 아침 일찍이 전화를 건 것이 밝혀졌다. 전화를 건 에이미는 처방해 준 수면제를 먹었는데 기분이 안 좋고 몸이 아프다고 불평하는 얘기를 했다. 그러나 주치의는 다른 환자를 수술하던 중이었으므로 에이미와 오랫동안 대화를 할 수 없었다.

리트 박사에게 시원한 대답을 들을 수 없었던 에이미는 평소 자주 다니면서 잘 알고 지내던 의사인 파머(Dr. B. M. Palmer) 박사의 병원에도 전화를 걸었는데, 전화를 받은 의사도 다른 환자를 치료하고 있었기 때문에 다른 의사에게 전화를 해보라고 하고 전화를 끊었다.

에이미는 세 번째 의사에게 전화를 걸기 전에 의식을 잃었던 것 같았다. 이러한 사실은 오클랜드경찰청에서 에이미의 전화와 메모지 등을 확인하는 과정에서 연관된 사람을 조사하는데서 나타난 것이다.

아들 랄프 맥퍼슨 목사는 10월 9일에 54세가 될 어머님은 교회의 여러 가지 복잡한 일로 잠을 제대로 주무시지 못해서 평소에도 의사가 처방한 신경안정제와 수면제를 복용하셨다고 말했다. 더욱이 1943년 여름에 멕시코에 휴가를 갔다가 열대성 감기(Tropical Fever)에 걸리고부터는 몸이 많이 쇠약해져서 약을 의지하는 때가 많았다.

더욱이 월요일 저녁에 10,000여 명이 넘는 성도들 앞에서 설교하신 후 "좀 흥분하셨고 긴장하셨던 것 같다"라고 말했다. 평소에도 에이미는 저녁에 설교할 경우 피곤해서 수면제를 복용하고 잠자리에 드는 경우가 종종 있었는데, 아마 그날도 저녁에 열렬히 환영하는 성도들에게 설교한 후에 수면제를 복용하고 잠자리에 든 것 같았다.

새벽에 일어났을 때 몸에 이상이 생긴 것을 느끼고 빨리 로스앤젤레스에 계신 주치의에게 무엇이 문제인지 알아내려고 전화를 했던 것이다. 그런데 전화로 어떻게 해야 할 것을 제대로 듣지 못해서 의식을 잃고 쓰러진 것이었다.

• 에이미의 장례식

오클랜드의 검찰청에서 심장마비라는 사인이 밝혀진 후 에이미의 시신은 앤젤레스템플교회로 옮기도록 허락받았다. 상주인 랄프 맥퍼슨 목사는 교회를 대표해서 교회에서 장례식을 준비하는 시간이 필요하기 때문에 장례식은 에이미의 54회 생신일인 10월 9일(월)에 거행한다고 발표했다. 에이미의 시신은 앤젤레스템플교회로 옮겨졌고, 그녀를 추모하는 조문객들을 위하여 빈소가 고인의 고향인 캐나다의 온타리오주 잉거솔과 미국의 여러 주에 설치되었다.

앤젤레스템플교회에서는 에이미의 시신이 삼 일간만 일반 대중에게 공개되었다. 그녀의 관이 안치된 강단, 성전의 복도, 그리고 관현악단이 앉아있는 좌석들은 온통 꽃으로 장식되어 있었다. 꽃이 너무나 많이 들어와서 차 다섯 대 분량의 꽃은 도로 돌려 보내졌다.

1944년 10월 9일 앤젤레스템플교회에서 포스퀘어복음교단장으로 장례식을 거행했는데 3시간 정도 집례되었다. 장례식은 에이미가 평상시에 강조하던 세 가지를 개념을 중심으로 장식되었는데, 그것은 화려함, 음악, 그리고 꽃이었다. 에이미는 천국은 아름답고 기쁘고 즐거운 곳이기 때문에 우울한 생각이나 물건은 필요 없고 항상 아름다운 꽃으로 화사하게 장식되어야 한다는 것을 평상시에 늘 강조했었다.

평상시에도 교회에서 설교할 때, 장미꽃을 한 다발씩 받는 것을 아주 좋아했다. 그녀의 집과 서재에는 언제나 꽃이 떨어지지 않았다. 교회의 성가대, 관현악단, 장례식에 모인 조문객들은 에이미가 작곡한 1,800곡 중에서 예배 시간에 자주 불렀던 20여 곡의 찬양을 함께 부르면서 고인을 추모했다.

에이미의 무덤

고인에 대한 추모사는 고인이 20년이 넘도록 교회를 섬기는 동안 함께 일했던 하나님의 종들 가운데서 남자들이 맡았다. 장례식은 성가대와 관현악단이 성도들과 함께 <천국으로 행진하여 들어갈 때>(When the Saints Go Marching In)라는 곡을 찬양함으로 막을 내렸다.

제2차 세계대전이 끝나지 않은 전쟁 중이었으므로 정부에서 국민의 이동을 통제했다. 많은 사람이 비행기에 탑승할 수 없어서 며칠 동안을 동부에서 운전하면서 장례식에 참석한 분도 있었다. 사랑하는 딸 로베타도 비행기 표를 예약했지만, 전쟁 중이라 예약 한 좌석을 군인에게 우선 양도해야 했기 때문에 장례식에 늦게 참석했다.

고인의 유해는 교회에서 좀 떨어진 글렌데일에 있는 포레스트 론 파크(Forest Lawn Park)공원묘지에 안장되었다. 장례일에 앤젤레스템플교회에서 장지까지 60,000여 명의 조문객과 600여 대의 차량이 하나님의 종이 이 땅에서의 수고를 다 끝내고 주님 품으로 돌아가는 마지막 길을 애도하면서 축복해 주었다. 로스앤젤레스 경찰청에서는 경찰관 70여 명을 보내서 장례식의 교통을 도와주었다.

포레스트 론 파크의 공원묘지에서 하관식을 할 때는 에이미가 손수 안수를 준 포스퀘어 목회자 1,700명을 비롯한 2,000명만 입회하도록 허락받았다.

> 순회부흥사로 미국 전역에서 말씀의 종으로 쓰임 받고
> 앤젤레스템플교회를 건축하고
> 21년간 목회하셨던
> 국제 포스퀘어복음교회 총회장,
> 에이미 샘플 맥퍼슨 목사(Paster. Aimee S. McPherson)는
> 53세를 일기로 주님 품 안에 안기셨다.

장례식에서 그녀의 약력이 간단하게 소개되었다.

　출생: 1890년 10월 9일
　　　(Salford, Oxford County Municipality, Ontario, Canada)
　사망: 1944년 9월 27일(53세)
　　　(Oakland, Alameda County, California, USA)
　장지: Forest Lawn Park
　　　(Glendale, Los Angeles County, California, USA)
　　　Sunrise Slope Section(South West Portion), Map #01,
　　　Distinguished Memorial – Sarcophagus 1317("Invocation" statue);
　　　large, low marble display near the Great Mausoleum.
　　　포레스트 론 파크(미국 캘리포니아주 로스앤젤레스 카운티 글렌데일시)
　　　남서부 부분, 일출 경사진 부분, 지도 #01,
　　　기념비 – 석관 1317("기도" 동상);
　　　큰 묘 근처에 있는 크고 낮은 대리석 표지.

에이미의 사망 후 앤젤레스템플교회는 아들 랄프 맥퍼슨 목사가 담임 목사가 되어 이끌게 되었다. 에이미는 1944년 1월 초순에 아들 랄프 맥퍼슨 목사를 포스퀘어복음교단의 부총회장으로 임명하고 앤젤레스템플교회의 후계자로 임명한다는 이야기를 교단의 임원들과 교회 장로들에게 표현했었다. 교단 총회에서는 일 년 전에 헌법을 수정하여 랄프 맥퍼슨 목사가 부총회장이 될 수 있는 길을 열어놓았다.

에이미의 절대 신임을 받고 교회의 전권을 행사했던 가일즈 나이츠 목사는 몇 년 전에 앤젤레스템플교회의 회중 앞에서 "랄프 맥퍼슨 목사는 판단력이 정확한 사람입니다. 제가 볼 때 언젠가 랄프 맥퍼슨 목사가 한 발짝 더 앞으로 나가서 앤젤레스템플교회를 하나님이 원하시는 방향으로

이끌고 갈 것으로 확신합니다"라고 말을 했었다.[71]

장례식이 끝나고 몇 주가 지났을 때, 전쟁 중임에도 세계의 주요 언론들은 에이미에 대한 특집을 보도하면서 위대한 지도자가 사망한 것에 대해 이렇게 묘사했다.

"전설적인 인물"
"화려한 인생을 사신 분"
"최면술을 거는 것과 같은 목소리의 주인공"
"가스 등불 텐트에서 부흥회를 시작하여 호화로운 성전으로 가져왔을 뿐 아니라, 수많은 사람을 예수께 인도하신 분"
"세계적으로 인정받는 할렐루야 부흥운동의 여자 주인공"[72]

---

71 Foursquare Publications, *Aimee: Life Story of Aimee Semple McPherson* (Los Angeles: Foursquare Publications, 1979), 251.
72 Blumhofer, 376.

에필로그

　1980년 미국에 유학 갔을 때 에이미가 세운 라이프신학교에서 교단의 창설자로 에이미 샘플 맥퍼슨 목사의 생애와 사역을 공부했다. 그때 에이미 샘플 맥퍼슨 목사에 관한 것을 처음으로 들었다. 풀러신학대학교(Fuller Theological Seminary)에서 선교학 박사 학위 논문을 쓸 때 미국 포스퀘어복음교단이 1923년부터 1983년까지 60년간 해외에 파송한 선교사들의 사역을 연구했다.

　「The Worldwide Expansion of the Foursquare Church」(포스퀘어복음교회의 세계적인 확장)이라는 제목의 논문을 쓰면서 에이미 샘플 맥퍼슨 목사에 관한 책을 여러 권 읽었고 그녀의 목회와 리더십을 1장에 넣었다. 귀국하여 한국 포스퀘어복음교단이 운영하던 대한복음신학교와 건신대학원대학교(구, 복음신학대학원대학교)에서 포스퀘어교회의 역사, 신학, 정책 등에 관한 강의를 했다.

　또, 에이미 샘플 맥퍼슨 목사의 『목회와 영성』에 대한 글도 쓰고 외부에 나가 목회자들을 대상으로 특강과 세미나도 여러 번 했었다. 강의와 특강을 하면서 이 여인을 사용하신 하나님과 하나님께 쓰임 받기 위해 낮아지고 헌신하신 에이미 샘플 맥퍼슨 목사의 삶을 새롭게 깨달으면서 많은 도전을 받게 되었다.

에이미 샘플 맥퍼슨 목사는
"성령에 사로잡혀 불꽃 같은 인생"을
산 분이셨다.
순회부흥사로서
6년 동안은 미국 전역을 다니면서 부흥회를 인도했고,
담임목회는 21년 하셨다.
53세를 일기로 주님 품으로 가셨지만,

해놓은 일과 기독교계에 미친 영향력은 어마어마하다.
(앤젤레스템플교회, KFSG 방송국, LIFE Pacific University,
 포스퀘어복음교회, 세계선교, 잡지 발행, 등등)

짧은 목회를 하면서
어떻게 크고 놀라운 일을 할 수 있었을까?

에이미 샘플 맥퍼슨 목사의 생애와 목회, 신학, 영성을 연구해 보니
그렇게 하신 이유가 세 가지로 정리가 된다.

첫째, 매사에 밝고 환한 긍정적인 마음
둘째, 없는 데서 새로운 것을 만들어내는 창의력
셋째, 무서울 정도의 추진력, 담력, 배짱, 용기

첫째, 밝고 환한 긍정적인 마음
에이미 샘플 맥퍼슨 목사는 절망적인 순간, 좌절할 순간에도
오뚝이와 같이 일어나는 특성이 있었다.

그녀의 삶을 보면 좌절하고 실망해야 할 때가 여러 번 있었다.

> 첫 남편, 로버트 샘플 목사의 순교
> 3번을 수술하고도 사경을 헤매던 시절
> 유괴당함
> 빚에 시달리던 10년
> 언론으로부터의 공격
> 믿었던 목회자들의 배신
> 갈등
> 가까운 가족과의 이별 등등

그러나 특유의 밝고 환한 마음으로
툭툭 털고 일어나서 주님께서 부르신 일을 해냈다.

앤젤레스템플교회를 완공한 후에
교회에 무슨 표어를 써 붙일까 고심하고
교인들에게 교회의 표어를 추천해 주기를 부탁했다.
여러 가지 성경 구절이 제출되었는데, 표어선정위원회에서
로마서 3:23 말씀을 추천했다.

> 모든 사람이 죄를 범하였으매 하나님의 영광에 이르지 못하더니 (롬:23)

에이미 샘플 맥퍼슨 목사는 이 구절이
부정적인 아쉬움으로 끝났기 때문에
적합하지 않다고 생각해서 이 구절을 선정하지 않았다.
대신 히브리서 말씀으로 정했다.

예수 그리스도는 어제나 오늘이나 영원토록 동일하시니라(히 13:8).

그 이유는
교회에 나오는 사람은 다양한 문제를 갖고 있는데
그 이유가 무엇이든지
교회에 들어와서 표어를 보는 순간에
예수님께서 언제나 곁에 서서 돕는 것을 상상하며
희망적인 소망을 갖도록 해야 한다는 것이었다.
예수님을 높여드리면서 사람에게 희망을 주려는 삶이
에이미 샘플 맥퍼슨 목사의 삶이었다.

앤젤레스템플교회를 건축하면서도
밝고 환한 희망을 주는 색으로 내부를 장식하도록 주문했다.

남편을 홍콩에 묻고 딸만 데리고 귀국한 후에도,
신세 한탄이나 하면서
슬프게 살려고 하지 않고,

남편이 전에서 일하던 곳에서 하나님의 일을 해 보려고
시카고와 캐나다까지도 다녀왔었다.

긍정적인 마음, 항상 밝고 환한 그녀의 마음이
일을 많이 하면서도
항상 웃고 찬양하도록 한 것이다.

둘째, 무에서 새로운 것을 만들어내는 창의력

에이미 샘플 맥퍼슨 목사의 사역이란
전통적인 교회의 개념으로 이해하기 어려운 점이
한둘이 아니다.

30세의 여인이
당시 미국 최대의 교회인
5,300석 규모의 앤젤레스템플교회를 건축했다.

엄청난 무게의 천정을 받치는 중앙기둥을 없애고 돔 형태로 했다.
교회의 단상을 설교하는 설교단으로 하지 않고
넓고 큰 무대(Stage)를 만들었다.
교회의 단상이 설교만 하는 장소가 아니라.
음악회, 뮤지컬, 오페라, 영화 상영 등과 같은
예능작품을 공연하려 했다.
KFSG 방송국을 개국했다.

차를 운전하다 과속을 해서
경찰관으로부터 벌금티켓을 발부받자
이것을 성도들에게 설교하여,
지옥에 가지 말도록 해야지 하는 마음으로
예화 설교를 만들어서
경찰 복장을 하고
오토바이를 타고 단상에 올라가서
"Stop"(스탑)이라는 표지판을 들고 설교를 하여 감동시킨 적이 있다.

신학교도 나오지 않고
교단적인 배경도 없는
캐나다 농촌의 시골 여인이
26세의 젊은 나이에 어떻게 천막을 갖고 다니면서
미국의 대도시에서 6년간이나
100여 개의 교회에서 부흥회를 했을까?

신학생들에게 여름방학 3개월 동안
천막을 사 주고
공터에 가서 부흥회를 하도록 했다.
개학으로 학생들이 돌아온 후에
그 곳에 교회를 세웠다.

군중을 끌어모으는 능력
샌디에이고 발보아 공원에 30,000명
콜로라도 덴버 집회시 - 입실자 16,000명, 되돌아간 자 8,000명
호주 멜버른 - 20,000명

에이미 샘플 맥퍼슨 목사의 삶과 목회는
없는데서 새로운 것을 만들어 내는
창의력으로 점철된 삶이었다.
무궁무진한 참신한 아이디어가 에이미 샘플 맥퍼슨 목사에게 있었다.

셋째, 무서운 정도의 추진력, 담력, 배짱, 용기
배경이 전혀 없는
캐나다 농촌의 시골 여인

선교지에서 남편을 잃고 돌아온 젊은 과부

26세 젊은 여인이
천막 하나만 들고 다니면서
미국 대도시에서 집회를 강행한 것.
3년간 대륙을 횡단하며 38회 대형 집회를 인도함.

젊은 여인이 아무것도 없으면서 과감하게 추진하여
6년 만 동안에 미국 전역을 휘저으면서
성령 집회를 성공시킨 것.

33세의 여인이
5,300석의 초대형교회, 앤젤레스템플교회를 건축,
KFSG 방송국 개국,
TV방송국을 하려는 철저한 준비.

이러한 것은 그녀만이 갖고 있는
용기, 배짱, 그리고 추진력이다.

그러면 이러한 것들이 어디에서 나왔을까?

첫째, 하나님이 채워주신다는 믿음 때문이다.
중국으로 떠나기 전
에이미가 남편 로버트 샘플 목사와 나눈
대화에서 그 실마리를 찾을 수 있다.

남편인 샘플 목사와 중국에 가려고 할 때,
아내인 에이미는 돈이 준비되어있느냐고 물었다.
그때 남편은 이같이 대답했다.
이들 부부의 대화를 들어 보자.

남편이 "당신은 믿음의 교훈을 배워본 적이 없소?"라고 물었다. 에이미가 "그게 무슨 말입니까?"라고 질문하자 남편은 다음과 같이 대답했다.
"하나님께서 사람을 어느 곳으로 가라고 정말로 부르셨다면, 하나님께서는 그 사람이 그 곳에 도착할 방법뿐 아니라, 그 곳에서 일할 모든 것까지 제공해 주신다오. 그 사람은 하나님께서 채워주실 때까지 큰 시련 가운데 있다고 생각할지 모릅니다. 그는 여행에 필요한 경비가 수중에 없을지라도 항구의 부두까지 가야 하는 겁니다. 하나님께서는 누군가를 통해서라도 배가 항구에서 떠나기 직전에 그의 손에 필요한 자금을 들려주시는 분이란 말입니다."[73]

에이미는 결혼 후 남편으로부터 공부한 "**이런 믿음(믿음선교)**"을 한순간도 잊지 못했다. 에이미가 아무런 배경도 없이도 크고 놀라운 사역을 이루게 된 뒤에는 이러한 믿음이 있다는 사실이다.

중국에 선교사로 가겠다고 캐나다에 있는 이탈리아 사람들이 모이는 교회에서 마지막 고별설교를 하고 한 줄로 길게 서 있는 성도들과 작별 인사를 하게 되었다. 그런데 인사하는 성도마다 샘플 목사

73　Foursquare Publications, *Aimee: Life Story of Aimee Semple McPherson* (Los Angeles: Foursquare Publications, 1979), 38.

와 에이미 사모의 손에 무엇을 쥐어 주는 것이었다. 어떤 사람은 현금을, 어떤 사람은 수표를, 다른 사람은 금, 은반지를 심지어 팔지나 목걸이까지 빼주시는 분들도 있었다. 집에 돌아와서 이들이 헌금한 액수를 세어보니 둘이 중국에 배를 타고 가고도 남는 돈이었다.

하나님께서 모든 것을 책임지시고 필요한 만큼 채워주신다는 남편의 믿음을 확인하는 순간이었다. 에이미는 이러한 일이 신기하기도 했고 고맙기도 했다. 하나님을 제대로 배우는 순간이었다. 이때부터 남편이 말한 대로 사역을 할 때 하나님을 전적으로 신뢰하고 맡겨주신 일을 해야겠다는 생각을 하게 되었다.

에이미 샘플 맥퍼슨 목사는 캐나다 잉거솔에서 성장한 시골 처녀였다. 외부에서 온 사람으로는 로버트 샘플 부흥사가 처음이었다.

그녀는 로버트로부터
    성서적인 믿음
    하나님을 전적으로 신뢰하고 의지하는 믿음
    아브라함의 믿음
    예수님께서 요구하시는 믿음
을 정확히 배웠다.

    또한, 그 믿음으로 살아서
    하나님께서 채워주시는 것을 체험했다.
    에이미 샘플 맥퍼슨 목사의 설교나, 전기,
    또는 잡지에 실린 글을 읽어보면

로버트로부터 배웠던 이러한 믿음을
자주 언급하는 것을 볼 수 있었다.

둘째, 에이미 샘플 맥퍼슨 목사는
    성령충만했기 때문에 일을 이룰 수 있었다.
"역사를 주관하시는 분이 성령 하나님이신데,
그분의 힘을 빌리지 않으면 어떻게 일을 하겠습니까?
그분의 힘을 빌리려면 그분의 능력으로 충만해야 합니다.
그것이 성령충만입니다.
성령이 충만하면 그 순간부터 내가 일을 하지 않고
성령님께서 하십니다."

이것이 에이미 샘플 맥퍼슨 목사가 집회 때마다 참석자들에게 강조한 것이다.

에이미 샘플 맥퍼슨 목사는 성령이 충만했고,
성령의 인도하심에 철저하게 순종했다.
좌우의 사람의 소리, 사탄의 음성, 전통의 소리에 귀 기울이지 않았다.

성령 집회에서
    많은 영혼이 예수님께 돌아왔다.
    수많은 환자가 병에서 나았다.
    힘없이 연약한 교회가 새 힘을 얻었다.
    목회자들이 도전 받고 능력 목회를 하게 되었다.
    미국 교회가 초대교회처럼 변화되었다.

6년 간의 순회부흥사,

21년의 담임목사로서 사역하면서

하나님께서 맡겨주신 일을 겸손하고 충직하게 행할 수 있었다.